Römisches Imperium zur Zeit Caesars
DAKERREICH
Sarmizegetusa
Donau
Olbia
Tyras
Tomis
Pantikapaion
Phanagoria
BOSPORAN.
REICH
Phasis
Schwarzes Meer
Sinope
Thraker
Scodra
MACEDONIA
Philippi
Byzanz
Herakleia
BITHYNIA
PONTOS
Zela
Pydna
Thessalonike
EPIRUS
Pharsalos
Ägäis
MYSIEN
Ancyra
GALATER
Halys
Pergamon
ASIA
PHRYGIEN
KAPPADOKIEN
Tigris
LYDIEN
Sardeis
LYKAONIEN
Edessa
Carrhae
Korinth
Athen
Ephesos
Milet
KARIEN
PISIDIEN
CILICIA
Tarsos
Euphrat
ACHAIA
Sparta
LYKIEN
Rhodos
Antiochia
SYRIA
CYPRUS
Palmyra
CRETA
Damascus
Tyros
Mittelmeer
PALÄSTINA
Kyrene
Jerusalem
Gaza
CYRENAICA
Alexandria
Petra
Memphis
ÄGYPTEN
Nil
Rotes
Meer
Theben
0
200
400
600 km

MICHAEL SOMMER

MORDSACHE CAESAR

MICHAEL SOMMER

MORDSACHE CAESAR

DIE LETZTEN TAGE DES DIKTATORS

C.H.BECK

Mit 13 Abbildungen, 2 Karten und 2 Stammbäumen

Die erste Auflage dieses Buches erschien 2024.

Vorderer Vorsatz: Karte des römischen Imperiums zur Zeit Caesars (© Peter Palm, Berlin)

Hinterer Vorsatz: Digitale Rekonstruktion des Forum Romanum Anfang des Jahres 44 v. Chr., Simulation einer Ansprache von der neuen Rednertribüne Caesars (© digitales forum romanum/Humboldt-Universität zu Berlin; Modell: Susanne Muth, Dirk Mariaschk, 2024)

2. Auflage. 2025

Wilhelmstraße 9, 80801 München, info@beck.de

www.chbeck.de
Umschlaggestaltung: Kunst oder Reklame, München
Umschlagabbildung: © Adobe Stock
Satz: Janß GmbH, Pfungstadt
Druck und Bindung: Pustet, Regensburg
Printed in Germany
ISBN 978 3 406 82133 2

verantwortungsbewusst produziert
www.chbeck.de/nachhaltig
produktsicherheit.beck.de

Inhalt

Vorbemerkung des Historikers 11

ERSTER TEIL | **REPUBLIK**

Lucius Junius Brutus, oder:
Der Mythos von der Freiheit
(510 v. Chr.) 19

Lucretias Blut 20
Mos maiorum 23
Res publica 2.0 29
Dignitas 32
Populariter agere 38

Caesar, oder:
Der Würfel sei geworfen
(10. Januar 49 v. Chr.) 45

Wälder und Triftwege 46
Subura 49
Suo anno 58
Drei Männer 46
Gallia est omnis divisa 67
Über den Rubikon 70

ZWEITER TEIL | DIKTATUR

Cato, oder:
Wie man sein eigener Herr bleibt
(12. April 46 v. Chr.) 77

Stoische Politik 79
Flurbereinigung 87
Tod in Alexandria 91
Teneo te, Africa 94

Cicero, oder:
Vorboten des Unheils
(September 46 v. Chr.) 101

Otium cum dignitate 103
Pro Marcello 106
Triumph 113
Juristische Brutalität 118
Erudituli 121

Trebonius, oder:
Die Sache verlangt nach einem Mann!
(Sommer 45 v. Chr.) 127
Hydra 128
Declaratio amoris 131
Der Tag von Narbo 135

Octavius, oder:
Ein unbeschriebenes Blatt
(13. September 45 v. Chr.) 140

Reisegesellschaft 142
Via Labicana 148
Deo invicto 151
Lacrimas non teneres 156

Kleopatra, oder:
Ein Diadem ist eines zu viel
(26. Januar 44 v. Chr.) 161

Dolabella 162
Regina 164
Rex 169

DRITTER TEIL | VERSCHWÖRUNG

Cassius, oder:
Er ist viel zu blass
(Ende Januar 44 v. Chr.) 175

Ein guter Freund 176
Nägel mit Köpfen 180
Mit dem Geist in die Zukunft 183

Marcus Brutus, oder:
Die Schrift an der Wand
(Anfang Februar 44 v. Chr.) 189

Praestat nemini imperare 191
Kennst du dich selbst nicht? 196
Euangelia 199

Antonius, oder:
Nur Jupiter ist König
(15. Februar 44 v. Chr.) 205

Nummer zwei 206
Luperkalien 211
Diadem 213
Verzockt 217

Ligarius, oder:
Was für eine Zeit, krank zu sein
(Ende Februar 44) 223

Team Tyrannenmord 224
Deine Brüder lagen ihm zu Füßen 225
Gewissensprüfung 229

Decimus Brutus, oder:
Die Grenzen der Pietas
(Anfang März 44 v. Chr.) 233

Eine Frage des Vertrauens 234
Caducii et Carnyces 236
Dextrarum iunctio 241
Dem Schmerz standhalten 245

Calpurnia, oder:
Wenn Giebel stürzen
(14./15. März, nachts) 247

Welcher Tod ist der beste? 248
Sechzig Männer 250

VIERTER TEIL | **ATTENTAT**

Pompeius, oder:
Das ist ja Gewalt!
(15. März 44 v. Chr.) 255

Die erste Stunde 256
Die vierte Stunde 258
Die fünfte Stunde 260
Die sechste Stunde 303

Divus Iulius, oder:
Mit dem Mut von Männern
(15.–20. März 44 v. Chr.) 267

Corpus delicti 268
Framing 272

Post scriptum des Historikers 277

ANHANG

Dank 287
Anmerkungen 289
Zeittafel 295
Bibliographie 299
Bildnachweis 305
Personenregister 307
Ortsregister 313

Vorbemerkung des Historikers

Am 15. März 44 v. Chr. vormittags gegen 11.30 Uhr wurde Gaius Julius Caesar, Diktator und römischer Bürger, während der Senatssitzung in der Curia Pompeia auf dem Marsfeld getötet. Der Tat dringend verdächtigt werden Marcus Junius Brutus, Gaius Cassius Longinus, Decimus Junius Brutus, Gaius Trebonius und etwa 60 weitere Männer, ausnahmslos römische Senatoren. Zeugen, die den Tathergang beobachtet haben oder Informationen über die Planung des Anschlags haben, werden gebeten, sich zu melden.

Wie schreibt man die Geschichte eines historischen Kriminalfalls? Eines Mordes, der über 2000 Jahre zurückliegt und dessen Drahtzieher wir obendrein genau kennen? Das klassische Whodunnit im Stil von Arthur Conan Doyle oder Agatha Christie scheidet jedenfalls als Genre aus. Niemand interessiert sich für eine Mordsache, wenn der Täter von vornherein feststeht. Und bei Caesar wissen wir ja ganz genau, dass die beiden Bruti, Cassius und noch ein paar andere ihn auf dem Gewissen haben. Ist Caesars Ermordung also der falsche Stoff für eine historische Kriminalerzählung?

Keineswegs. Die Aufklärung eines Verbrechens erschöpft sich schließlich nicht in der Feststellung der Delinquenten und ihrer Personalien. An einem Kriminalfall hängt so viel mehr als die Ermittlung des Täters: der Hergang der Tat, die Umstände, das Milieu, die Hintergründe, die Vorgeschichte, das Motiv. Vor allem das Motiv. Warum musste Caesar sterben? Weil er selbst ein Verbrecher war und die Republik auf dem Gewissen hatte? Oder weil er dem grenzenlosen Ehrgeiz der Mörder im Weg stand? Wurden die Täter von Rachedurst getrieben? Handelten sie aus Gemeinsinn? Verfolgten die sechzig Männer alle dasselbe Ziel? Wohl eher nicht. Sie waren alle Individuen, mit eigener Agenda, eigenen Zielen und ihrem je eigenen Verhältnis zu Caesar. Unter den Sechzig waren eingefleischte Gegner des Diktators. Aber auch manche seiner engsten Freunde.

Caesar war kein gewöhnliches Mordopfer. Als er starb, war er Diktator auf Lebenszeit, de facto Alleinherrscher über eine Republik, die schon keine mehr war, in der aber auch keine alleinigen Machthaber vorgesehen waren. Für viele war Caesar ein Hoffnungsträger, eine Lichtgestalt. Für andere war er ein Tyrann. Die Mordsache Caesar ist ein politischer Kriminalfall. Ohne gründliche Kenntnis des politischen Koordinatensystems, in dem die Beteiligten agierten, bleibt sie unverständlich. Wer wissen will, warum Caesar sterben musste, muss zuerst begreifen, was die römische Republik in ihrem Innersten zusammenhielt – und was sie schließlich auseinanderfallen ließ. Um das zu erklären, muss man weit ausholen.

Die Geschichte von Caesars Ermordung beginnt 400 Jahre vor seiner Geburt, mit der Gründung der Republik. Spätere Generationen hatten nur noch eine vage Vorstellung von dem, was damals, um 500 v. Chr., geschehen war. Sie stellten sich ihren letzten König, Tarquinius Superbus, als grausamen Tyrannen vor. Lucius Junius Brutus war der Mann, der ihn stürzte und aus Rom vertrieb. Er trug denselben Familiennamen wie der spätere Caesarmörder Marcus Junius Brutus. Das war Zufall – und doch wieder auch nicht. Nichts geschah in der römischen Geschichte ganz zufällig. Das historische Gedächtnis war lang, und die Ahnen schwebten wirkungsmächtig über allem, was bedeutende Römer an großen Taten vollbrachten. Der Mythos vom Sturz des letzten Königs war eine Geschichte, welche die Republik mit großer Resilienz wappnete, wie man heute sagen würde. Resilienz gegen Tyrannen, Resilienz gegen Einzelne, die zu stark wurden. Der Resilienzvorrat der Republik hielt bis in die Generation Caesars. Dann war er verbraucht.

Wer den Mord verstehen will, muss das Opfer kennen, muss wissen, warum Caesar sich an entscheidenden Stellen seines Lebensweges so entschied, wie er es tat. Als er sich 60 v. Chr. mit Pompeius und Crassus zusammentat, um das freie, republikanische Spiel der Kräfte auszuhebeln. Als er 49 v. Chr. den Rubikon überschritt und damit einen Bürgerkrieg entfesselte. Und als er nach gewonnenem Bürgerkrieg die Gegner nicht mit Hass und Rache verfolgte, sondern mit demonstrativer Milde versuchte, sie in den neuen Staat zu integrieren. *Clementia* hieß das Zauberwort. Es war die Tugend eines Königs. Man muss die Kluft, die zwischen der alten Republik und dem neuen, von Caesar geschaffenen Staat lag, in ihrer ganzen Tiefe ausmessen, um zu begreifen, warum dieser Mann so vielen ein Dorn im Auge war. Wer Ehrgeiz und Ansehen hatte, sich als Vertreter einer jahrhundertealten Leistungselite verstand, für den stellte Caesar eine Provokation dar. Man fühlte sich herausgefordert, weil nun der Diktator darüber entschied, was Leistung war und wer Karriere machte. Weil er Loyalität belohnen und Untreue bestrafen konnte.

Deshalb haben die letzten Tage des Diktators eine lange Vorgeschichte. Die Mordsache Caesar reicht bis in die ersten Tage der Republik und tief in die Biographie des Opfers zurück. Der Ermittler muss ein Bild von Caesars Persönlichkeit gewinnen und in das Milieu eindringen, in dem in Rom Politik gemacht wurde. In der Diktatur, nach Caesars Sieg über Pompeius, findet er erste Indizien. Sie deuten an, dass sich gegen den Machthaber etwas zusammenbraute. Zuerst sind es vage Anhaltspunkte: Stimmungen, Gesten, Gesprächsfetzen. Dann, in Caesars letztem Winter, gewinnt die Verschwörung Konturen. Immer klarer zeichnet sich die Gruppe um Cassius und Brutus ab, immer mehr Zulauf erhält sie, immer entschiedener verfolgt sie ihr Ziel, den Diktator aus dem Weg zu räumen.

Der historische Ermittler kann sich nicht auf viele Indizien stützen. Erhalten sind nur ein paar Briefe, die Caesarmörder wie Brutus, Cassius und Trebonius geschrieben haben, meist an Cicero, und in denen sie sich, wenn überhaupt, dann nur zwischen den Zeilen über ihre Pläne äußern. Schließlich las der Feind womöglich mit. Der Ermittler ist also auf Zeugenaussagen angewiesen. Sie stammen von Gewährsleuten, die allesamt ein Glaubwürdigkeitsproblem haben. Oft schildern sie ihre eigene Version der Ereignisse, weil sie voreingenommen sind: gegen Caesar, wie Cicero, der Zeitgenosse und genaue Beobachter der römischen Politik; oder für ihn, wie die meisten, die erst zur Feder griffen, nachdem sich Augustus, Caesars Adoptivsohn, im Spiel um die Macht durchgesetzt hatte. Manche Zeugen wollen mit ihrem Bericht in erster Linie unterhalten, einer – Plutarch – ist hauptsächlich an der Moral der Akteure interessiert. Keiner der Zeugen war bei der Tat oder ihrer Vorbereitung dabei: Cicero gehörte nicht zur Verschwörung, und Zeitzeugen wie Nikolaos von Damaskus waren zur fraglichen Zeit nicht in Rom. Andere Gewährsleute, wie Velleius Paterculus, schrieben eine Generation später und wieder andere – Appian, Cassius Dio und wiederum Plutarch – sogar erst Jahrhunderte nach den Ereignissen. Woher also hatten sie ihr Wissen?

Der Ermittler muss Schneisen ins Dickicht der Überlieferung schlagen. Er muss Widersprüche aufdecken und Plausibilitäten gegeneinander abwägen. Er hat damit zu kämpfen, dass die römische Geschichtsschreibung, der er einen Großteil seiner Zeugnisse verdankt, einen besonderen Wahrheitsbegriff pflegte. Ihre Auffassung von Wahrheit weicht fundamental von der moderner Historiker ab. Die Autoren der Antike machten ihren Stoff der Rhetorik gefügig: Ein gut unterhaltender, dramaturgisch brillant gestalteter und mit Stilfiguren auftrumpfender Text war allemal besser als das dröge Referieren von Fakten. Um die Geschichte hinter den Geschichten rekonstruieren zu können, muss der Ermittler zu Theorien greifen und sich Modelle zurechtlegen. Passt das, was an Tatsachen vor uns liegt, dort hinein? Oder brauchen wir eine neue Theorie? Ohne Deutungsrahmen lässt sich den spärlichen Fakten kein Sinn abringen.

War Caesar ein Tyrann und waren seine Mörder Befreier? Oder waren Brutus und Cassius eiskalte Killer, die einen politischen Visionär um persönlicher Vorteile willen umbrachten? Diese Frage wird der Ermittler in seinem Bericht letzten Endes unbeantwortet lassen. Der Leser möge sich selbst ein Urteil bilden. Es ist nicht Aufgabe des Ermittlers, die politische Lebensleistung Caesars zu bewerten. Er kann auch kein Richter über die Mörder und ihre Moral sein. Er versucht, ihre Motive freizulegen und ihr Handeln zu erklären. Wie man die Motive bewertet, steht und fällt mit der Frage, ob man das Urteil der Mörder über ihr Opfer teilt. Für all das kann der Ermittler Anhaltspunkte liefern, nicht mehr und nicht weniger.

Er befindet sich damit in bester Gesellschaft. Die zeitlose Relevanz des Stoffes entdeckte als Erster William Shakespeare – und entwickelte daraus ein Drama von enormer Suggestions- und bleibender Faszinationskraft. Bezeichnend ist, was Historiker und Literaturkritiker jahrhundertelang in «Julius Caesar» hineingelesen haben. Sie waren ratlos: Wer ist der tragische Held? Caesar, der das Opfer von Mördern wird? Oder Brutus, der Caesar tötet, aber sein Ziel verfehlt? Hat Shakespeare ein republikanisches Drama geschrieben, das der Rechtfertigung des Tyrannenmordes dient? Oder ist das Stück pro-monarchisch, die Mörder verblendete Idealisten, die sich gegen die Zeit stemmen? Im England der Epoche waren das drängende Fragen. Lange wollte man die Ambivalenz der Figuren nicht wahrhaben: Caesar ist zugewandt, gerecht und weise, ein guter König. Aber er ist zugleich der Faszination der Macht erlegen. Brutus ist mutig, gebildet und zutiefst menschlich: das Musterbeispiel eines intellektuellen Politikers mit funktionsfähigem moralischen Kompass. Aber er erliegt der Illusion, dass er Rom – und sich selbst – aus Caesars Schatten befreien kann. Wie sich zeigt, wird ihm das nicht gelingen. Der Geist des Diktators ist nach vollbrachter Tat mächtiger als Caesar es zu Lebzeiten je war.

Shakespeare bringt in seinem Drama mit wenigen, kräftigen Strichen zwei grundlegende Dilemmata der Weltgeschichte auf den Punkt. Erstens den Zusammenhang zwischen Individuum, Ereignis und dem, was Soziologen «Kontingenz» nennen. Kontingent ist, was weder unmöglich noch notwendig ist. Menschen sind ständig Kontingenzerfahrungen ausgesetzt. Sie planen etwas und machen sich Gedanken über die Wirkungen, die sie damit erzielen. Dann tun sie es – und alles kommt ganz anders. Ihre Kontingenzerfahrung mussten auch die Caesarmörder machen. Sie glaubten, mit ihrer Tat das Rad der Geschichte zurückdrehen zu können. Stattdessen drehten sie es mit Schmackes weiter. Keiner, der auf der großen Bühne der Weltgeschichte etwas bewegt, kann genau vorausberechnen, was er mit seinem Handeln auslöst. Die «Nebel einer mehr oder weniger großen Ungewißheit», die der preußische Militärtheoretiker Carl von Clausewitz über dem Krieg schweben sah: Sie hängen über aller Geschichte.

Auch das zweite Dilemma hat mit Kontingenz zu tun. Shakespeare beschreibt im Drama, wie Standpunkte Perspektiven bestimmen. Wenn Brutus sagt:

> Wolltet ihr lieber, Cäsar lebte und ihr stürbet alle als Sklaven, als daß Cäsar tot ist, damit ihr alle lebet wie freie Männer? Weil Cäsar mich liebte, wein' ich um ihn; weil er glücklich war, freue ich mich; weil er tapfer war, ehr' ich ihn; aber weil er herrschsüchtig war, erschlug ich ihn,[1]

dann möchten wir seiner Logik willig folgen, sobald und solange wir die Prämisse teilen: Caesar war ein Gewaltherrscher, ein Tyrann. Doch auch Wahrnehmung ist kontingent. Wo der eine den Tyrannen sieht, wähnt ein anderer den Retter; wo einer Knechtschaft fürchtet, hofft jemand anderes auf Befreiung. Shakespeare verschiebt im Drama immer wieder die Perspektive, so dass der Zuschauer hin- und hergerissen ist zwischen Brutus' Blick auf das Geschehen und der genau gegensätzlichen Perspektive des Antonius:

> Er brachte viel Gefangne heim nach Rom,
> Wofür das Lösegeld den Schatz gefüllt.
> Sah das der Herrschsucht wohl am Cäsar gleich?
> Wenn Arme zu ihm schrien, so weinte Cäsar:
> Die Herrschsucht sollt' aus härterm Stoff bestehn.
> Doch Brutus sagt, daß er voll Herrschsucht war,
> Und Brutus ist ein ehrenwerter Mann.[2]

Heute hat die Forschung Shakespeares Quelle, Plutarch, gründlich durchleuchtet und ihm etliche Schnitzer nachgewiesen. Bringt uns das weiter in der Auflösung des Kontingenzdilemmas? Nein, das heutige Caesar-Bild und das Bild, das wir uns komplementär dazu von seinen Mördern machen, oszilliert auch über 400 Jahre, nachdem der Engländer sein Drama verfasst hat, munter weiter zwischen Schwarz und Weiß. Der Ermittler kann an dieser Farbenlehre nicht rütteln. Ebenso wenig kann es der Historiker. Und so urteile der Leser.

ERSTER TEIL

REPUBLIK

Lucius Junius Brutus, oder: **Der Mythos von der Freiheit** (510 v. Chr.)

Ihr Peiniger kommt in der Nacht. Sextus ist der Sohn des römischen Königs Lucius Tarquinius. Mit nur einem Begleiter ist er nach Collatia geritten – ein Städtchen in der Campagna, ein paar Meilen vor den Toren Roms. Im Haus des Collatinus nimmt das Gesinde ihn gastlich auf. Sextus ist hier kein Unbekannter. Der Hausherr ist sein Cousin, die beiden zechen gern miteinander. Wie schon so oft bewirten die Diener den Königssohn auch an diesem Abend und führen ihn schließlich in das Gästezimmer. Bald ist es ruhig im Haus. Sextus wartet noch eine Weile, dann schleicht er ins Schlafzimmer von Lucretia, der Hausherrin und Frau seines Gastfreunds. Er zieht sein Schwert und presst Lucretia die andere Hand auf den Mund. Die junge Frau schreckt auf. «Ein Laut und du bist tot.» Dann gibt er sich zu erkennen und redet auf Lucretia ein. Wie sehr er sie liebt! Wie groß seine Sehnsucht ist! Er bittet und droht. Wenn sie ihm nicht zu Willen ist, wird er sich mit Gewalt holen, wonach er verlangt. Lucretia schüttelt den Kopf. Lieber will sie sterben, als ihre Ehre zu verlieren. Sextus grinst und beugt sich hinunter, ganz nah an ihr Ohr: «Wenn du tot bist», flüstert er, «dann töte ich einen deiner Sklaven und lege ihn nackt neben deine Leiche. Du weißt, was alle dann denken werden ...» Das bricht ihren Widerstand, und sie lässt über sich ergehen, was sie nicht verhindern kann.[1]

Lucretias Blut

Seit Gründung der Stadt, die der Mythos Romulus zuschreibt und die der Universalgelehrte Varro auf das Jahr 753 v. Chr. datiert hat, war Rom von Königen regiert worden. Die Sage zählt insgesamt sieben, nach Romulus der Reihe nach: Numa Pompilius, Tullus Hostilius, Ancus Marcius, Tarquinius Priscus, Servius Tullius und Tarquinius Superbus. Jedem dieser Könige schreiben Legenden zivilisatorische Leistungen zu, nur der letzte, dessen Beiname «der Arrogante» bedeutet, terrorisierte die Römer mit seinem grausamen Regiment ebenso wie ihre Nachbarn. Selbst die eigene Familie litt unter Tarquinius' Brutalität. Der Tyrann, der sich gewaltsam an die Spitze geputscht und seinen Vorgänger hatte töten lassen, rief Opposition förmlich auf den Plan. Die Gegner kamen aus seiner nächsten Umgebung. Das wurde ihm schließlich zum Verhängnis.

Der arrogante Tarquinius stammte aus einer etruskischen Familie. Rom lag am Rand Etruriens, und Etrusker spielten in der Stadt früh eine wichtige Rolle. Die Kulturen befruchteten einander gegenseitig, und die Römer lernten viel von ihren nördlichen Nachbarn. Gelehrige Schüler waren sie auch in Sachen Mantik. Die Etrusker hatten es zu einiger Meisterschaft gebracht in der Kunst, die Zukunft anhand von Vorzeichen und Eingeweideschau vorherzusagen. Wie die meisten Römer und Etrusker ist auch Tarquinius Superbus vom festen Glauben an Omina und Orakel erfüllt. Deshalb handelt er sofort, als man ihm von einer Schlange berichtet, die aus einer hölzernen Säule hervorgekrochen sei. Der Vorfall wird als ungünstiges Vorzeichen interpretiert. Um seine Bedeutung zu ergründen, schickt Tarquinius drei junge Männer zum Apollon-Orakel von Delphi: die beiden Söhne des Königs und seinen Neffen Lucius Junius Brutus. Den Beinamen Brutus («der Stumpfsinnige») hat ihm seine Überlebensstrategie für das gefährliche Hofleben eingetragen: Der Königsneffe stellt sich dumm, um vor den Nachstellungen des Potentaten sicher zu sein.

In Delphi befragen die drei Männer die Pythia zur Bedeutung der

Schlange. Natürlich wollen die beiden Söhne auch noch wissen, wer von ihnen die Nachfolge des Vaters antreten werde. Die Apollon-Priesterin im Orakel von Delphi pflegte ihre Wahrheiten in Rätseln zu enthüllen. Sie weissagt den Dreien, die Herrschaft in Rom werde auf denjenigen von ihnen übergehen, der als erster die eigene Mutter küssen würde. Die beiden Prinzen sind völlig perplex. Was ist hier zu tun? Schließlich befindet sich ihre Mutter hunderte Meilen entfernt in Italien. Brutus aber wirft sich zu Boden und küsst die Erde: die gemeinsame Mutter aller Menschen. Der vermeintlich Zurückgebliebene hat das Rätsel als Einziger gelöst.

Jahre später herrscht Krieg in Latium. Ein paar junge Aristokraten, samt und sonders Etrusker, versammeln sich im Zelt des Königssohnes Sextus. Der Alkohol fließt in Strömen, und man spricht – worüber auch sonst? – über Frauen. Alle loben die eigene Gefährtin in den höchsten Tönen. Ein Verwandter des Königs, Lucius Tarquinius Collatinus, ist als Einziger der Gruppe mit einer Römerin verheiratet: mit Lucretia, der Tochter des vornehmen Spurius Lucretius Tricipitinus. Er erklärt, sie sei allen anderen an Tugend überlegen. Um seine Behauptung auf die Probe zu stellen, schwingen sie sich auf ihre Pferde und reiten nach Rom. Dort finden sie zu ihrer Überraschung die werten Gattinnen vor, wie sie mit Gleichaltrigen trinken und Spaß haben. Einzig Lucretia sitzt zu Hause im Kreis ihrer Dienerinnen und spinnt Wolle, wie es sich für eine römische Matrone gehört.

«An Ort und Stelle ergriff die bösartige Lust Sextus Tarquinius, sie zu vergewaltigen», kündigt unser Berichterstatter Livius das kommende Unheil an. Wenige Tage später sucht er Lucretia in ihrem Haus in Collatia auf und bedrängt sie in der Nacht. In ihrer Not lässt Lucretia die Vergewaltigung geschehen, schickt aber, kaum ist die schreckliche Tat passiert, nach ihrem Gatten und ihrem Vater. Collatinus und Tricipitinus eilen in Begleitung zweier weiterer Männer herbei: des Königsneffen Brutus und des Publius Valerius Publicola, auch er ein römischer Aristokrat. Sie berichtet den Männern, was vorgefallen ist. Obwohl die Männer beteuern, nicht Lucretia, sondern allein der Tarquinier sei schuld an dem Vorfall, stößt sich die sittsame Dame den

Dolch in die Brust. Sie wolle nicht weiterleben, um künftigen Ehebrecherinnen als Beispiel zu dienen.[2]

Die Tat ruft nach Vergeltung. Brutus ergreift den Dolch mit Lucretias Blut und spricht den heiligen Schwur:

> Bei diesem Blut, das bis zu der Entehrung durch den Königssohn das reinste war, schwöre ich, und ich rufe euch, ihr Götter, zu Zeugen, dass ich Lucius Tarquinius Superbus mitsamt seinem verruchten Weib und seiner ganzen Nachkommenschaft mit Schwert und Feuer und jeder möglichen Gewalt verfolgen und nicht zulassen werde, dass diese Familie oder irgendjemand anders in Rom als Könige herrscht.[3]

Die anderen Männer nehmen, einer nach dem anderen, den Dolch in die Hand und sprechen die Eidesformel nach. Gemeinsam zieht man von Collatia nach Rom, versammelt das Volk und lässt es für die Abwahl des Tarquiniers votieren. Dann werden die Tore der Stadt geschlossen. Zu dieser Zeit belagert Tarquinius mit seinem Heer die Latinerstadt Ardea südlich von Rom. Als er von dem Staatsstreich erfährt, wendet er sich sofort gegen die Stadt am Tiber. Die Revolte greift jedoch auf seine Soldaten über, und das Heer fällt von seinem König ab. Tarquinius muss ins Exil gehen.

Nach der Vertreibung des Königs tritt erneut das Volk zusammen. Brutus begründet in einem regelrechten Staatsakt die Republik und gibt ihr auch gleich eine Verfassung mit zwei Konsuln als jährlich wechselnden Oberbeamten, die an die Stelle des Königs treten und denen Liktoren mit Rutenbündeln (*fasces*) als Zeichen ihrer Amtswürde voranschreiten. Außerdem setzt er die Zahl der Senatoren auf 300 fest. Dann lässt er das Volk schwören, «niemanden mehr als König in Rom zu dulden». Streng solle es über die neu gewonnene Freiheit und die republikanischen Institutionen wachen. Die Sage datiert den Sturz des letzten römischen Königs und die Gründung der Republik ins Jahr 509 v. Chr.[4]

Daran, dass sich diese Geschichte wirklich so abgespielt hat wie von Livius berichtet, sind begründete Zweifel angebracht. Verbürgte Tatsache ist immerhin die bedeutende Rolle, die Etrusker im frühen

Rom spielten. Dass die Tiberstadt zeitweise unter Herrschaft einer etruskischen Familie stand, ist ebenso glaubhaft wie die von der Lucretia-Geschichte vorausgesetzte Durchmischung etruskischer und römischer Eliten.

Etliche Elemente der Schilderung passen beim besten Willen nicht ins 6. Jahrhundert v. Chr.: Konsuln als Obermagistrate gab es in der frühen Republik vermutlich genauso wenig wie das später hochgehaltene Kollegialitätsprinzip. Die Zahl von 300 Senatoren dürfte aus viel späterer Zeit stammen. Die rührselige Geschichte um die tugendhafte Lucretia beruht sicherlich auf Erfindung und die Befragung des Apollon-Orakels durch Brutus und die Königssöhne ist ebenfalls nicht historisch verbürgt. Misstrauisch macht sogar der Zeitpunkt, zu dem Tarquinius Superbus angeblich aus Rom vertrieben wurde: Nur ein Jahr zuvor, 510 v. Chr., hatten die Athener ihren Tyrannen Hippias zu Fall gebracht. Auch um das Ende der Tyrannis in der griechischen Stadt rankt sich eine Legende: Die Geschichte vom Mord an Hippias' Bruder Hipparchos durch Harmodios und seinen Freund Aristogeiton wenige Jahre zuvor wurde zum Gründungsmythos der Attischen Demokratie. Für die Nachgeborenen spielte es keine Rolle mehr, dass Hipparchos das Opfer einer Privatrache geworden war. Was zählte, war die Plastizität der Story: Die Demokratie brauchte Helden und ein identitätsstiftendes Narrativ, und die Erzählung vom Tyrannenmord lieferte ihr beides frei Haus.

Mos maiorum

Dieselben Funktionen erfüllte auch die Geschichte um Lucretia und Brutus. Sie wirkte wie ein Resonanzboden, der die in der Republik herrschenden Normen verstärkte, ihnen Gesichter gab und obendrein noch ihren Ursprung erklärte. Die moralische Verkommenheit der letzten Tarquinier, die das Königtum in Tyrannis umschlagen ließ, macht jedermann begreiflich, warum die Monarchie im republikanischen Rom mit einem solch mächtigen Tabu belegt war. Die Herrschaft von Königen, das lehrten die Tarquinier, musste früher oder später in Gewaltherrschaft umschlagen. Wer in Verdacht geriet, nach der Alleinherrschaft zu streben, war ein toter Mann, ehe er sich's versah. Auch dafür gab es in der römischen Geschichte halb mythische Präzedenzfälle: Spurius Cassius Vecellinus und Spurius Maelius sollen im ersten Jahrhundert der Republik nach der Königswürde gegriffen haben. Man bestrafte sie mit dem Tod, und weil man ganz sichergehen wollte, wurden zur Auslöschung jeder Erinnerung an die Delinquenten sogar ihre Häuser zerstört. Schon etwas deutlicher tritt Marcus Manlius Capitolinus aus dem die römische Frühzeit umhüllenden Dunkel. Er war ein Kriegsheld und soll kurz nach 400 v. Chr. das Kapitol gegen angreifende Kelten verteidigt haben. Später wurde ihm vorgeworfen, er plane einen Staatsstreich und wolle sich zum Alleinherrscher aufschwingen. Tatsächlich hatte er sich zum Fürsprecher verschuldeter Bürger gemacht und einen Aufstand gegen die herrschenden Patrizier angezettelt. Auch Capitolinus wurde verurteilt und hingerichtet.

Der erste Schwur des Brutus ruft die Götter zu Zeugen an, dass seine Mitverschworenen und er jeden, der nach dem Königtum strebt, mit «Schwert und Feuer» verfolgen werden. Der zweite Schwur verpflichtet alle Römer dazu, den Anfängen monarchischer Umtriebe zu wehren. Freiheit bedeutet, keinen König zu haben, das ist das erste Grundgesetz der Republik, das durch die doppelte Zeremonie des Eides sakralrechtlich zementiert wird.

Dazu bedurfte es nicht der Schriftform. Die «Verfassung» der sich auf den Trümmern des Königtums erhebenden Republik gründete sich auf keinen Rechtskodex, sondern allein auf Tradition. Die römische Gesellschaft war durch und durch konservativ, sie stand jeder Veränderung skeptisch gegenüber. Was sich einmal bewährt hatte, daran hielt man mit eiserner Entschlossenheit fest. Werte, Institutionen, Sentenzen und Handeln der Altvorderen blieben Richtschnur für jede neue Generation. Alles zusammen lagerte sich wie Sedimente im Erfahrungsschatz der Römer ab, verkapselt in dem, was sie selbst «Sitte der Vorfahren» nannten: *mos maiorum*.

Der *mos maiorum* war die übermächtige Tradition, in deren Schatten alle standen, die eine Entscheidung zu treffen hatten. Wer sich auf sie berufen konnte, hatte immer recht, wer sich außerhalb stellte, war politisch – und oft auch physisch – ein toter Mann. Was genau besagte der *mos maiorum*? Als Destillat aus erinnerter Geschichte war er stets auslegungs- und kanonisierungsbedürftig. Damit war er zugleich anpassungsfähig an den Zeitgeist. Der *mos* war kein Gesetzbuch, auch kein in sich stimmiges Konglomerat von Praktiken, Ethiken und Handlungsdirektiven. Er war, wie es der Althistoriker Uwe Walter genannt hat, ein «Pool normativer Muster». Seine Elemente konnten herangezogen werden, um eigenes Handeln zu rechtfertigen oder das Agieren politischer Gegner zu diffamieren. Was mit dem *mos* noch zu begründen war und womit man sich bereits über ihn hinwegsetzte, war ebenfalls Auslegungssache. Nach Caesars Ermordung zerschlug Augustus die Reste der Republik und begründete den Prinzipat als faktische Monarchie. Den Bruch mit ausgerechnet dem heiligsten Grundsatz, der seit dem Eid des Brutus in den Kern des *mos maiorum* eingebrannt war, verkaufte er seinen Mitbürgern aber als das genaue Gegenteil: als Wiederherstellung der durch Bürgerkrieg und die laxer werdende Moral aus den Fugen geratenen Republik.[5]

Der Mythos war sozusagen erzählter *mos maiorum*. Weil die Römer späterer Jahrhunderte selbst kaum etwas über die Anfänge ihrer Stadt und die Frühzeit der Republik wussten, füllten sie das Vakuum mit Geschichten, solchen wie der von Romulus und Remus oder eben Lucretia. Die Geschichten haben eine doppelte Funktion: Erstens erklären sie das historische Gewordensein der Gegenwart. Sie führen Institutionen, Gebäude, Kulte, Verhaltensweisen, Freund- und Feindschaften auf ihre Ursprünge zurück und verleihen ihnen ein ehrwürdiges Alter. Die *Aeneis*, Roms Nationalepos aus der Feder des augusteischen Dichters Vergil, schildert die Irrfahrten von Aeneas, dem Flüchtling aus Troja und Gründer von Roms Vorgängersiedlung Alba Longa. Vergil lässt Aeneas auf seiner Reise im Karthago der Königin Dido Station machen, wo sich der Held und die Königin ineinander verlieben. Weil Aeneas Dido in Erfüllung seiner Pflicht wieder verlässt und nach Italien weitersegelt, begeht die Karthagerin Selbstmord, aber nicht, ohne vorher Rache zu schwören. Der Mythos liefert einen Grund für die historische Erbfeindschaft zwischen Rom und Karthago, die sich in drei großen Kriegen im 3. und 2. Jahrhundert v. Chr. entlud. Die Dido-Geschichte ist dabei eine spätere Hinzufügung zur viel älteren Sage um Aeneas.

Doch der Mythos hat noch eine zweite, normsetzende Funktion: Er legitimiert bestehende Verhältnisse und begründet Ansprüche. Viele Geschichten werden vor allem aus diesem Grund erzählt. Die Erzählung von Lucretia und Brutus war eine mächtige Waffe in der Hand all derjenigen, die verhindern wollten, dass Einzelne zu mächtig wurden. Wir werden noch sehen, wie sie eingesetzt wurde, um gegen Caesars Diktatur Stimmung zu machen. Auch lange nach dem Ende der Antike ließ sich der Mythos immer wieder reaktivieren: im England Shakespeares, wo der Bürgerkrieg zwischen Republikanern und Monarchisten seine Schatten vorauswarf, im Freiheitskampf der amerikanischen Kolonien, im revolutionären Frankreich und in der kurzlebigen, 1849 von Giuseppe Mazzini proklamierten Repubblica Romana.

Charakteristisch für römische Mythen war, dass auch die großen Familien der Republik Kapital daraus schlagen konnten. Die *gens Iulia*, der Caesar entstammte, führte sich auf Aeneas höchstpersönlich zurück und damit auf die Göttin Venus, die Mutter des Helden. Die Abstammung wurde von Caesar politisch instrumentalisiert, der im Zentrum des von ihm errichteten Forums einen Tempel für Venus Genetrix («Stammmutter») anlegen und auch Münzen mit dem Bild der Göttin prägen ließ. Eine Generation später erkannten die Leser von Vergils *Aeneis* in dem Protagonisten Aeneas das Alter Ego seines entfernten Nachkömmlings Augustus. Auch hier wurde mit mythischer Abstammung Politik gemacht: Aeneas verkörperte die Werte, auf denen Augustus seine Alleinherrschaft begründet hatte, vor allem die unverbrüchliche Loyalität den Göttern gegenüber: *pietas*.

In der Geschichte um den Sturz des Königtums tritt mit Brutus ein aristokratisches Geschlecht ins Rampenlicht, das in der mittleren und späten Republik weit verzweigt war und dessen Vertreter wichtige

Silberdenar des Marcus Junius Brutus, 54 v. Chr.
Avers: Jugendlicher Kopf der Libertas mit Kranz nach rechts.
Legende: LIBERTAS. Revers: Amtsdiener, Liktoren, Lucius Junius Brutus (2. v. r.) nach links. Legende: BRVTVS.

Positionen bekleideten: die *gens Iunia*. Besonders prominent waren ab dem 4. Jahrhundert v. Chr. die Iunii Bruti. Allerdings waren diese Junier nichtadlige Plebejer, Lucius Junius Brutus aber hatte dem ursprünglichen, patrizischen Adel der Tiberstadt angehört. So jedenfalls will es der Mythos. Vermutlich erfanden sich die plebejischen Junier ihre ruhmreichen Vorfahren samt familiärem Anhang kurzerhand, als sie im 3. Jahrhundert als Teil der neuen, patrizisch-plebejischen Aristokratie zu Macht und Einfluss gelangt waren. Ein Ahnherr, dem die Republik ihre Freiheit zu verdanken hatte, konnte im Ehrhaushalt des Gemeinwesens außerordentlich gute Dienste leisten.

Auch der Caesarmörder Marcus Junius Brutus wusste sich dieser Ressource zu bedienen. Er ließ als junger Mann 54 v. Chr. Silberdenare prägen, die auf der Vorderseite das jugendlich schöne Haupt der Göttin Libertas (die personifizierte Freiheit) mit einem Kranz im Haar zeigen. Auf der Rückseite dieser Denare sind vier Gestalten zu sehen, die in einer Art Prozession unterwegs sind. Bei der dritten Person von links handelt es sich um den Republikgründer Lucius Brutus. Eingerahmt wird er von zwei Liktoren mit ihren Rutenbündeln als Symbol seiner konsularischen Amtsgewalt. Ihnen voran geht ganz links ein

Silberdenar des Lucius Plaetorius Cestianus, 43/42 v. Chr.
Avers: Bärtiger Kopf des Marcus Junius Brutus nach rechts. Legende: BRVT(*us*) IMP(*erator*) / L(*ucius*) PLAET(*orius*) CEST(*ianus*). Revers: Pileus, von zwei Dolchen eingerahmt. Legende: EID(*ibus*) MAR(*tiis*).

Amtsdiener. Brutus konnte über das Bildprogramm der Münzen entscheiden, weil er einer der *IIIviri monetales* war. In das Kollegium der Münzmeister wurden Nachwuchspolitiker durch die Quästoren berufen. Für viele war es die erste Gelegenheit, in die Öffentlichkeit hineinzuwirken. Es ist bezeichnend, dass Marcus Brutus sie nutzte, um seinem legendären Vorfahren Lucius Brutus ein Denkmal zu setzen. Mehr als zehn Jahre später, 43 v. Chr., gaben Brutus und die anderen Caesarmörder dann Denare mit dem Bildnis des Lucius Brutus aus. Auf der Rückseite war der Pileus zu sehen, die Zipfelmütze, die in Rom Sklaven am Tag ihrer Freilassung trugen und mit der noch heute die Marianne der Französischen Revolution dargestellt wird. Das Symbol der Freiheit wird flankiert von zwei Dolchen und der abgekürzten Legende: EID MAR (*eidibus Martiis*) – «Die Iden des März». Wer die Münze in die Hand nahm, verstand die Symbolik sofort: Der Tyrannenmord hatte Rom die Freiheit zurückgegeben, die Mörder hatten sich also an den Eid gehalten, den Lucius Brutus den Römern einst abgenommen hatte. Ganz im Sinne dieses Ahnherrn waren Dolche die Werkzeuge, mit denen der *mos maiorum* vollstreckt wurde.

Res publica 2.0

Die Republik, die Lucius Brutus begründet hatte, war ein Projekt der Elite, ihre Freiheit die Freiheit der ganz Wenigen. In den Spitzenämtern wechselte sich ein kleiner Zirkel von Männern ab, die wir «Patrizier» nennen. Bei den Römern hießen sie schlicht «Väter», *patres*. Von den gewöhnlichen Zeitgenossen hoben sie sich durch alle möglichen Standesinsignien ab. Nur Patrizier durften Schuhe aus rotem Leder tragen, und die wichtigen Ämter sowie Priesterschaften waren allein ihnen vorbehalten. Natürlich blieb man unter sich: In aristokratische Familien konnte nur einheiraten, in wessen Adern blaues Blut floss. Immer hermetischer isolierte sich die Oberschicht der Patrizier vom Rest der Gesellschaft. Mitte des 5. Jahrhunderts v. Chr., zwei Generationen nach Gründung der Republik, brachte man am Tiber zum ersten Mal Recht in schriftliche Form. Die Gesetze der «Zwölf Tafeln» brachen mit dem Faustrecht, gossen aber auch die Privilegien der Patrizier in Paragraphen. Wer nicht zu dem erlauchten Zirkel gehörte, hatte nichts zu sagen. Weil sie praktisch nur soziales Füllmaterial waren, hießen diese Leute Plebejer, von lateinisch *plere* – «voll machen». Gemeinsam bildeten sie die Plebs.

Doch bald schon mussten die Patrizier erkennen, dass ohne diese Leute in Rom kein Staat zu machen war. Erstens brauchte die Stadt in der Mitte Italiens Soldaten, um sich gegen ihre zahlreichen Feinde behaupten zu können: erst die Stämme der unmittelbaren Nachbarschaft, dann die Etrusker, schließlich die Kelten im Norden und die Samniten und Griechen im Süden der Apenninhalbinsel. Die Plebejer, weit zahlreicher als die Patrizier, stellten das Gros des Heeres, blieben aber, wenn es um die Verteilung von Einfluss und Ämtern ging, außen vor. Zweitens waren die Plebejer alles andere als eine homogene Gruppe. Viele von ihnen besaßen nichts, aber eine wachsende Minderheit gelangte zu Wohlstand, zahlte Steuern und konnte sich einen gehobenen Lebensstil wie die Patrizier leisten: Man besaß große Landgüter, die reiche Dividende abwarfen, und gab sich aristokratischem Müßiggang hin. Die reichen Plebejer und die als Schwerbewaffnete im

Heer dienenden Angehörigen der Mittelschicht machten ihrem wachsenden Unmut über das Herrschaftsmonopol der Patrizier Luft. Ein effektives Mittel des Widerstands war schon damals der Streik: Die Plebejer zogen aus Rom heraus und auf die Kuppe des Aventin im Süden der Stadt. So verweigerten sie demonstrativ jede Mitwirkung an den Geschäften der Gemeinde. Die Plebs konstituierte sich als gesetzgebende Körperschaft und wählte eigene Magistrate. Aufgabe der Volkstribune war es, Übergriffe der Patrizier abzuwehren und sich im Konfliktfall schützend vor die Plebejer zu stellen. Dazu stattete man sie mit weitreichenden Kompetenzen aus. Sie konnten die Plebs zusammenrufen und Gesetze einbringen. Außerdem war ihre Person kraft sakralen Rechts unantastbar.

Der Überlieferung nach soll eine *secessio plebis* schon wenige Jahre nach Gründung der Republik stattgefunden haben: 494 v. Chr. Der erste «Auszug» der Plebs datiert aber wohl noch nicht ins zweite Jahrzehnt der Republik. Erst ab der Mitte des 5. Jahrhunderts traten die Plebejer periodisch immer wieder in den Ausstand und setzten die *secessio* als Druckmittel ein, um Zugeständnisse von den Patriziern zu erpressen. Die «Ständekämpfe» dauerten rund 200 Jahre und endeten mit dem fast vollständigen Sieg der Plebejer: Nicht nur waren ihnen fortan – abgesehen von ein paar Priesterkollegien – sämtliche Magistraturen zugänglich, die Beschlüsse der Plebs, *plebis scita*, erlangten außerdem Rechtsverbindlichkeit für das gesamte Volk. Der Volkstribunat verlor seinen usurpatorischen Charakter und wurde ins Tableau der übrigen Magistraturen mitaufgenommen.

Allmählich entstand daraus eine rechtlich formalisierte Ämterlaufbahn mit vier Stufen, der *cursus honorum*: Eingangsamt war die Quästur, in deren Geschäftsbereich die Finanzen lagen. Es folgte die Ädilität, deren Inhaber die Aufsicht über öffentliche Gebäude, Gladiatorenspiele und religiöse Feiern führten. Vor allem waren sie für die Finanzierung zuständig – aus eigener Tasche wohlgemerkt. Wer politisch Karriere machen wollte, brauchte Geld, viel Geld. Die dritte Stufe bildete die Prätur, das Richteramt der Republik. Krönender Abschluss jeder Karriere war der Konsulat. Die Konsuln führten den Oberbefehl im Krieg und gaben jedem Jahr ihren Namen. Der Erste Punische Krieg brach also nicht 264 v. Chr. aus, sondern im Konsulat des Appius Claudius Caudex und des Marcus Fulvius Flaccus. Alle fünf Jahre wurden außerdem zwei Zensoren gewählt. Sie aktualisierten die Senatsliste, indem sie neue Mitglieder daraufsetzten und alte davon strichen. Der Rausschmiss drohte Senatoren, wenn sie nicht mehr reich genug waren, um zur obersten Vermögensklasse der sogenannten Ritter zu gehören, oder sich durch ihren Lebenswandel als unwürdig erwiesen hatten. Jedes der Ämter wurde von mindestens zwei Personen übernommen, keines bekleidete der Träger länger als ein Jahr. Anstelle der Ädilität konnten Plebejer als zweite Stufe des *cursus honorum* auch den Volkstribunat übernehmen, die einzige Magistratur, zu der Patrizier keinen Zugang hatten. Eigentlich waren die Schutz- und Repräsentationsfunktionen des Volkstribunats mit dem Sieg der Plebs in den Ständekämpfen obsolet geworden. Der Volkstribunat war deshalb schon im 3. Jahrhundert v. Chr. kaum mehr als ein institutionelles Relikt. Doch so war sie eben, die römische Gesellschaft: konservativ bis ins Mark. Sogar an einem funktionslos gewordenen Überbleibsel hielt sie unbeirrt fest.

Die «zweite» Republik, die schließlich aus den Ständekämpfen hervorging, ruhte auf fünf Säulen: erstens auf der überragenden Autorität des Senats, zweitens auf der kompetitiven Besetzung der Magistraturen durch Volkswahl aufgrund von Leistung, drittens auf die Gesellschaft durchziehenden vertikalen und horizontalen Bindungen wechselseitiger Loyalität, viertens auf der grundsätzlichen Bedeutung, die der persönlichen Ehre für das politische Handeln des Einzelnen zukam, und fünftens auf dem Glauben an die Macht der Genealogie.

Die Ämter ebneten ihren Trägern den Weg in den Senat. Wer mindestens die Quästur bekleidet hatte, war qualifiziert, per Beschluss der Zensoren in das Hohe Haus aufgenommen zu werden. Dort saßen sie dann abgestuft nach der letzten Magistratur, die sie bekleidet hatten. Wie alles in Rom war auch die Geschäftsordnung des Senats streng hierarchisch. Als Erste ergriffen die früheren Konsuln mit den meisten Dienstjahren das Wort. Meist war eine Debatte schon ausdiskutiert, wenn alle Konsulare und vielleicht ein paar ehemalige Prätoren gesprochen hatten. Senatoren, die noch kein hohes Amt bekleidet hatten, waren Hinterbänkler: Stimmvieh, das nur zählte, wenn man zur Abstimmung schritt. Im Senat – und hier allein – wurden die Weichen der römischen Politik gestellt. Das Gremium traf Beschlüsse, die erst einmal nicht rechtskräftig waren, sondern durch die Konsuln oder Volkstribunen dem Volk zur Annahme vorgelegt werden mussten. So unangefochten war allerdings die Autorität des Senats, dass das Volk die Gesetze in aller Regel kommentarlos abnickte. Ohnehin war die Volksversammlung kein Ort für politische Debatten. Stumm trat das Volk, in Abteilungen gegliedert, an die Urnen. Seine Funktion erschöpfte sich darin, Senatsbeschlüsse durch Abstimmung zu ratifizieren und per Wahl das politische Personal zu legitimieren.

Dignitas

Die Ämter waren Ehrenämter, *honores*. Sie brachten nichts ein, sondern kosteten im Gegenteil die Inhaber und mehr noch die Bewerber Unsummen von Geld. «Ehre» ist der Schlüsselbegriff zum Verständnis der römischen Elite. Das gesamte politische System beruhte darauf, dass sich Leistung in Ehre umtauschen ließ. Das lateinische Äquivalent zu Ehre ist *dignitas*. Sie ist der universell gültige und von allen verstandene Gradmesser für den Rang, der einem Individuum in der Hackordnung der römischen Elite zukommt. *Dignitas* bezeichnet den Wert eines Mannes im Auge seiner Mitmenschen. Jeder römische Aristokrat wurde so erzogen, dass sein Sinnen und Trachten stets auf die Anerkennung durch Dritte gerichtet war. *Dignitas* bemaß sich nach Bekanntheit, *nobilitas*, Einfluss, *auctoritas*, und vor allem nach *honores*. Bedeutend für die Stellung des Einzelnen unter seinen Standesgenossen war auch die Zahl der Klienten, *clientes*, und Freunde, *amici*. Je einflussreicher und angesehener ein römischer Aristokrat, desto besser war er in der Gesellschaft vernetzt. Informelle Bindekräfte unbedingter gegenseitiger Loyalität ketteten ihn horizontal an Gleichrangige (*amici*) und vertikal an sozial Niedrigerstehende (*clientes*). In einem auf Lücke gebauten Staat wie dem römischen, in dem es keine Polizei und keine Strafverfolgungsbehörden gab, leisteten *amicitia* und *patrocinium* – das lateinische Wort für Patronage – einen nicht geringen Beitrag zur Aufrechterhaltung der öffentlichen Ordnung. Außerdem ließ sich mit den Bindekräften in den politischen Gremien, Senat und Volksversammlung, Stimmung erzeugen und Willensbildung organisieren: Man mobilisierte Freunde und Klienten, damit möglichst viele Bürger zur Volksversammlung kamen und dort ihre Stimme dem richtigen Kandidaten gaben. Ehre war schließlich auch an Wirkungsmöglichkeiten geknüpft: Wer andere an *dignitas* überragte, dem wurden neue Felder zur Bewährung zugewiesen und damit Gelegenheit gegeben, die eigene Leistungsfähigkeit unter Beweis zu stellen. Leistung, Ehre, Macht: Ohne diesen Dreiklang ging in der Republik nichts.

Wer also im hochkompetitiven Milieu der römischen Elite mithalten wollte, hatte keine andere Wahl, als sich in Ämtern zu bewähren. Er musste sich mit seinen Zeitgenossen messen und wurde, vielleicht härter noch, nach den Leistungen seiner Vorfahren beurteilt. Bedeutende Vorfahren waren Ansporn und Verpflichtung. Wer sich im Glanz solcher Ahnen und ihrer heroischen Taten sonnen konnte, startete im Rennen um die Ämter sozusagen von der Poleposition. Die patrizische Familie der Claudier zum Beispiel war auf den Konsulat regelrecht abonniert. Auf mindestens elf Generationen Konsuln blickte der Volkstribun Publius Clodius Pulcher zurück, als er in den 50er Jahren des letzten Jahrhunderts v. Chr. durch Gewaltexzesse Berühmtheit erlangte. Schwer vorstellbar, dass die Volksversammlung einen Claudier bei wichtigen Wahlen durchfallen lassen könnte – jedenfalls nicht unter normalen Umständen. Viel zu schwer wog das Prestige dieses Clans. In ähnlicher Weise zehrten in der Generation Caesars die Caecilii Metelli, Cornelii Lentuli, Calpurnii Pisones, Domitii Ahenobarbi, Claudii Marcelli und Servilii Isaurici vom Bonus ihrer großen Namen. Wer von einer Familie abstammte, die über Generationen hinweg Konsuln gestellt hatte, selbst jedoch schon an der Prätur scheiterte, war ein Versager. Er hatte den Startvorteil, den ihm die Familienzugehörigkeit verschaffte, nicht in Ämter verwandelt. Er stand ohne Ehre da.

Dignitas speiste sich aus Leistung. Die senatorische Führungsschicht verstand sich als Leistungselite, doch der *mos maiorum* buchstabierte diesen Begriff anders aus als die Moderne. Auf dem Leistungskonto wurden nicht nur persönliche Taten verbucht, sondern es zählten sämtliche Verdienste, die eine lange, bis in graue, mythische Vorzeit zurückreichende Ahnenreihe vorzuweisen hatte. Für alle sichtbar ausgestellt wurde der Leistungssaldo einer Familie, wenn ein prominentes Mitglied verstorben war und zu Grabe getragen wurde. Den Toten begleitete auf seiner letzten Reise ein Trauerzug, *pompa funebris*, aus Hunderten, oft sogar Tausenden von Menschen, die quer durch die Stadt und über das Forum schritten. Im Zug marschierten nicht nur Musiker, Tänzer, Possenreißer und Klageweiber sowie die Familienangehörigen, Sklaven und Freigelassenen des Verstorbenen mit, sondern auch Schauspieler, die Wachsbilder trugen und damit längst verblichenen Generationen des Geschlechts ein Gesicht gaben. Ein junger Angehöriger des Toten durfte die Trauerrede halten und erhielt so die Chance, ins politische Rampenlicht zu treten. Die *pompa funebris* rief der Menge in Erinnerung, was die Ahnen des Toten im Dienst des Gemeinwesens vollbracht hatten. Ihre vorbildhaften Taten, *exempla*, wurden auf der Bühne des römischen Stadtzentrums noch einmal aufgeführt. Das farbenprächtige Ritual war Leistungsschau der großen Familien und Inszenierung des *mos maiorum* zugleich. Es festigte sozialen Zusammenhalt und betonte doch die ausgeprägte Wettbewerbsethik der Republik.

Die wenigen Geschlechter, aus deren Reihen immer wieder Konsuln und Prätoren stammten, bildeten einen engen Zirkel. Sie schotteten sich nach unten nicht so hermetisch ab, wie es einst die Patrizier getan hatten, doch nach römischen Begriffen waren sie eben bekannt: *nobiles*. Cicero nennt unter diesem Stichwort die Angehörigen von rund 35 Familien. Es mögen ein paar mehr gewesen sein, aber der Kreis war auf jeden Fall überschaubar. Die Forschung bezeichnet die Elite innerhalb der senatorischen Elite mit dem Begriff «Nobilität», wohl wissend, dass die Römer selbst für diese exklusive Spitzengruppe keine eindeutige Bezeichnung hatten. Faktisch, nicht dem Wortlaut des Gesetzes nach, stand die Republik unter der kollektiven Herrschaft dieser sehr kleinen Gruppe. Über Jahrzehnte, in einigen Fällen Jahrhunderte, dominierten die Vertreter weniger Familien die vorderen Bänke im Senat. Neue Gesichter sah man in ihren Reihen hin und wieder schon, doch waren auch sie meist Söhne von Senatoren. Während es immer wieder vorkam, dass Männer ohne senatorische Vorfahren in die niederen Magistraturen gewählt wurden, war der unmittelbare Aufstieg eines «neuen Mannes», *homo novus*, in den Konsulat die absolute Ausnahme. Cicero war 63 v. Chr. der Erste in einer ganzen Generation, dem dies gelang. Vor ihm war der letzte *homo novus* im Konsulat 94 v. Chr. Gaius Coelius Caldus gewesen, der vorletzte kein Geringerer als Gaius Marius, der Mann, der Italien vor den Germanenstämmen der Kimbern und Teutonen gerettet hatte. Der Sieger über diesen Angstgegner war sogar Rekordhalter: Nicht weniger als sieben Konsulate bekleidete Marius zwischen 107 und 86 v. Chr.[6]

Während Coelius Caldus in den Annalen der späten Republik eine eher obskure Figur ist, zeichneten sich Marius und Cicero, die beide aus der latinischen Landstadt Arpinum stammten, durch außerordentliche Leistungen aus: Cicero, was eher ungewöhnlich ist, als Redner in der politischen Arena und vor Gericht, Marius als Befehlshaber im Krieg. Krieg war der Bewährungsraum par excellence für römische Aristokraten. Die Kunst bestand nicht nur darin, Schlachten zu gewinnen, sondern auch den Befehl über Heere in Gebieten zu ergattern, in denen militärische Konflikte zu erwarten waren. Das militärische Kommando hieß *imperium*, und das *imperium* führten zunächst nur amtierende Konsuln und Prätoren. Als ab dem 3. Jahrhundert v. Chr. das von Rom kontrollierte Gebiet immer größer wurde und die Aufgaben die Ressourcen der aktiven Beamten überstiegen, konnten *imperia* auch verlängert werden. Der Magistrat wurde in einem solchen Fall zum Promagistrat, aus dem Konsul ein Prokonsul für ein allerdings nicht immer klar definiertes Gebiet: eine Provinz. Die Provinzen für Konsuln und Prokonsuln wurden zunächst vom Senat nach Bedarf vorsortiert und dann unter den qualifizierten Kandidaten ausgelost. Der Senat bemühte sich bei der Vergabe der Provinzen um größtmögliche Gerechtigkeit, weil hier ein neuralgischer Punkt der Nobilitätsherrschaft lag. So stark verankert waren Leistungsdenken und kompetitive Ethik in der Führungsschicht, dass über die Vergabe militärischer Bewährungsräume stets die Spaltung drohte. Nirgendwo lag mehr Ehre als auf blutigen, beuteträchtigen Schlachtfeldern. War ein Sieg errungen, der höchste Ehrungen rechtfertigte, dann bewilligte der Senat dem Feldherrn einen Triumphzug. Für einen Tag wurde der Sieger zum Gott.

Der Triumphzug war ein Ritual, das sich in seiner Symbolkraft nur mit der *pompa funebris* messen konnte. Doch während sich im Leichenzug der gesamte Clan feierte, gehörte der Triumph ganz dem Individuum, das im Dienst der Republik Außerordentliches geleistet hatte. Die Prozession eröffneten besonders hochstehende Kriegsgefangene, die vorzugsweise in Ketten präsentiert wurden. Es folgten das siegreiche Heer und, auf Wagen drapiert, die Kriegsbeute: Waffen, Rüstungen, Schätze und exotische Gerätschaften. Als Nächstes illustrierten großformatige Bilder das Schlachtgeschehen und die Schauplätze des Krieges. Dahinter schritten die Senatoren und Magistrate, gefolgt von den Liktoren, die mit ihren Rutenbündeln die Amtsgewalt des Magistraten symbolisch verkörperten. Am Ende des Zuges folgte auf einer Quadriga der Triumphator, der mit seinem Purpurgewand und dem rot gefärbten Gesicht den höchsten Staatsgott Jupiter verkörperte. Hinter ihm stand ein Sklave, der ihn flüsternd immer wieder an seine Sterblichkeit erinnerte. Sein geflüstertes *memento te hominem esse* («Bedenke, dass du ein Mensch bist») war dazu gedacht, den Triumphator auf dem Boden der Tatsachen zu halten, während ihm zu beiden Seiten des Weges die Massen zujubelten. Auf dem Kapitol, dem Ziel des Zuges, wurden Jupiter Optimus Maximus die beiden strahlend weißen Stiere geopfert, die ebenfalls mitgeführt worden waren.

Der Triumph fügte sich deshalb so gut in die politische Ordnung der Republik ein, weil er einen siegreichen Feldherrn für einen Tag aus dem Kollektiv der Nobilität heraushob. Alles an dem Ritual war auf Außeralltäglichkeit angelegt: Der Triumphator schlüpfte in die Rolle des höchsten Gottes, wurde aber zugleich auf geradezu penetrante

Weise an sein Menschsein erinnert. Gerade weil die Feierlichkeiten den Triumph als Ausnahme und den Triumphator als Ausnahmegestalt markierten, leisteten sie einen Beitrag zum Zusammenhalt der Nobilität. Das Ritual bildete einen Kompromiss zwischen dem legitimen Bedürfnis des Siegers, für seine Leistung entsprechend geehrt zu werden, und dem ebenfalls legitimen Anspruch der Führungsschicht auf möglichst gleichmäßige Verteilung der Schlüsselressource Ehre. Nur einen Tag nachdem ihm die ganze Stadt zu Füßen gelegen hatte, war der Triumphator wieder ein Senator unter vielen. Der Gott verwandelte sich in den Menschen zurück, der er zuvor stets gewesen war und danach immer sein würde. Und wehe, er hielt sich für etwas Besseres! Die Nobilität war eine Machtelite, die jeden Versuch, aus der Reihe zu tanzen, unbarmherzig ahndete. Bei jedem Verstoß setzte unerbittlich ein sofortiger Disziplinierungsreflex ein und sicherte den *nobiles* das kollektive Herrschaftsmonopol, das sie über Jahrhunderte behaupteten. Triumphe hatten ihre Zeit. Diese bittere Erfahrung machten selbst große Kriegshelden wie Scipio Africanus und Gaius Marius.

Außeralltäglich war auch die Präsenz des Militärs im Herzen von Rom: Der Triumphator erhielt ausnahmsweise die Erlaubnis, mit seinem Heer die Bannmeile um die Hauptstadt, das Pomerium, zu überschreiten, aber eben nur am Tag des Triumphes. Der Raum innerhalb des Pomeriums war sakralrechtlich demilitarisiert. Um sein *imperium*, den militärischen Oberbefehl, nicht zu verlieren, musste der Feldherr samt Heer vor der Hauptstadt kampieren, bis der große Tag gekommen war. Der Senat ließ sich mit Entscheidungen in Sachen Triumph gerne Zeit, und politische Gegner hintertrieben regelmäßig mit großem Vergnügen selbst berechtigte Ansprüche auf das Ritual. Deshalb brauchten Triumphatoren in spe vor allem Geduld. Der Feldherr Lucius Licinius Lucullus etwa lagerte mit seinem Heer jahrelang vor den Toren Roms, weil er auf einem Triumph bestand, den der Senat partout nicht genehmigen wollte. Erst 63 v. Chr., drei Jahre nach seiner Rückkehr aus dem Orient, durfte er seinen Triumph *ex Ponto de rege Mithridate et ex Armenia de rege Tigrane* («in Pontos über König Mithridates und in Armenien über König Tigranes») feiern.

Populariter agere

100 v. Chr., das Jahr, in dem Caesar das Licht der Welt erblickte, stand im Zeichen politischer Gewalt. Marius bekleidete gerade seinen sechsten Konsulat. Er hatte das römische Militär von Grund auf reformiert und aus der Milizarmee, die es seit Gründung der Stadt gewesen war, ein stehendes Berufsheer gemacht. Marius hatte damit auf den Rekrutierungsengpass reagiert, den die permanente Kriegführung und die Verarmung breiter Bevölkerungsschichten im 2. Jahrhundert v. Chr. ausgelöst hatten. Indem er gezielt Angehörige der besitzlosen Unterschicht anwarb, sorgte Marius dafür, dass genügend Soldaten unter Waffen standen – professionelle Soldaten, die nach einheitlichen Standards ausgebildet und ausgerüstet waren.

Die neue Armee hatte ihren Preis. Die Soldaten mussten entlohnt werden. Und bei Dienstantritt war ihnen versprochen worden, sie nach dem Ende ihrer 16-jährigen Dienstzeit mit Land abzufinden. Die Aussicht darauf, das Los der Armut gegen eine gesicherte Existenz als Besitzer eines kleinen Landgutes einzutauschen, motivierte viele Männer zum Dienst an der Waffe. In der Verantwortung stand der Feldherr höchstpersönlich: Er hatte dafür zu sorgen, dass die Soldaten das versprochene Land nach erfolgter Entlassung auch erhielten. Das Versprechen schuf ein enges Band zwischen den Legionären und ihrem Oberkommandierenden, für den sie durch dick und dünn gingen und von dem sie im Gegenzug die Einlösung ihrer Hoffnungen auf eine bessere Zukunft erwarteten. Die starke wechselseitige Loyalität erinnerte nicht von ungefähr an das altrömische Klientelwesen, nur dass jetzt eben die beiden Enden einer Befehlskette miteinander verbunden waren. Es war nur eine Frage der Zeit, bis Feldherren dieses Band politisch instrumentalisieren würden. Andererseits bot die neue Konstellation Anreize für die Senatsmehrheit, Oberkommandierenden ihre Ackerverteilungsgesetze zu verweigern. Die aber brauchten sie, um die Veteranen mit Land zu versorgen. Manch einer gewann eine Schlacht gegen die Feinde Roms, verlor dann aber den Kampf gegen seine eigenen Standesgenossen.

In seinem 6. Konsulat drohte Marius genau das. Die Kriege gegen die Kimbern und Teutonen waren siegreich verlaufen, viele Soldaten standen zur Entlassung aus dem Heeresdienst an. Marius benötigte Land, viel Land – und das schnell. In dem Volkstribun Lucius Appuleius Saturninus fand er einen ebenso zuverlässigen wie effizienten Parteigänger, der sich anbot, die entsprechenden Gesetze durch die Volksversammlung zu bringen. Mit Saturninus hatte Marius bereits ein paar Jahre zuvor gedeihlich zusammengearbeitet. Der Jüngere hatte keine Konfrontation mit dem Senat gescheut und sich die Sympathien der breiten Masse mit einem Gesetz erarbeitet, das die Verteilung von subventioniertem Getreide an arme Bürger vorsah.

Jetzt, 100 v. Chr., sah Saturninus die Chance für sich gekommen, sein politisches Profil als Freund des Volkes zu schärfen. Unter Umgehung des Senats schlug er dem Volk die Gründung von Veteranenkolonien in Norditalien, in Griechenland und auf Sizilien vor. Die Vertreter der Senatsmehrheit machten ungünstige Omina geltend, doch Saturninus setzte sich souverän darüber hinweg. Er ließ sich auch nicht davon beeindrucken, dass einer seiner Kollegen das tribunizische Veto gegen die Gesetze einlegte. Er zwang die Senatoren sogar, einen Eid auf diese Gesetze zu schwören. Nur ein einziger verweigerte sich dieser Zumutung.

Die Kompromisslosigkeit, mit der Saturninus seine Ziele verfolgte und jeden Widerstand brach, erinnerte an das Vorgehen der Brüder Tiberius und Gaius Sempronius Gracchus, die 133 bzw. 123 v. Chr. als Erste den Weg des *populariter agere* beschritten hatten: Sie hatten sich mit dem Versprechen zu Volkstribunen wählen lassen, mit einer Landreform den besitzlosen Massen Grundbesitz zu verschaffen, und dann die entsprechenden Gesetze dem Volk zur Abstimmung vorgelegt, ohne dass zuvor ein Senatsbeschluss gefasst worden wäre. Dieses Vorgehen war legal, brach aber auf eklatante Weise mit dem *mos maiorum*. Tiberius und Gaius Gracchus waren die Begründer eines neuen Politikstils: Sie politisierten die Volksversammlung, um nicht in Konsultation, sondern in Konfrontation mit der Senatsmehrheit ihre Ziele zu erreichen. Beide Brüder bezahlten dieses Vorgehen mit dem Leben.

Tiberius wurde von einem senatorischen Lynchmob erschlagen, Gaius zum Staatsfeind erklärt, durch Rom gehetzt und schließlich gezwungen, Selbstmord zu begehen. Die Römer hatten jetzt zwei grausige Präzedenzfälle für politische Gewalt.

Den Popularen, die sich Tiberius und Gaius Gracchus zum Vorbild nahmen, gingen die Regeln der konsensbasierten Nobilitätsherrschaft gegen den Strich. Ihre Gesetze ließen sie sich nicht vorab vom Senat absegnen: Sie traten ohne diesen Umweg direkt vor die Volksversammlung. Um Wahlen zu gewinnen, präsentierten sie sich auf einer politischen Plattform, die gezielt die mittellosen Massen und ihre Nöte ansprach. Dadurch war der Senat in zwei Gruppen gespalten: Die Mehrheit der Senatoren hielt eisern am traditionellen Konsensmodell fest und daran, dass politische Weichenstellungen im Senat vorzunehmen waren. Die Optimaten, wie Cicero diese Männer nannte, fürchteten Demagogen vom Schlage eines Tiberius Gracchus, weil sie das Potential hatten, die kollektive Herrschaft der Nobilität zu sprengen. Die Popularen hingegen hatten ein waches Sensorium für die Stimmung in der breiten Masse. Sie begriffen, dass Macht ausübte, wer im Resonanzraum der Volksversammlung diese Stimmung in Stimmen verwandeln konnte. Dazu musste er nur den Vielen erklären, was ihr politischer Wille war. Optimaten und Popularen trennte nicht so sehr ihre politische Programmatik, sie verfolgten in erster Linie gegensätzliche Strategien des Machterwerbs.

Saturninus hatte sich früh auf den popularen Weg begeben und deshalb den Schulterschluss mit Marius gesucht. Die Massen lagen dem begabten Redner zu Füßen. Doch überspannte er den Bogen. Vor allem unterschätzte er die Spannungen zwischen der stadtrömischen Bevölkerung und den Italikern. Auch für die Landbevölkerung wollte er seine Kolonien öffnen, aber dieser inklusive Ansatz war ganz und gar nicht nach dem Geschmack der hauptstädtischen Massen, die sich von ihrem Helden abzuwenden begannen. Zu Saturninus hielten hingegen die Veteranen des Marius, die in der Hoffnung auf Land in Scharen in die Hauptstadt strömten. Bürgerkrieg lag in der Luft. Doch Marius hatte weniger starke Nerven als Saturninus. Angesichts der drohenden Eskalation wurde ihm mulmig zumute. Immer deutlicher setzte sich der alte Haudegen von dem Volkstribun ab, der deshalb seine Felle davonschwimmen sah. Ohne Marius, so fürchtete er, würden ihn auch die Soldaten früher oder später im Stich lassen. Seine einzige Chance bestand darin, sich abermals zum Volkstribun und seinen Vertrauten Gaius Servilius Glaucia zum Konsul wählen zu lassen. Nur mit diesen beiden Schlüsselmagistraturen ließ sich der Kampf gegen die Senatsmehrheit gewinnen. Zwar erreichte Saturninus problemlos seine Wiederwahl, doch ließ Marius als der die Wahl überwachende Konsul die Kandidatur Glaucias nicht zu. Das Gesetz gab ihm Recht: Glaucia amtierte 100 v. Chr. als Prätor, deshalb war seine Kandidatur für das höchste Amt noch im selben Jahr unzulässig. Saturninus und Glaucia ließen sich davon nicht beirren: Sie mobilisierten Schlägerbanden, von denen in der Hauptstadt gleich mehrere ihr Unwesen trieben, und ließen einen der Mitbewerber um den Konsulat ermorden. Der Senat erklärte die beiden zu Staatsfeinden und erteilte dem Konsul Marius den Auftrag, die Republik gegen den drohenden Umsturz zu schützen. Der alte Soldat gehorchte. Er ließ Saturninus und Glaucia in den Senat führen, wo sie von einigen besonders erbitterten Senatoren zu Tode gesteinigt wurden.

Die Episode aus Caesars Geburtsjahr illustriert, wie vergiftet das politische Klima der Republik inzwischen war. Die Gesellschaft ächzte unter höchst realen Missständen: Endlose, verlustreiche Kriege hatten unzählige Opfer gefordert. Familien hatten ihre Ernährer verloren, und ganze Landstriche Italiens waren entvölkert. Die Metropole Rom war durch den Zuzug landloser Habenichtse zur Millionenstadt angeschwollen. Hunderttausende wussten nicht, wovon sie satt werden sollten. Die von Marius maßgeblich durchgesetzte Militärreform verbesserte die Wehrfähigkeit der Republik, setzte aber das Problem der Veteranenversorgung auf die Tagesordnung, das periodisch immer wieder dann akut wurde, wenn die Entlassung einer größeren Anzahl von Soldaten anstand. Politiker wie die Gracchen, Saturninus und Glaucia brachten die Missstände zur Sprache, verknüpften ihre Rhetorik aber mit einer politischen Agenda, in deren Mittelpunkt allzu oft die eigene Karriere stand. Zwischen Kümmerern und Demagogen eine scharfe Trennlinie zu ziehen, war in den Jahrzehnten nach Tiberius Gracchus unmöglich. Bei jeder Gelegenheit diffamierten die Optimaten ihre Gegner als politische Abenteurer, die gewissenlos Kapital aus dem Elend der Massen schlugen. Schnell waren sie mit dem Vorwurf bei der Hand, Politiker, die auf einer popularen Plattform antraten, strebten nach dem Königtum, wollten die republikanische Freiheit beseitigen und die Bürger zu Sklaven machen.

Die Plebejer hatten die Ständekämpfe für sich entschieden und waren an der Macht beteiligt worden, doch tendierte auch die neue Elite, die Nobilität, dazu, die Macht wie ein Kartell zu verwalten. Die Popularen legten den Finger in die Wunde der Republik, wenn sie den kleinen Mann daran erinnerten, dass er außen vor gelassen wurde. «Herren der Welt werden sie genannt, doch in Wirklichkeit haben sie nicht einmal ein Krümelchen Erde, das sie ihr Eigen nennen können», rief Tiberius Gracchus in der Volksversammlung, als er sein Ackergesetz zur Abstimmung stellte. Er brachte damit auf den Punkt, dass die Freiheit der Republik eine Leerstelle hatte. Sie war Freiheit von Zwang, aber sie war keine Freiheit, die es den Millionen Armen ermöglichte, ein selbstbestimmtes Leben zu führen: eine negative, keine positive Freiheit, noch immer die Freiheit der Wenigen, nicht der Vielen.[7]

Publius Clodius setzte der anderen, der positiven Freiheit ein Denkmal, als er 58 v. Chr. Volkstribun war und eben erst Cicero ins Exil getrieben hatte. Er ließ dessen herrschaftliches Haus auf dem Palatin abreißen und auf dem Grundstück einen Tempel für Libertas errichten. Ausgerechnet die Göttin der Freiheit, deren Namen Cicero so oft im Mund geführt hatte, sollte den Triumph des Demagogen über den selbsternannten Hüter der Republik versinnbildlichen. Clodius hatte mit Ciceros Freiheit wenig am Hut. Mit Terror und Gewalt übte er genau den Zwang aus, vor dem Cicero den politischen Raum der Republik hatte schützen wollen. Clodius' Libertas war eine Göttin für die Massen. Der Volkstribun machte dem einfachen Volk seine bedrückende Lage bewusst und versprach Linderung. Mit ihm an der Spitze, so lautete die Botschaft des Libertas-Tempels, würde es besser werden.

Wer ein Held der Freiheit war und wer ein Tyrann, lag im Auge des Betrachters.

War der Mann, von dem die folgenden Kapitel handeln und der am Ende tot auf dem Boden der Curia Pompeia liegen wird, ein Tyrann? Schon die Zeitgenossen konnten sich auf keine Antwort einigen. Für einige war er es, und deshalb wollten sie ihn ermorden. Für andere war er es nicht, und doch planten sie seinen Tod. Bis heute ist Caesar eine kontroverse Figur. Doch beginnen wir dort, wo diese Geschichte ihren Anfang nahm. Wo Caesar alles wagte – und alles gewann.

Caesar, oder:
Der Würfel sei geworfen
(10. Januar 49 v. Chr.)

Ein Januarmorgen im Jahr 705 seit Gründung der Stadt Rom. Über der Landstraße liegt frischer Reif. Ein Reisewagen rumpelt auf ihr entlang. Zur Rechten schlängelt sich in langen Windungen ein Flüsschen durch die weite Landschaft. Über der Ebene steigt feiner Nebel auf. Aus dem Dunst schiebt sich eine glutrote Sonne über den Horizont der Adria. Im Wagen sitzt Caesar, das Flüsschen ist der Rubikon. Südlich davon liegt Italien – liegt Rom, das er seit zehn Jahren nicht mehr gesehen hat. Caesar weiß, was es bedeutet, wenn seine Soldaten den Fluss überqueren. Dann gibt es kein Zurück mehr, dann ist Krieg – Bürgerkrieg. Er lässt den Wagen anhalten. Stille liegt über der Landschaft, scheinbar tiefer Frieden. Soll er es wagen? Ein letztes Mal zögert Caesar. Hat er denn eine Wahl? Was kann den Krieg jetzt noch verhindern? Seine Freunde treten hinzu. Die Beratung dauert nicht lange – sie kreist um Fragen, die Caesar sich wohl hundert Mal gestellt hat: Kann man dem Senat trauen? Was ist, wenn sich das Heer in alle Winde zerstreut hat? Die anderen warten auf seine Entscheidung. «Diesen Fluss nicht zu überqueren, wird Unglück über mich bringen, ihn zu überqueren, über die ganze Menschheit.» Dann gibt er den Befehl, auf den 20 000 Männer gewartet haben. Ohrenbetäubender Lärm zerreißt die Stille. 20 000 Schwerter schlagen auf 20 000 Schilde, 20 000 Stiefelpaare trampeln über die fruchtbare Erde. Kommandos werden gebrüllt, der Schall von Hörnern erklingt. In breiter Front überschreiten sechs Legionen den Fluss.[8]

Wälder und Triftwege

Am 10. Januar 49 v. Chr. marschierte Caesar in Italien ein. Zehn Jahre waren diesem Tag vorausgegangen, in denen er als Prokonsul Gallien unterworfen und in dem Gebiet zwischen Atlantik und Rhein den letzten Widerstand keltischer Stämme brutal gebrochen hatte. Jetzt fürchtete man den Sieger am Tiber so sehr, wie noch vor kurzem die Gallier ihn gefürchtet hatten. Der Senat hatte ihm ein Ultimatum gestellt: Vor der von ihm angestrebten Kandidatur für einen zweiten Konsulat sollte Caesar sein Kommando niederlegen und das Heer entlassen. Einseitig. Sein Gegenspieler Pompeius sollte das eigene Heer behalten dürfen. Ein Caesar ohne Heer wäre in der Politik der Hauptstadt ungefährlich, rechnete man sich im Senat aus.

Für Caesar waren diese Bedingungen unannehmbar, aus zwei Gründen: Erstens wusste der erfahrene Stratege besser als jeder Senator in Rom, was Macht bedeutet, wie man sie erringt und wieder verspielt. Seit sein angeheirateter Onkel Gaius Marius im letzten Viertel des 2. Jahrhunderts v. Chr. das römische Militär professionalisiert und die Veteranenversorgung zur Aufgabe der Feldherren gemacht hatte, besaß in der Republik Macht, wer Legionen kommandierte und Soldaten Befehle erteilen konnte. Lucius Cornelius Sulla, der Intimfeind des Marius, war 88 v. Chr. zum ersten Mal an der Spitze eines Heeres in Rom eingezogen. So hatte er sich das Kommando zurückerkämpft, das ihm seine Gegner weggenommen hatten. Hatten sich Caesars zehn Legionen, mit denen er Gallien unterworfen hatte, einmal in alle Winde zerstreut, wäre die Chance des Feldherrn dahin, sich mit Gewalt zu holen, worauf er ein Anrecht zu haben meinte.

Die Bedeutung seines Sieges über Gallien, der die Frucht von zehn Jahren Krieg mit manchen Mühen und Rückschlägen gewesen war, lässt sich nur ermessen, wenn man um das historisch belastete Verhältnis der Römer zu ihren keltischen Nachbarn weiß. Um 390 v. Chr. hatten die Römer an der Allia eine katastrophale Niederlage gegen keltische Stämme erlitten, in deren Folge die Tiberstadt – zum ersten und für ziemlich genau 800 Jahre letzten Mal – von Feinden erobert wor-

Caesar, Chiaramonti-Porträt, Vatikanische Museen

den war. Seither hatte die Furcht vor den Kelten – der längst nicht nur rational begründete *metus Gallicus* – stets wie eine dunkle Wolke über Italien gehangen, wenn Krieg mit den Nachbarn im Norden die Apenninenhalbinsel erschütterte. Jahrzehntelang hatte die Republik mit den Stämmen um die Poebene gekämpft: das, von Italien aus betrachtet, «diesseitige» Gallien, die Gallia cisalpina. Doch dieser Sieg war unvollständig, Italiens Sicherheit nicht gewährleistet, solange die Stämme im Gallien jenseits der Alpen, in der Gallia transalpina, frei und ungebärdig waren. Welche Gefahr von Kriegern aus dem Norden ausging, zeigten die – nicht keltischen, sondern germanischen – Kimbern, Teutonen und Ambronen, die 113 v. Chr. die Alpen überquert hatten und in Italien eingefallen waren.

Mit der Eroberung des transalpinen Gallien durch Caesar wurde also ein historisches Trauma aktualisiert und zugleich bewältigt. In der immensen Bedeutung des Sieges liegt der zweite Grund dafür, dass Caesar gar nicht anders konnte, als das Ultimatum des Senats zurückzuweisen. Die Entschiedenheit hat auch mit seiner Familiengeschichte zu tun.

Caesar entstammte einem Zweig der Familie, dem schon seit mehreren Generationen keine Konsuln mehr entsprossen waren. Sein Vater und ebenso sein Großvater hatten es lediglich zur Prätur gebracht. Immerhin: Ein Sextus Julius Caesar, vermutlich Caesars Onkel, hatte 91 v. Chr. das höchste Amt bekleidet. Und seine Mutter war die Tochter des Konsuls von 119, Lucius Aurelius Cotta. Die Iulii Caesares besaßen zwar kein Vermögen, das irgendwie ins Gewicht fiel, aber die *gens Iulia* war alter patrizischer Adel. Sie führte sich auf niemand Geringeren als die Göttin Venus selbst zurück, die den Trojaner Aeneas geboren hatte. Von Aeneas wiederum stammten die römischen Könige ab. Wenn Caesar seine Abkunft von der Urmutter Venus Genetrix herleitete, so reklamierte er damit zugleich und unmissverständlich den Anspruch auf einen Platz in der ersten Reihe der römischen Politik – und nicht in der zweiten, hinter den Cornelii Lentuli, den Caecilii Metelli, den Lutatii Catuli und wie die politisch tonangebenden Familien jener Jahre sonst noch hießen. Mochte es Caesar also an Vorfahren und am nötigen Kleingeld fehlen: Alle diese Nachteile machte er mit seinen Stärken wett – Entschlussfreudigkeit, Risikobereitschaft, Kaltblütigkeit und einer strategischen Begabung, mit der er seinen Gegnern stets um etliche Züge voraus war. Mit Plätzen in der zweiten Reihe oder noch dahinter ließ sich ein Caesar nicht abspeisen. O nein! 59 v. Chr. wollte man ihm nach seinem Konsulat ein wenig prestigeträchtiges Kommando übertragen. Sein Biograph Sueton spricht von der Aufsicht über «Wälder und Triftwege» – also die Pfade, über die man beim halbjährlichen Weidewechsel das Vieh trieb. Man wollte ihn zum obersten Beamten der Flurbereinigung in Italien machen. Ihn, einen Caesar! In dieser Situation sicherte er sich die Unterstützung von Pompeius und Crassus, um stattdessen Gallien als Provinz zu bekommen. Dort, nicht in Italiens Wäldern und Auen, stand ein großer Krieg bevor. Und die Abberufung aus genau diesem Krieg durch den Senat neun Jahre später empfand er als eine solch kolossale Demütigung, dass er darüber den Bürgerkrieg entfesselte. Wenn irgendjemand in Rom ein so großformatiges *dignitas*-Bewusstsein besaß, dass er damit die Ehrpusseligkeit sämtlicher Standesgenossen in den Schatten stellte, dann war es Gaius Julius Caesar.[9]

Deshalb war das Ultimatum vom Januar 49 für ihn ein Déjà-vu-Moment. Wie zehn Jahre zuvor setzten Caesars Standesgenossen im Senat alles daran, ihn zu kränken, zu demütigen, ihm das vorzuenthalten, was ihm nach seiner persönlichen, hypertrophen Lesart römischer Ehrbegriffe zustand: nicht nur das höchste Amt, der Konsulat, denn das wäre zeitlich befristet gewesen; nicht nur ein Platz in der ersten Reihe, denn den hätte er sich mit Rivalen wie Pompeius teilen müssen; sondern der Vorrang vor allen anderen, ohne aufgeprägtes Verfallsdatum. Sulla hatte vorgemacht, was man benötigte, um diese Stellung erringen zu können: Soldaten, die einem blind gehorchten und mit denen man seinen Willen auch gegen den Widerstand anderer durchsetzen konnte. Nichts anderes aber ist, nach einer berühmten Definition des Soziologen Max Weber, Macht.[10]

Subura

Alles in Caesars Leben drehte sich um Macht, Ehre, Leistung – aber seit früher Jugend war Demütigung sein ständiger Begleiter. Als Caesar 100 v. Chr. geboren wurde, hatte sein Vater wohl gerade erst die Quästur und damit das Einstiegsamt in den *cursus honorum* errungen. Ämter zu erlangen und zu bekleiden, kostete aber ein Vermögen. Teuer war die politische Ochsentour auch, weil Stimmenkauf zum Alltag gehörte. Sämtliche Versuche des Gesetzgebers, der Wahlbestechung einen Riegel vorzuschieben, waren gescheitert. Jede politische Karriere war also wirtschaftlich zunächst ein Zuschussgeschäft, das, wenn überhaupt, erst in der Spätphase eine Dividende abwarf, wenn die lukrative Statthalterschaft über eine wohlhabende Provinz winkte. Zunächst galt es in den politischen Aufstieg zu investieren, mit ungewisser Aussicht auf Rendite.

Völlig mittellos können die patrizischen Iulii Caesares um 100 v. Chr. nicht gewesen sein. Caesars Vater Gaius wurde zum Prätor für das Jahr 92 gewählt und erhielt danach Asia als Provinz zugewiesen, gleichsam das Kronjuwel des Imperiums, das die Republik rings um das Mittelmeer zu errichten im Begriff war. Sein mutmaßlicher Bruder Sextus,

Caesars Onkel, konnte seine Laufbahn 91 sogar mit dem Konsulat krönen. Die beiden standen nicht unbedingt in der ersten Reihe der römischen Politik, waren aber mit deren Exponenten über die gemeinsame Schwester gut vernetzt: Julia war mit Gaius Marius verheiratet, dem Sieger über die Kimbern und Teutonen. Eine dynastische Win-win-Situation: Für den politischen Selfmademan Marius war die Verbindung mit dem Patrizierclan ebenso einträglich wie für die Iulii Caesares. Nähe zur Macht gegen blaues Blut, so lautete die Abmachung. Vielleicht hätte auch Gaius senior noch den Konsulat erreicht, hätte er nicht bereits 85 v. Chr. mit rund 50 Jahren das Zeitliche gesegnet.

Caesars Jugend war von Krieg und Krisen überschattet. 91 v. Chr. brach über die Frage, wie die italischen Verbündeten Roms an der Dividende des Imperiums beteiligt werden sollten, der Bundesgenossenkrieg aus. Zwei Jahre wütete er in Italien, das zu diesem Zeitpunkt noch kein einheitliches staatliches Gebilde war, sondern eher einem Flickenteppich glich: Autonome Städte und Stämme, die von den Römern ab ca. 400 v. Chr. in nur rund 100 Jahren unterworfen worden waren, bildeten eine Wehrgemeinschaft, die in drei Punischen und etlichen anderen Kriegen im 3. und 2. Jahrhundert loyal zur Tibermetropole gestanden hatte. Als sich Ende des 2. Jahrhunderts soziale Disparitäten bemerkbar machten, stand für die Bundesgenossen die Frage auf der Tagesordnung, ob die Römer sie bei der Verteilung des nach Italien strömenden Wohlstands womöglich über den Tisch gezogen hatten. Die italischen Stämme lehnten sich gegen die Stadt in ihrer Mitte auf, unterlagen schließlich nach zähen Kämpfen und erhielten im Rahmen der Friedenslösung das römische Bürgerrecht. Ihre Autonomie war dahin: Innerhalb weniger Jahrzehnte wurde aus dem Flickenteppich Italien römisches Hoheitsgebiet.

Der Bundesgenossenkrieg war gerade ausgekämpft, da tönten von neuem die Kriegsfanfaren, diesmal weit im Osten. Mithradates VI., König von Pontos, überfiel 88 v. Chr. Asia: die Provinz im Westen Kleinasiens, in der wenige Jahre zuvor Caesars Vater Statthalter gewesen war. So groß war dort der Hass auf die Römer und ihre Steuereintreiber, dass in einem «Vesper von Ephesos» genannten Massaker

Tausende von Italikern getötet wurden – Valerius Maximus spricht übertreibend von 80 000, Plutarch sogar von 150 000 Opfern. Der Senat musste reagieren und verlieh Sulla den Oberbefehl gegen Mithradates. Sulla war Konsul, doch er hatte mächtige innenpolitische Gegner: Marius und dessen Verbündeten Publius Sulpicius Rufus, der 88 v. Chr. Volkstribun war.

Rufus stand in der Tradition der Gracchen und hatte den popularen Weg gewählt. Per Plebiszit entwand er Sulla das Kommando gegen Mithradates und ließ es Marius übertragen. Doch der Konsul hatte bereits sechs Legionen ausgehoben, die nahe Rom in Kampanien lagerten. Sobald er von dem Volksbeschluss erfuhr, teilte Sulla sein Wissen mit den Soldaten, nicht ohne sie darauf hinzuweisen, dass Marius für den beuteträchtigen Krieg gewiss neue Legionen ausheben werde. Es brauchte deshalb wenig Überredungskunst, und die Legionen rückten wie von selbst auf Rom vor. Dass ein amtierender Konsul dem Volk den Gehorsam verweigerte und mit einem Heer unter Waffen die Stadtgrenze der kraft heiligen Rechts demilitarisierten Hauptstadt überschritt, war ein unerhörter Vorgang. Aber unerhört war ja auch die Aberkennung des Oberbefehls gewesen. Marius hatte durch seine Heeresreform das Militär politisiert. Jetzt militarisierte Sulla die Politik, als er per Androhung von Gewalt die Aufhebung des Volksbeschlusses erzwang. Er hatte die Spaltung der senatorischen Elite zum Bürgerkrieg eskalieren lassen und so die stürmische Schlussphase der römischen Republik eingeläutet.

Die Popularen um Marius waren – soweit nicht ermordet – aus der Stadt geflüchtet. Sulla blieb jedoch kaum Zeit, um seine Stellung in Rom zu festigen. Der Krieg gegen Mithradates drängte. Deshalb begnügte er sich mit provisorischen Maßnahmen und kehrte dann Italien den Rücken. Doch noch vor seinem Aufbruch begann Sullas Macht porös zu werden. Mit dem Patrizier Lucius Cornelius Cinna trat ein erklärter Gegner den Konsulat des Jahres 87 an, der sich seinerseits wenig um die Spielregeln des *mos maiorum* und noch weniger um den Eid scherte, den er wie alle Senatoren auf die von Sulla erlassenen Maßnahmen geschworen hatte: Mit Marius' tätiger Mithilfe eroberte er Rom gewaltsam und räumte rücksichtslos unter seinen Gegnern auf. Wider alle Tradition bekleidete er das höchste Amt viermal in Folge. 84 v. Chr. schließlich trat Sulla den Rückmarsch aus dem Orient an. Cinna wurde bei dem Versuch, Italien gegen den Heimkehrer zu verteidigen, von den eigenen Soldaten erschlagen. So zog Sulla 82 v. Chr. ein zweites Mal an der Spitze eines Heeres in Rom ein und bereitete seinen Gegnern – längst nicht nur Anhängern Cinnas – durch sogenannte Proskriptionen ein blutiges Ende. Es war eine gewaltige Nacht der langen Messer, in der er die Stadt von missliebigen Elementen säubern ließ: Jedermann konnte beliebige Mitbürger auf Ächtungslisten setzen und sich dann, kaum waren die Geächteten ins Jenseits befördert, an ihrem Hab und Gut bereichern. Sulla goss die errungene Alleinherrschaft in die Form der Diktatur: als *dictator legibus scribundis et rei publicae constituendae* («um Gesetze zu geben und die Republik zu ordnen») initiierte er die Reform der republikanischen Institutionen mit dem Ziel, den Senat zu stärken und die Nobilitätsherrschaft gegen künftige populare Alleingänge zu wappnen. Vor allem schraubte er die Kompetenzen der Volkstribunen zurück und machte das Amt, das seit Tiberius Gracchus etlichen Popularen als Plattform für ihre Agitation gedient hatte, zur Sackgasse im *cursus honorum*: Nach dem Volkstribunat war eine Bewerbung für höhere Magistraturen nun unzulässig. Als er sein Restaurationswerk Anfang 79 v. Chr. vollendet glaubte, trat er von der Diktatur zurück. Ein Jahr später starb der Mann, der sich «der Glückliche» nennen ließ: Felix.

Sullas Sieg und die Katastrophe der Popularen ließ sich 85 v. Chr., als Gaius Julius Caesar senior starb, höchstens erahnen. Marius war gleich zu Anfang seines Konsulatsjahres 86 gestorben, aber Cinna und seine Getreuen hatten das populare Regiment in Rom konsolidiert. In den politischen Kreisen der Stadt sorgte die Nachricht für einiges Aufsehen, dass Caesar junior, kaum war sein Vater tot, die Verlobung mit der reichen Ritterstochter Cossutia löste und Cornelia, die Tochter Cinnas, heiratete. 84 v. Chr., als die Ehe geschlossen wurde, war Caesar gerade einmal 16 Jahre alt. Das war selbst für römische Verhältnisse früh, aber keineswegs außergewöhnlich. Mädchen kamen in der Regel schon mit 14 unter die Haube, verlobt wurden sie oft noch deutlich früher. Die Vermählung mit Cornelia war ein hieb- und stichfestes Bekenntnis zu den Popularen. Nicht anders konnte sie gelesen werden: Caesar war jetzt nicht mehr nur der Neffe des großen Marius, sondern auch der Schwiegersohn Cinnas, des wichtigsten Mannes in Rom. Cossutia war für die finanziell nicht üppig ausgestatteten Julier eine gute Partie gewesen, doch über Cornelia führte der Weg mitten hinein in den engsten Zirkel der Macht.

Die Parteinahme für Cinna war trotzdem alles andere als selbstverständlich. Einige Iulii Caesares, darunter der Konsular Lucius Julius Caesar, und auch Caesars Rhetoriklehrer, der später von Cicero hochgerühmte Marcus Antonius Orator, hatten ihre Loyalität zu Sulla mit dem Leben bezahlt. Cinna hingegen passte die Ehe zwischen Caesar und Cornelia vorzüglich ins Konzept: Nur Patrizier, die mit einer Patrizierin verheiratet waren, konnten das höchste Priesteramt des *flamen Dialis* bekleiden. Und genau für dieses Amt hatte der Konsul den jungen Mann vorgesehen. Caesar wurde der Öffentlichkeit 84 v. Chr. als neuer Priester des Jupiter Optimus Maximus vorgestellt. Das Amt strahlte enormes Renommée aus. Freilich hatte es für junge Männer mit Ehrgeiz auch einen schalen Beigeschmack. Wer *flamen Dialis* wurde, war von allen politischen Ämtern disqualifiziert. Wer in Caesars Familie die Weichen für diese Allianz mit Cinna gestellt hatte, ist unbekannt. Der 16-Jährige selbst wird es nicht gewesen sein.

Dass der Halbwüchsige sehr wohl seinen eigenen Kopf besaß und einen Dickschädel dazu, bewies er zwei Jahre nach der Hochzeit, als der frisch bestallte Diktator Sulla ihn aufforderte, sich von Cornelia scheiden zu lassen. Aus dem politischen Kapital Cornelia war eine Hypothek geworden. Die Scheidung hätte Caesar die Chance geboten, umstandslos auf die Seite des Siegers zu wechseln und seine Verstrickung mit Cinna vergessen zu machen. Das römische Eherecht wäre kein allzu großes Hindernis gewesen. Lediglich die Formel *tuas res tibi habeto* hätte er vor Zeugen aufsagen müssen: «Nimm deinen Krempel und geh!» Eigentlich war die Aufforderung zur Einreichung der Scheidung also ein Angebot, das man nicht ablehnen konnte. Bemerkenswert genug: Caesar lehnte es rundheraus ab. Er ging damit ein beträchtliches Risiko ein. Viele Zeitgenossen lasen ihre Namen aus weitaus nichtigeren Gründen auf den Proskriptionslisten des Diktators. Sein Biograph Sueton berichtet, Caesar habe für einige Zeit Zuflucht im Untergrund gesucht. Auch von Bestechung munkelte man. Das können wir glauben oder auch nicht. Dass er schließlich doch nicht in Sullas Fadenkreuz geriet, verdankte Caesar wohl vor allem seinen guten Beziehungen. Die Familie seiner Mutter, die Aurelii Cottae, war eng mit dem System Sulla verwoben. Caesars Ehe mit Cornelia hielt jedenfalls bis zu deren Tod 69 oder 68 v. Chr.[11]

Verloren war allerdings Cornelias üppige Mitgift, weil das Vermögen ihres Vaters beschlagnahmt worden war. Caesars finanzielle Situation in jenen Jahren dürfte alles andere als komfortabel gewesen sein. Er wohnte wenig mondän in der Subura, Roms Armeleuteviertel im Tal zwischen den Hügeln Viminal und Esquilin. Weil Sulla alle Anordnungen Cinnas widerrief, war der Schwiegersohn auch das Priesteramt schon wieder los, bevor er es richtig angetreten hatte. Die Episode war die erste große Kränkung in Caesars Leben, und er sollte sie nie vergessen.

Einige Jahre später, 81 v. Chr., trat der damals 19-Jährige seinen Militärdienst bei Marcus Minucius Thermus an, der den Posten des Prokonsuls von Asia bekleidete. Thermus war ein Sullaner durch und durch, ein Zeichen, dass Caesar gute Beziehungen auch zu diesem Lager pflegte. Zum ersten Mal erhielt der junge Mann die Gelegenheit, seine Tapferkeit unter Beweis zu stellen. Außerdem ließen sich in diesem Umfeld Kontakte zu Kameraden im Stab des Kommandeurs knüpfen, die oft ein Leben lang hielten. Thermus vertraute Caesar eine diplomatische Mission an den Hof des bithynischen Königs Nikomedes an, die er zur vollsten Zufriedenheit seines Vorgesetzten ausführte. Bei der Belagerung der Stadt Mytilene auf Lesbos rettete Caesar das Leben eines römischen Bürgers und erhielt dafür die Bürgerkrone. Die *corona civica* war eine besondere Auszeichnung, die er in Rom zu sämtlichen offiziellen Anlässen tragen durfte. Senatoren mussten sich von ihren Plätzen erheben, sobald ein Träger der Krone die Kurie betrat.

Außer auf Schlachtfeldern hatten sich junge römische Aristokraten auch als Redner zu bewähren. Die beste Bühne dafür bot der Gerichtssaal. Sulla war kaum beerdigt, da klagte der frisch nach Rom zurückgekehrte Caesar Gnaeus Cornelius Dolabella wegen Erpressung an, einen Sullaner der ersten Stunde, der es bis zum Konsulat und zur Statthalterschaft in Macedonia gebracht hatte. Doch Dolabella genoss noch immer viel Rückhalt bei den Mächtigen. Er wurde freigesprochen. Als nächstes nahm sich Caesar Gaius Antonius Hybrida vor, auch er ein Sulla-Anhänger – und auch dieses Mal scheiterte er. An seinem Plädoyer lag es nicht. Das war brillant. Um seine Kenntnisse der Redekunst weiter zu vervollkommnen, wollte er sich zum Studium bei Apollonius Molon nach Rhodos begeben, einem der berühmtesten Rhetoriklehrer seiner Generation. Auf dem Weg dorthin fiel er jedoch Seeräubern in die Hände, die für seine Freilassung die beachtliche Summe von 50 Talenten forderten. Die Städte der Ägäis brachten das Geld auf, weil man ihnen nicht nachsagen sollte, sie seien geizig, wenn es um die Freiheit römischer Bürger ging. Doch Rache ist ein Gericht, das am besten kalt serviert wird: Kaum in Freiheit, sammelte Caesar noch mehr Geld, ließ privat eine Flotte ausrüsten und machte Jagd auf die Seeräuber. Die meisten gingen ihm ins Netz. Caesar ließ ihnen die Kehle durchschneiden und sie dann kreuzigen, was seinem Biograph Sueton als Zeichen seiner Milde galt. Tatsächlich revanchierte sich der seinerzeit noch nicht 25-Jährige auf diese Weise nicht für das Kidnapping, sondern für die Lösegeldforderung. 50 Talente waren für seinen Geschmack für das Leben Caesars viel zu wenig – sein Ego kannte schon damals keine rechte Grenze.

Den Unterricht bei Apollonius Molon konnte Caesar dann nicht lange genießen. Zum Jahreswechsel 75/74 v. Chr. entflammte auf dem kleinasiatischen Festland, Rhodos direkt gegenüber, abermals Krieg. Und Urheber war neuerlich der König von Pontos. Von Caesar heißt es, er habe Mithradates mit einer bunt zusammengewürfelten Schar aus Soldaten und einheimischen Milizangehörigen wieder aus der römischen Provinz hinauskomplimentiert. Wenn die Geschichte überhaupt einen wahren Kern hat, dürfte sie Caesars Erfolg maßlos übertreiben. Unterdessen wurde er in Abwesenheit ins Kollegium der Pontifices gewählt, das von allen Priesterkollegien am meisten Prestige besaß. Die schwärende Wunde der Absetzung durch Sulla hatte sich endlich geschlossen, und Caesar konnte erhobenen Hauptes nach Rom zurückkehren. Außer dem Krieg gegen Mithradates hielten in den späten 70er Jahren noch zwei weitere militärische Auseinandersetzungen Rom in Atem: die mit dem abtrünnigen ehemaligen Prätor Quintus Sertorius in Spanien und die mit den von Spartacus angeführten Sklaven. An keinem dieser Kriege scheint Caesar teilgenommen zu haben.

Stattdessen agitierte er eifrig für die Demontage der sullanischen Hinterlassenschaften. Die Popularen, denen er sich zugesellt hatte, konnten 70 v. Chr., im Konsulatsjahr der Ex-Sullaner Marcus Licinius Crassus und Gnaeus Pompeius Magnus, einen wichtigen Etappensieg feiern: Der gestutzte Volkstribunat wurde zu seiner früheren Herrlichkeit restauriert. Caesar gewann im selben Jahr seinen ersten Wahlkampf: Für 69 v. Chr. wurde er zum Quästor gewählt. Das Amt sollte er in der Provinz Hispania ulterior versehen. Nach dem Jahr in Spanien standen ihm dann die Tore des Senats offen, auf dessen hinteren Bänken er Platz nahm.

Wohl noch bevor der frisch gewählte Quästor nach Spanien aufbrechen konnte, überschatteten zwei Todesfälle sein Amtsjahr: Erst starb Julia, die Witwe des Marius und Caesars Tante, dann seine Frau Cornelia. Auf beide hielt er – als Zeichen besonderer Wertschätzung – die Leichenrede auf dem Forum. Beiden Reden war eine *pompa funebris* vorausgegangen, die in der Republik eigentlich Männern vorbehalten war. Indem er Cornelia und somit eine Frau und dazu noch Cinnas Tochter durch dieses Totenritual ehrte, demonstrierte Caesar, über welch reichen Schatz an Verdiensten seine Familie verfügte. Es war für jeden genug da, sogar für die Frauen.

Die prominenteste Figur im Trauerzug für Julia war ihr Gatte Marius, dessen Bild von der Menge mit stehenden Ovationen gefeiert wurde. Der Anfang von Caesars Rede auf Julia ist bei Sueton überliefert und kündet jedenfalls nicht von mangelndem Selbstbewusstsein:

> Die Familie meiner Tante Julia stammt durch ihre Mutter von den Königen ab und ist väterlicherseits mit den unsterblichen Göttern verwandt; denn die Marcii Reges – der Familienname ihrer Mutter – gehen auf [den vierten der sieben Könige Roms] Ancus Marcius zurück und die Iulii, von denen unsere Familie ein Zweig ist, auf Venus. Unser Geschlecht hat also gleichzeitig die Ehrwürdigkeit der Könige, deren Macht unter den Sterblichen am größten ist, und den Anspruch auf die Verehrung, die den Göttern zukommt, die selbst über die Könige herrschen.[12]

Caesar nutzte das sicher nicht billige Spektakel für eine machtvolle Inszenierung der von Königen und Göttern abstammenden *gens Iulia* und für ein politisches Statement, das an Eindeutigkeit nichts zu wünschen übrigließ. Mit Bildern und mit Worten bekannte er sich zum popularen Weg, wie ihn Cinna, sein Schwiegervater, und Marius, sein Onkel, eingeschlagen hatten. Er empfahl sich der Menge als jemand, bei dem ihre Interessen und Hoffnungen auf eine bessere Zukunft in guten Händen waren. Das zusammengelaufene Volk reagierte mit Begeisterungsstürmen und brüllte die Kritiker, die ihre Stimme erhoben, einfach nieder.

AKTENVERMERK DES HISTORIKERS: *Ob es Zufall war, dass Caesar seine Abkunft von Königen betonte, wo doch die Republik die Monarchie mit einem so schrecklichen Tabu belegt hatte?*

Caesar spielte die Marius-Karte keineswegs zum letzten Mal: Als Ädil ließ er ein paar Jahre später Standbilder seines Onkels wiederherstellen und auch die Victoria-Statuen, die an Marius' Siege über die Kimbern und Teutonen sowie den Numiderkönig Jugurtha erinnerten, richtete er wieder auf.

Suo anno

Sich vor den Massen in eine Traditionslinie mit Marius zu stellen, war eine Sache, politische Verbündete in den obersten Kreisen zu gewinnen, eine ganz andere. Kurz nach der Trauerrede auf Cornelia wandelte Caesar schon wieder auf Freiersfüßen. Seine Wahl fiel auf Pompeia, die Tochter des Quintus Pompeius Rufus und Enkeltochter des gleichnamigen Konsuls von 88. Beide, Vater und Großvater, waren bei den Unruhen im Zusammenhang mit Sullas erstem Marsch auf Rom umgekommen. Die Pompeii Rufi waren obendrein enge Weggefährten Sullas gewesen. Pompeias Mutter war eine andere Cornelia, nämlich die Tochter des Diktators, die so zu Caesars Schwiegermutter wurde. Durch die Einheirat in Sullas Familie rückte Caesar näher an die noch immer in der Nobilität tonangebende Gruppe der alten Sulla-Anhänger heran. Zu ihr gehörten auch Pompeius und Crassus. Die beiden starken Männer hatten selbst mächtige Gefolgschaften um sich geschart. Sie waren einander in inniger Abneigung verbunden, seit Pompeius versucht hatte, Crassus den Sieg über Spartacus streitig zu machen. Zum Wortführer der Pompeius-Unterstützer wurde Caesar, als 67 v. Chr. die *lex Gabinia* debattiert wurde, ein Gesetz, das Pompeius weitreichende Vollmachten für das Kommando gegen die Piraten im östlichen Mittelmeer einräumte. Ein Jahr später setzte er sich dafür ein, dass Pompeius auch der Oberbefehl im Krieg gegen Mithradates übertragen wurde. 63 v. Chr. war dieser Krieg beendet, und die Rückkehr des ruhm- und beutebeladenen Heeres stand unmittelbar bevor. Caesar, der bereits zum Prätor des Folgejahres gewählt worden war, lehnte sich mit seiner Forderung, Pompeius mit außergewöhnlichen Ehrungen zu empfangen, weit aus dem Fenster.

In den 60er Jahren wurde der noch recht junge, zunächst kaum bekannte Politiker dann regelrecht ins Zentrum der senatorischen Elite katapultiert. Pflichtgemäß absolvierte er Stufe um Stufe des *cursus honorum*: nach der Quästur (69 v. Chr.) die kurulische Ädilität (65) und schließlich die Prätur (62), gefolgt von einem Prokonsulat (61/60) in Hispania ulterior, der Provinz, die er schon als Quästor kennengelernt hatte. Ein Schlüsseljahr war 63 v. Chr., als Cicero die Verschwörung des politischen Desperado Catilina niederschlug. Die anfangs hoffnungsvolle Karriere des Patriziers Lucius Sergius Catilina entgleiste nach seiner Statthalterschaft in Africa (67/66 v. Chr.), die ihm einen Korruptionsprozess eintrug und daraufhin die Disqualifizierung von den Konsulwahlen für die Jahre 65 und 64. Bei den Wahlen für 63 fiel er durch – gegen Cicero, der ihn wenige Monate später der Vorbereitung eines Staatsstreichs überführte. Nachdem das Komplott im Dezember aufgeflogen war, wurde im Senat debattiert, was mit den Mitverschworenen zu geschehen habe. Römische Bürger durften nicht einfach ohne Gerichtsurteil hingerichtet werden und hatten das Recht der Appellation an das Volk. Weil aber Unruhen drohten und der Staatsnotstand verhängt worden war, stellte der Konsul Cicero im Senat den Antrag, mit den Verschwörern kurzen Prozess zu machen. Während Cato den *mos maiorum* anrief, in einer leidenschaftlichen Rede Ciceros Vorstoß unterstützte und damit die große Mehrheit der Senatoren auf seine Seite zog, gab Caesar die Minderheitenmeinung zu Protokoll und forderte stattdessen Vermögenseinzug und lebenslange Inhaftierung der Mitverschworenen. Auch wenn später der Vorwurf laut wurde, Caesar habe mit Catilina gemeinsame Sache gemacht, kann davon keine Rede sein: Er hatte selbst zur Aufdeckung beigetragen und wies in seiner Rede lediglich auf die juristische Unhaltbarkeit des vom Senat verhängten Todesurteils hin – womit er auf lange Sicht Recht behalten sollte. Die standrechtliche Tötung der Beschuldigten fiel Cicero wenige Jahre später gewaltig vor die Füße. 58 v. Chr. nämlich ließ sein Intimfeind Clodius die Volksversammlung ein Gesetz beschließen, das die Hinrichtung römischer Bürger ohne ordentliches Verfahren auch rückwirkend unter Strafe stellte. Diese *lex Clodia* zielte auf niemand anderen als Cicero: Der Konsular musste Rom für anderthalb Jahre verlassen und bittere Monate des Exils in Griechenland verbringen. Caesar aber hatte in der denkwürdigen Senatssitzung 63 v. Chr. ein eindrucksvolles Statement für die Bürgerrechte und gegen die Kompetenzanmaßung von Magistraten abgegeben.

Bereits 64 v. Chr. war Quintus Caecilius Metellus Pius gestorben.

Der hochdekorierte Konsul des Jahres 80 hatte lange das Amt des Pontifex Maximus bekleidet, zu dem für gewöhnlich Senatoren in schon vorgerücktem Alter und durchweg Konsulare per Volkswahl berufen wurden. Um die Nachfolge bewarb sich im folgenden Jahr Quintus Lutatius Catulus, Konsul 78 v. Chr. und einer der Meinungsführer der konservativen Senatsmehrheit. Catulus' Wahl schien eine klare Sache zu sein, doch am Ende machte Caesar das Rennen, der zwar seit 73 v. Chr. im Pontifikalkollegium saß, aber noch nicht einmal die Prätur erreicht hatte. Die Wahl eines so jungen und relativ unerfahrenen Mannes an die Spitze des renommiertesten Priestergremiums der Stadt war ein Paukenschlag. Caesar soll sie mit großer Mehrheit für sich entschieden haben. Dennoch ging er mit der Kandidatur ein beträchtliches Risiko ein. Wäre er durchgefallen, so wäre das mehr als ein Imageschaden gewesen. Caesar hätte seine Hoffnungen auf ein baldiges Erreichen der Prätur vermutlich begraben können, ganz vorne in der römischen Politik wäre für ihn kein Platz mehr gewesen. Gegen Altvordere anzutreten, widersprach eklatant den Normen des Hergebrachten. Catulus und die übrigen Kandidaten reiferen Alters hatte er sich mit diesem vorlauten Karriereschritt zu Feinden gemacht. Caesar feindlich gesinnte Kreise witterten prompt unlautere Machenschaften: Hatte er die Wähler bestochen? Waren die außerordentlich prächtigen Spiele, die er als Ädil gegeben hatte, der Grund für seinen Sieg? Doch der 37-Jährige verdankte den sensationellen Erfolg, der nicht nur Catulus verblüffte, ganz anderen Stärken: Er war lagerübergreifend mit führenden Repräsentanten der Nobilität vernetzt, und er griff immer wieder politische Themen auf, die den Bürgern auf den Nägeln brannten. Die Wahl zum obersten Priester verbesserte auch Caesars Wohnsituation: Endlich konnte er von der Subura in die offizielle Residenz des Pontifex Maximus umziehen, die Regia auf dem Forum. Schließlich war der Coup ein Pfund, mit dem der neue Pontifex Maximus in der politischen Arena wuchern konnte: Er wurde dadurch schlagartig bekannt und konnte seine Karriere in den sicheren Hafen der Prätur steuern. Die Wahl an die Spitze des Priesterkollegiums ebnete ihm den Weg nach ganz oben.

Ohne Geld, das wusste auch Caesar, brauchte man diesen Weg aber gar nicht erst einzuschlagen. Vor jeder Wahl flossen exorbitante Summen von den Kandidaten an die Wähler, und ein ausgeklügeltes System von Helfern erledigte die Verteilung der Gelder in den Stadtbezirken und Wahlabteilungen der Volksversammlung. Woher aber hatte Caesar das viele Geld? Die Antwort ist einfach: Er hatte es nicht, sondern lieh sich enorm hohe Beträge bei Geldgebern, die bereit waren, in politische Karrieren wie die Caesars zu investieren. Beide Seiten riskierten dabei viel. Dennoch herrschte an politischen Finanziers kein Mangel. Der bekannteste, skrupelloseste und reichste von ihnen war Crassus. Der Senator war nicht zimperlich in der Wahl seiner Mittel. So unterhielt er eine Feuerwehr, die das Mobiliar erst dann aus brennenden Häusern barg, wenn die Besitzer ihm das Grundstück per eilends aufgesetzter schriftlicher Erklärung übereignet hatten. Dieser Mann förderte mit seinem Kapital viele junge, aufstrebende Politiker, die nicht über das nötige Kleingeld verfügten. Er hatte deshalb zahlreiche Gefolgsleute unter den Hinterbänklern im Senat. Caesar stand vermutlich 63 v. Chr. noch nicht auf der Liste politischer Talente, die Crassus förderte, wenige Jahre später aber schon. Wer immer dem ehrgeizigen Nachwuchspolitiker bei der Pontifikatswahl finanziell unter die Arme gegriffen hatte: Im Fall einer verlorenen Wahl hätte er seine Außenstände zurückgefordert, und Caesar wäre über Nacht pleite gewesen. Die Kandidatur war ein Vabanquespiel, allerdings weder das letzte noch das riskanteste, auf das Caesar sich einließ.

Das Rennen um die Prätur für 62 v. Chr. gewann er mit gehörigem Vorsprung. Das Amt war die ideale Plattform, um offene Rechnungen zu begleichen und die Verbindung zu Pompeius zu stärken: Caesar griff Catulus frontal an, weil der Neubau des zerstörten Jupiter-Optimus-Maximus-Tempels auf dem Kapitol unter seiner Aufsicht keine Fortschritte machte. Also forderte er, man solle die Verantwortung für das Prestigeprojekt Pompeius übertragen. Denkwürdig war Caesars Prätur aber vor allem dank der Travestieeinlage, die sich Publius Clodius Pulcher, Patrizier aus bester Familie und designierter Quästor für das Folgejahr, im Dezember 62 in Caesars Haus leistete. Dort hatten sich die

Damen aus Roms feiner Gesellschaft bei einem Mahl zu Ehren der Göttin Bona Dea versammelt. Die Gastgeberin hatte die Gattin eines hohen Magistrats zu sein, mindestens eines Prätors. Pompeia und die anderen Frauen waren unter sich, denn das Sakralrecht verbot strengstens die Anwesenheit von Männern im Haus. Clodius aber hatte sich, als Frau verkleidet, unter die Damen gemischt. Er flog auf, als eine Dienerin ihn als Mann erkannte. Der Frevel hatte politische Konsequenzen, denn viele Senatoren forderten nun die Einleitung eines Strafverfahrens gegen Clodius. Caesar als der eigentlich Geschädigte hielt sich aus allen Diskussionen heraus, womöglich in der richtigen Einsicht, dass der geschickte Demagoge Clodius ihm künftig nützlich, aber auch gefährlich werden konnte. Er ließ sich umgehend von Pompeia scheiden. Gerüchte, zwischen Pompeia und dem etliche Jahre jüngeren Clodius sei es zu sexuellen Handlungen gekommen, machten bereits die Runde, und an Caesars Haus sollte nicht der Schatten eines Verdachts haften bleiben.

AKTENVERMERK DES HISTORIKERS: *Der Skandal trieb einen Keil zwischen die verschiedenen Lager im Senat. Niemand profitierte mittelfristig mehr davon als Caesar. Hatte er selbst den Skandal inszeniert?*

Im Anschluss an die Prätur trat Caesar seinen Prokonsulat in Hispania ulterior an, das ihm als Provinz zugelost wurde. Den größten Teil Spaniens hatte Rom in den Jahrzehnten zwischen dem Ende des Zweiten Punischen Krieges, 202 v. Chr., und der Einnahme Numantias durch Scipio Aemilianus, 133 v. Chr., in mühseligen, mit großer Brutalität geführten Kriegen unterworfen, doch der äußerste Westen, das heutige Portugal, hatte der Eroberung lange widerstanden. Caesar besiegte die widerspenstigen Lusitanier in mehreren Schlachten und gliederte ihr Land in die römische Provinz ein. Nach zwei Jahren Krieg trat er, mit Ruhm und Beute beladen, den Heimweg nach Italien an. Das war gut für die römische Staatskasse, gut aber auch für Caesars private Finanzen. Nach Rom zurückgekehrt, konnte er erwarten, für seine Siege mit einem Triumph ausgezeichnet zu werden.

Jedoch erwies sich das Verbot, als Träger eines militärischen Kommandos Rom zu betreten, als unüberwindliches Hindernis. Im Sommer 60 v. Chr. standen die Wahlen für den Konsulat des Folgejahres an. Caesar wollte sich unbedingt bewerben. Für jede Magistratur galt ein Mindestalter, und für Angehörige der Nobilität war es Ehrensache, sämtliche Ämter jeweils *suo anno* zu bekleiden, also zum frühestmöglichen Zeitpunkt. Der war für Caesars Konsulat gekommen, und deshalb gab es zur Bewerbung keine Alternative. Allerdings sah das Gesetz vor, dass Bewerber ihre Kandidatur persönlich beim zuständigen Magistrat einzureichen hatten. Deshalb beantragte Caesar beim Senat, von dieser Pflicht entbunden zu werden. Eile war geboten, denn die Frist zur Bewerbung lief in wenigen Tagen ab. In der Kurie war man dem Ansinnen nicht abgeneigt, doch als der Antrag endlich zur Abstimmung gestellt werden sollte, hielt Cato, der in dieser Zeit zum Wortführer der konservativen Senatsmehrheit avancierte, eine Dauerrede und sorgte mit dem Filibuster dafür, dass die Entscheidung vertagt werden musste. Caesar stand jetzt vor der unangenehmen Wahl, entweder auf die Kandidatur oder den Triumph verzichten zu müssen. Er entschied sich gegen das Spektakel und dafür, seinen Hut für den Konsulat in den Ring zu werfen. Wieder einmal bewies Caesar den «Takt für das Mögliche und Unmögliche», den ihm Theodor Mommsen in seiner *Römischen Geschichte* bescheinigt hat.[13]

Drei Männer

Caesar dürfte sich die Entscheidung nicht leicht gemacht haben. Wer einen Triumph feierte, häufte ordentlich politisches Kapital an, das in Rom über Karrieren entschied. Aber der Konsulat war wichtiger. Ihn nicht *suo anno* anzutreten, hätte Caesar womöglich noch verschmerzen können. Aus dem Amt aber erwuchs die einmalige Chance, eine Koalition der Ehrgeizigen und Unzufriedenen zu schmieden. Unzufrieden waren außer Caesar vor allem zwei Senatoren: Pompeius und Crassus. Beide brannten vor Ehrgeiz. Pompeius war 63 v. Chr. von seinem Orientfeldzug nach Rom zurückgekehrt. Im Osten hatte er manche zu

Königen gekrönt und andere entmachtet. Wie ein neuer Alexander war er im Orient aufgetreten. Entsprechend nannte er sich auch «der Große», Magnus. Er hatte einer Region politisch seinen Stempel aufgedrückt, die vom Schwarzen Meer bis Ägypten, vom Mittelmeer bis zum Euphrat reichte. Seiner Rückkehr hatte die senatorische Elite in Rom mit bestenfalls gemischten Gefühlen entgegengesehen. Man fürchtete einen neuen Sulla ante portas, doch Pompeius agierte auf der Bühne der Hauptstadt unsicher und linkisch. Seiner enormen Begabung als Feldherr wurde der Politiker Pompeius in keiner Weise gerecht. Pompeius hatte sich fest vorgenommen, nach den Regeln der Nobilität zu spielen, doch seine Loyalität wurde ihm schlecht gedankt. Als es um die Verwirklichung seiner politischen Projekte ging, stellte sich der Senat quer. Es half auch nichts, dass Pompeius unter den Konsuln der Jahre 61 und 60 enge Freunde hatte. Besonders wurmte ihn, dass die konservative Mehrheit ein Agrargesetz blockierte, ohne das die Veteranen seines Krieges gegen Mithradates nicht mit Ackerland versorgt werden konnten. Ein zusätzlicher Affront war, dass die Bedenkenträger im Senat den Maßnahmen, die Pompeius im Orient getroffen hatte, die pauschale Ratifikation verweigerten. Mit solchen Gesten bedeutete man ihm, dass auch die Bäume eines römischen Alexanders nicht in den Himmel wuchsen. Die Zurücksetzungen nagten an seiner *dignitas;* sie waren das Schlimmste, was man einem römischen *nobilis* antun konnte.

Kopf der konservativen Hardliner, die Pompeius so konsequent auflaufen ließen, war Marcus Porcius Cato. Der um 95 v. Chr. geborene *nobilis* war der Urenkel des älteren Cato und damit des Mannes, der im 2. Jahrhundert beharrlich die Vernichtung Karthagos gefordert und sich als Autor einer Schrift über den Landbau sowie der ersten auf Latein verfassten Prosadarstellung der römischen Geschichte einen Namen gemacht hatte. 62 v. Chr. hatte der jüngere Cato gerade erst den Volkstribunat erreicht, im Senat mit seiner Rede gegen Catilina aber bereits für Furore gesorgt. Er hatte sich die philosophische Lehre der Stoiker zur politischen Richtschnur gemacht. Auf Kompromisse ließ sich dieser Mann gar nicht erst ein: Er war ein Gesinnungsethiker reinsten Wassers, für den die Republik, ihre Rechtsordnung und der *mos maiorum* die Eckpfeiler seines politischen Handelns bildeten. Wahlbestechung und Demagogentum waren ihm ein Graus. Sein gesamtes Sinnen und Trachten zielte darauf ab, Rom eine weitere Alleinherrschaft vom Typ Sullas zu ersparen. Er fürchtete – zu Unrecht –, Pompeius könne ein Wiedergänger des Diktators werden und die Republik seinem Willen unterwerfen.

Der prinzipientreue Wortführer der Optimaten war noch einem anderen großen Mann ein Dorn im Auge. Cato brachte ein Gesetz zu Fall, das den römischen Steuerpächtern in den Provinzen bessere Konditionen einräumen sollte. Die Finanzelite der Republik streckte der öffentlichen Hand die Steuereinnahmen ganzer Provinzen für ein Jahr vor, um sie sich dann von deren Bewohnern mit saftiger Rendite zurückzuholen. Schon seit Jahren forderten die Steuerpächter die Absenkung der Pauschalen, damit ihr Geschäft noch lukrativer wurde. Das Gesetz war Crassus, der kräftig mitverdienen wollte, eine Herzensangelegenheit. Mit Catos stoischer Ethik hingegen war das Geschäftsgebaren der Steuerpächter nicht zu vereinbaren. Der Finanzier und Netzwerker fühlte sich von dem Jüngeren auch deshalb düpiert, weil Catos Gesinnungskarte im Senat sein Geld und seine Verbindungen stach. Hinter Crassus scharten sich Hinterbänkler und politische Vabanquespieler wie Caesar; Cato hingegen zog mit seiner Geradlinigkeit und seinem Redetalent viele einflussreiche Senatoren in seinen Bann, von denen ihm etliche an Rang und Dienstalter weit voraus waren. Crassus war 20 Jahre älter als Cato. Dass der Jüngere ihn im Senat überschattete, nagte am Ehrgefühl des Konsulars. Seinen Millionen zum Trotz galt für Crassus wie für alle anderen römischen Aristokraten, dass Ehre die wertvollste aller Währungen war. Geld war ein Mittel zum Zweck, nicht mehr und nicht weniger.

Crassus, Pompeius und Caesar hatten deshalb jeder für sich gute Gründe, Cato in herzlicher Abneigung zugetan zu sein. Alle drei waren von dem einflussreichen Stoiker ausgebremst und vorgeführt worden. Darin lag Potential für Zusammenarbeit: eine Koalition, die stark genug wäre, jeden Widerstand zu brechen, auch den Catos. Pompeius war der Senator mit dem größten Kriegsruhm, Crassus der mit dem meisten Geld. Caesar war vermeintlich der Schwächste im Bund, doch was ihm an materiellen und symbolischen Ressourcen fehlte, würde er mit Skrupellosigkeit und visionärer Weitsicht wettmachen können. Caesar sah all dies voraus, als er zwischen Triumphzug und Konsulat zu wählen hatte. Ein Hindernis freilich galt es noch aus dem Weg zu schaffen: Crassus und Pompeius waren Intimfeinde. So musste er ihnen begreiflich machen, dass gemeinsame Interessen mehr zählten als Rivalität und offene Rechnungen.

Es gelang Caesar, beide Männer als Unterstützer seiner Kandidatur zu gewinnen. Kaum war er Konsul, vollbrachte er das Kunststück, sich mit Pompeius und Crassus an einen Tisch zu setzen und die Bedingungen für ein informelles Bündnis auszuloten. Auch Cicero hatte er anfänglich in die Koalition einbinden wollen, sich aber schließlich eine Abfuhr eingehandelt. Nichts solle im Staat geschehen, was einem von ihnen missfalle: *ne quid ageretur in re publica, quod displicuisset ulli e tribus*, wie es bei Sueton heißt. Der Zeitgenosse Varro nannte den Pakt ein «dreiköpfiges Ungeheuer». Bis heute firmiert die Allianz in den Handbüchern unter dem Namen «Erstes Triumvirat». Der Begriff suggeriert, damals sei ein formales Bündnis auf staatsrechtlicher Grundlage geschlossen worden, so wie gut 15 Jahre später das «Zweite Triumvirat» zwischen Caesars politischen Erben: Antonius, Lepidus und dem jungen Oktavian. Doch was Ende 60 v. Chr. geschah, war etwas ganz anderes. Pompeius, Crassus und Caesar einigten sich ad hoc, um den Widerstand der Optimaten gegen ihre Projekte zu brechen. Caesar verließ sich auch nicht allein auf das Bündnis. Er schloss weiterhin eifrig politische Freundschaften jenseits von Crassus und Pompeius: Im Jahr seines Konsulats heiratete er Calpurnia, die Tochter des Lucius Calpurnius Piso Caesoninus, der im folgenden Jahr das höchste Amt bekleiden würde und bereits eng mit dem Volkstribunen Publius Clodius Pulcher assoziiert war. Calpurnia war, als die Ehe geschlossen wurde, etwa 18 Jahre jung. Die Ehe blieb kinderlos, sollte aber bis zum Tag von Caesars Ermordung halten.[14]

Ohne zunächst auf Widerstand zu stoßen, erreichte die Dreierkoalition ihr Hauptziel: die Brechung jeder optimatischen Opposition. Caesar entfaltete zu Beginn seines Konsulats eine rege gesetzgeberische Aktivität, mit der er die Agenda des Bündnisses abarbeitete: Die Veteranen des Pompeius erhielten ihr Land, die Regelungen des Feldherrn im Orient den Segen der Volksversammlung und die Steuerpächter lukrative Verträge für die Provinzen im Osten. Caesar selbst präsentierte sich der Öffentlichkeit als Macher, der die lästige Opposition im Senat zum Schweigen brachte. Bibulus, sein optimatischer Kollege im Konsulat, war zum Zuschauen verurteilt, während Caesar Gesetz um Gesetz durch die Volksversammlung peitschte. Er schreckte auch vor Gewaltandrohung nicht zurück. Das politische Klima heizte sich in den ersten sechs Monaten seines Konsulats immer weiter auf.

Selbstverständlich nutzte Caesar die Wirkmacht der Dreierkoalition auch in eigener Sache. Entscheidend für den Erfolg seines Konsulats war die Frage, welche Provinz ihm nach Ablauf der Amtszeit zugeteilt werden würde. In dieser Frage hatten die Optimaten um Cato bereits Vorsorge getroffen: Deshalb sollten ihm die Wälder und Triftwege zugewiesen werden. Also verschaffte sich der Konsul per Gesetz den Prokonsulat in der Gallia cisalpina. Darum kümmerte sich sein Vertrauter, der Volkstribun Publius Vatinius. Die Provinz grenzte an Länder, in denen jederzeit Krieg ausbrechen konnte: den Balkan, den Alpenraum und vor allem Gallien jenseits der Alpen.

Gallia est omnis divisa

Zwei Zufälle kamen Caesar zu Hilfe. Der Prokonsul Quintus Caecilius Metellus Celer, dem die Gallia transalpina zugewiesen worden war, starb 59 v. Chr. plötzlich und unerwartet. Er war noch nicht in die Provinz aufgebrochen, und sie wurde in dieser Situation Caesars Prokonsulat zugeschlagen. Zugleich eskalierten in Gallien Auseinandersetzungen zwischen den diversen Ethnien. Ausgelöst worden waren sie durch die Wanderung rechtsrheinischer Stämme und das dadurch provozierte Ausweichen der Helvetier aus der heutigen Schweiz Richtung Westen. Bedroht wurden dadurch die mit Rom verbündeten Haeduer.

So erhielt Caesar im Sommer 58 v. Chr. den ersehnten Vorwand, um in den ausbrechenden Krieg einzugreifen. Er meldete nach Rom, die Ansiedlung der Helvetier im Bereich der oberen Rhone bilde eine Gefahr für die römische Provinz weiter südlich. Der Feldzug, in den Rom immer mehr investierte, dauerte acht Jahre, forderte zahllose Menschenleben und endete mit der vollständigen Unterwerfung des keltischen Europa westlich des Rheins. Der Kriegsverlauf ist durch die acht Bücher von Caesars *commentarii de bello Gallico* bestens dokumentiert – wenn auch tendenziös im Stil einer Propagandaschrift, ist doch der Eroberer Galliens der erste Feldherr der Weltgeschichte, dessen persönliche Sicht auf einen Krieg uns in Textform vorliegt. Die durchgängig in der 3. Person erzählten *commentarii* sind das Instrument von Caesars Selbstdarstellung nach dem Feldzug und präsentieren seine Leistungen im denkbar günstigsten Licht. Sie rechtfertigen das Unternehmen, für das der Senat Caesar schließlich zehn Legionen bewilligte, als völkerrechtlich legitimen Krieg und konstruieren Gallien jenseits der Alpen als einen einheitlichen, in sich geschlossenen Raum, was es so vor der römischen Eroberung eigentlich nie gewesen war: *Gallia est omnis divisa in partes tres,* «ganz Gallien zerfällt in drei Teile» – schon mit dem ersten Satz der *commentarii* nimmt Caesar eine Eingrenzung vor, die in dieser Form niemals historische Wirklichkeit war. Erst durch Caesar wurde der Rhein zur das keltische Europa durchschneidenden Grenze, «Germanien» entstand als neue historische Größe.

Trotz der Parteilichkeit des Autors wissen wir dank der *commentarii* über den Gallischen Krieg besser Bescheid als über jeden anderen Krieg der Antike. Wir erfahren viel über die Geo- und Ethnographie der Celtica, über römische Kriegführung und das Geschehen auf dem Schlachtfeld: die Eroberung Galliens (57–55 v. Chr.), die beiden Flottenvorstöße nach Britannien (55 und 54), die Aufstände gegen die römische Herrschaft (56, 54 und vor allem 52 unter Vercingetorix). Wir lesen über Siege (über die Helvetier und über den Suebenführer Ariovist 58, über Vercingetorix bei Alesia 52), aber auch Niederlagen (gegen Ambiorix bei Aduatuca Ende 54 und gegen Vercingetorix bei Gergovia 52), und wir lernen, wie ein römischer Feldherr denkt und handelt. Der

Bericht gibt Einblick in Caesars strategisches, operatives und taktisches Planen und er enthüllt eindrucksvoll, welche Bedeutung der Prokonsul Soft Power beimaß. Caesar überzeugte die neuen Nachbarn in Britannien und Germanien von der römischen Stärke, indem er sie ihnen vor Augen führte: Zweimal ließ er seine Legionen im Süden der britischen Hauptinsel landen und zweimal errichtete er eine Schiffsbrücke über den Rhein. Keines dieser Unternehmen hatte mehr als symbolische Bedeutung, aber die Symbole zeigten Wirkung. Die Barbaren lernten, Respekt vor römischen Waffen und römischer Technologie zu haben. Caesar machte sich die Rivalitäten zwischen den keltischen Stämmen zunutze, indem er sie geschickt gegeneinander ausspielte. Zwischen Rhein und Mittelmeer gewann er Partner, die ihre Interessen bei Rom gut aufgehoben wussten. Ihre Eliten wurden nach der Eroberung zu treibenden Kräften der Romanisierung: Es sah jedenfalls so aus, dass, wer bei den Kelten Rang und Namen hatte, sich nichts sehnlicher wünschte, als dazuzugehören und Anteil zu haben an der römischen Zivilisation. Caesars Eroberungsprojekt war deshalb über den Tag hinaus angelegt: Bei aller Brutalität, deren Wirksamkeit sich der Feldherr keineswegs verschloss, legte er damit den Grundstein zur erfolgreichen Integrationsgeschichte Galliens in das römische Imperium.

In den *commentarii* begegnet den Lesern aber noch ein anderer Caesar: der Intellektuelle, der in geschliffenem Latein Reflexionen über Politik, Strategie und Kultur anstellt und meisterhaft die Trümpfe rhetorischer Überzeugungsarbeit ausspielt. Die acht Bücher über den Gallischen Krieg sind ein Stück Weltliteratur – literarisch so ambitioniert, dass noch heute überall auf der Welt Lateinschüler ihr Sprachverständnis daran schärfen. Der Text wird kaum identisch sein mit den Berichten, die Caesar regelmäßig an den Senat sandte, aber er dürfte in weiten Teilen auf ihnen beruhen. Auch am Tiber trug seine Mühe Früchte. Dem Feldherrn gelang es spielend, die Hauptstadt mit triumphalen Siegesmeldungen aus Gallien zu fluten und Rückschläge, die sich auch immer wieder einstellten, nicht zum Gesprächsstoff werden zu lassen. Der Senat verlängerte Caesars Kommando 56 v. Chr. um weitere fünf Jahre.

Über den Rubikon

Während Caesar Gallien unterwarf, stand die stadtrömische Politik nicht still. Die Dreierkoalition hielt den Belastungen durch interne Rivalität und äußeren Druck stand, obwohl der Anspruch, gegen sie dürfe keine Politik gemacht werden, auf Dauer nicht einzulösen war. Drei Kräfte rangen am Tiber um die Macht: Pompeius als stärkerer der beiden in Rom verbliebenen Köpfe der Hydra, die von Cato angeführte Senatsmehrheit der Optimaten und der populare Demagoge Publius Clodius, der wenige Jahre zuvor den seltsamen Travestieakt in Caesars Haus aufgeführt hatte. Das Verhältnis zwischen Caesar und Clodius war kompliziert: Beide waren einander nützlich, aber keine politischen Weggefährten. Caesar ließ das demagogische Talent des Jüngeren bei seinen Gesetzesvorhaben ungenutzt und vertraute stattdessen auf seinen engen Gefolgsmann Vatinius. Er sorgte aber dafür, dass es Clodius gegen beträchtliche Widerstände gestattet wurde, vom Stand der Patrizier in die Plebs zu wechseln. Dadurch konnte der irrlichternde Nachwuchspolitiker 58 v. Chr. den Volkstribunat bekleiden, und erst dieses Amt gab seiner popularen Agitation den nötigen Resonanzboden. Clodius trieb mit Cicero den profiliertesten Politiker der Gegenseite ins Exil und änderte durch vier große Gesetze, die er mühelos durch die Volksversammlung brachte, das politische Koordinatensystem der Hauptstadt zu seinen (und, wie sich zeigen sollte, Caesars) Gunsten. Fein dosierte Gewalt, die er auch über längere Zeiträume auf die Straße zu tragen verstand, schüchterte den politischen Gegner ein und orchestrierte die popularen Machtdemonstrationen im öffentlichen Raum. Die Menge war Wachs in Clodius' Händen. Eindringlich machte er ihr die existentielle Not begreiflich, in der sie sich befand. Zu Hilfe kam ihm eine akute Versorgungskrise, die Rom seit 60 v. Chr. in ihrem Griff hielt. In der Wahl seiner Verbündeten war Clodius sprunghaft und wenig zimperlich: Er hielt engen Kontakt zur stadtrömischen Unterwelt, ließ aber auch den Gesprächsfaden zur Gruppe um Cato nie abreißen. Die nach wie vor tiefen Spannungen zwischen den Optimaten und Pompeius nutzte er, um den römischen

Italien zur Zeit Caesars
Comum
Bergomum
Brixia
Verona
Patavium
Aquileia
Cremona
Padus
Savus
Parma
Mutina
Genua
Bononia
Ravenna
Rubikon
Ariminum
Luca
Pisae
Florentia
Ancona
Volaterrae
Arretium
Perusia
Tiber
Mare Adriaticum
ITALIA
CORSICA
Alba Fuc.
Corfinium
Roma
Praeneste
Via Appia
Canusium
Beneventum
Barium
Capua
Aquilonia
Via Appia
Via Appia
Cumae
Neapolis
Puteoli
Salernum
Tarentum
SARDINIA
Mare Tyrrhenum
Valentia
Mare Nostrum
Messana
Drepanum
Panormos
Rhegium
Tyndaris
Lilybaeum
Thermae Himeraeae
Enna
Catana
SICILIA
Agrigentum
0
50
100
150 km
Gela
Syracusa
N
S

Alexander zu schwächen und zu demütigen, wo es nur ging. Der ehrgeizige Aristokrat Clodius verfolgte bei diesem Tun ausschließlich seine eigene Agenda und handelte nicht in Absprache mit Caesar. Dem Prokonsul dürfte aber nur recht gewesen sein, dass Clodius seine Gegner terrorisierte und das politische Leben in Rom lähmte. Je mehr der stadtrömische Politzirkus um sich selbst kreiste, desto ungefährdeter war sein Kommando über die zehn Legionen in Gallien, die in jenen Jahren das eigentliche Gravitationszentrum der Republik bildeten.

56 v. Chr. rauften sich die großen Drei auf der sogenannten Konferenz von Luca noch einmal zusammen. Die heute toskanische Stadt lag im äußersten Südzipfel von Caesars Provinz Gallia cisalpina. Da Caesar seine Provinz nicht verlassen durfte, bot sich an, das Treffen dort stattfinden zu lassen. Man einigte sich darauf, Crassus und Pompeius abermals gemeinsam einen Konsulat bekleiden zu lassen, den von 55 v. Chr. So vereitelte man Bemühungen Catos, Lucius Domitius Ahenobarbus zum Konsul wählen zu lassen. Der Optimat war gefährlich, denn er hatte bereits öffentlich verkündet, er wolle Caesars Kommando ein Ende setzen. Danach sollte Pompeius Spanien und Crassus Syria als Provinz zugeteilt werden. Dieses Arrangement stellte sicher, dass auch Caesars Partner im Dreibund künftig Legionen würden kommandieren können. Crassus erhielt mit Syria das Aufmarschgebiet für den nächsten großen Krieg, den er 54 v. Chr. Roms östlichen Nachbarn erklärte, den Parthern. Der Krieg begann verheißungsvoll, endete aber in der totalen Katastrophe: Rund 20 000 römische Soldaten lagen tot im mesopotamischen Wüstensand, mitten unter ihnen Crassus selbst. Schlimmer noch: Die Parther erbeuteten die Feldzeichen von vermutlich sechs Legionen. Aus dem dreiköpfigen Ungeheuer war über Nacht eine fragile Doppelspitze geworden.

In Rom hatten unterdessen auch die Vertreter der Optimaten aufgerüstet und bewaffnete Banden zum offensiven Personenschutz angeheuert. Beim Zusammenstoß zwischen Clodius' Schlägern und den Gladiatoren seines Rivalen Titus Annius Milo kam der Demagoge am 18. Januar 52 auf der Via Appia zu Tode. Damit verschob sich das politische Koordinatensystem der römischen Politik wieder einmal. Zügig näherten sich die erstarkten Optimaten um Cato jetzt Pompeius an, in dem sie, kaum war Clodius begraben, nicht mehr den Gefährder, sondern den Retter der Republik sahen. Damit stand die Frage im Raum, wann Caesars Prokonsulat in Gallien enden solle. Möglichst bald, lautete die Antwort der Optimaten; möglichst spät, die von Caesar. Sein Bundesgenosse, der Volkstribun Gaius Scribonius Curio, vertrat in Rom geschickt die Sache des Prokonsuls. Als der Senat im März 51 v. Chr. erstmals über die Ablösung Caesars beriet, streute Curio Sand ins Getriebe. Er drohte mit einem Veto und hielt seine Kollegen mit Versprechungen hin. So ging es mehrere Monate. Ende des Jahres schließlich unterbreitete der Volkstribun den Senatoren ein Kompromissangebot, das die Gegenseite vollends ins Unrecht setzte: Pompeius und Caesar sollten ihre Kommandos gleichzeitig niederlegen, dann würde sich der Sieger über die Gallier auf den Rückweg nach Rom begeben. Vermutlich hätte diese Lösung, der die große Mehrheit des Senats – mit 370 gegen 22 Stimmen – ihren Segen gab, den Bürgerkrieg verhindert. Doch der Konsul Gaius Claudius Marcellus sabotierte die Einigung hinter dem Rücken des Gremiums und begab sich mit beiden designierten Nachfolgern – seinem gleichnamigen Cousin und dem eng mit Pompeius befreundeten Lucius Cornelius Lentulus Crus – auf den Weg zu Pompeius, der sich als Prokonsul vor den Toren der Stadt aufhielt. Er trug dem Großfeldherrn den Befehl über zwei für den Partherkrieg ausgehobene, noch bei Capua lagernde Legionen an und bat ihn, die Verteidigung der Republik gegen Caesar zu übernehmen. Pompeius griff zu.

Am 1. Januar 49 v. Chr. verlasen zwei von Caesars Gefolgsleuten, Quintus Cassius Longinus und Marcus Antonius, einen Brief des Gallienbezwingers, in dem er um das Vorrecht bat, sich im Sommer nicht persönlich in Rom um den Konsulat für das Folgejahr bewerben zu müssen. Alternativ schlug er noch einmal ein Junktim zwischen seiner eigenen und der Ablösung des Pompeius vor. Doch die Stimmung in der Kurie war gekippt, nachdem Pompeius sich zum offenen Bruch mit Caesar durchgerungen hatte. Die Senatoren lehnten es ab, sich überhaupt mit Caesars Vorschlägen zu befassen, und stellten sich hinter einen Antrag von Pompeius' Schwiegervater Quintus Caecilius Metellus Scipio, der einseitig Caesar zur Entlassung seines Heeres aufforderte. Am 7. Januar verhängte der Senat den Ausnahmezustand und ermächtigte die beiden neu ins Amt eingeführten Konsuln Marcellus und Lentulus, alles zu tun, um den Staat vor Unheil zu bewahren. De facto war Caesar nun Staatsfeind. Die Konsuln hatten diktatorische Vollmachten, um gegen ihn vorzugehen.

Deshalb hatte Caesar am 10. Januar 49 v. Chr. keine Wahl. Das Senatsvotum vom 7. Januar hatte ihn nicht unvorbereitet getroffen. Er hatte bereits drei Legionen an der Grenze zu Italien zusammengezogen. Drei weitere hatte er im Westen Galliens postiert, um den erwarteten Vorstoß von Pompeius' spanischem Heer abzuwehren. Der Althistoriker Martin Jehne hat darauf hingewiesen, dass sowohl der Senat durch sein unversöhnliches Agieren als auch Caesar selbst, der unbedingt einen zweiten Konsulat für sich wollte, immer größere Sachzwänge schufen. Daraus mussten Pfadabhängigkeiten erwachsen, die geradewegs in die Katastrophe führten. Caesar hatte keine andere Wahl, als über den Rubikon zu gehen, selbst wenn er es nicht mit dem Ziel tat, die Alleinherrschaft zu erringen. Das Flüsschen, das die Grenze bildete zwischen Italien und der Provinz Gallia cisalpina, in der er sein Kommando ausübte, wurde für die Republik zum River of no Return. Caesar musste ihn überschreiten und damit die Grenzen der ihm vom Senat verliehenen Autorität. Seine Legionen marschierten in Italien ein, während ihr hochgebildeter Kommandeur den griechischen Komödienschreiber Menander in dessen Sprache zitierte: «Der Würfel sei geworfen!»[15]

ZWEITER TEIL

DIKTATUR

Cato, oder:
Wie man sein eigener Herr bleibt
(12. April 46 v. Chr.)

Utica, Nordafrika, vier Tage nach der Schlacht von Thapsus. In den Straßen herrscht Panik. Nach Scipios Niederlage wälzt sich Caesars Streitmacht heran. Die Stadt ist stark befestigt und bestens mit Proviant versorgt, aber sie platzt aus allen Nähten. Hinter ihre Mauern haben sich oppositionelle Senatoren mit ihren Familien, haben sich versprengte Soldaten aus Scipios Heer geflüchtet. In Utica leben römische Kaufleute, die mit der Sache der Opposition sympathisieren. Alle blicken auf Cato, den nach Scipios Untergang unumstrittenen Führer der Opposition. Er weiß, dass Utica einer Belagerung lange standhalten kann – theoretisch. Doch praktisch fehlen Soldaten. Cato schlägt vor, die Sklaven zu bewaffnen. Die Senatoren sind dafür. Die Kaufleute fürchten um ihren Besitz und sind kategorisch dagegen. Sie lassen sich nicht überzeugen, nicht durch noch so gutes Zureden. Cato begreift, dass Utica verloren ist. Er lässt die Senatoren und ihre Angehörigen evakuieren. Während die Letzten von ihnen die Stadt verlassen, geht Cato ins Bad, isst mit Freunden zu Abend und zieht sich dann in sein Schlafzimmer zurück. Dort liest er in Platons *Phaidon*. Er liest vom Tod des Sokrates, vom heiteren Sterben und von der Ewigkeit der Seele. Während er so daliegt, fällt ihm auf, dass sein Schwert fehlt, das doch normalerweise über dem Bett hängt. Er fragt einen Diener, aber der schweigt betreten. Er liest weiter und fragt dann die Sklaven, einen nach dem anderen, wo das Schwert sei. Alle bleiben ihm die Antwort schuldig. Da herrscht er seine Begleiter an, ob sie vorhätten, ihn unbewaffnet dem Feind auszuliefern. Nun endlich bringt ein kleiner Junge das Schwert. Cato zieht es aus der Scheide, prüft die Klinge und sagt: «Jetzt bin ich mein eigener Herr.» Er liest und schläft ein Stündchen. Kurz vor Mitternacht schickt er Butas zum Hafen. Der Freigelassene soll prüfen, ob alle Senatoren in Sicherheit sind. Wenig später kehrt Butas zurück und meldet: Im Hafen rührt sich nichts. Cato nickt und bittet ihn, die Tür zu schließen.[1]

Stoische Politik

Marcus Porcius Cato war der Urenkel des Marcus Porcius Cato. Die Namensgleichheit ist keine Zu- und keine Auffälligkeit. Die Römer waren bei der Wahl ihrer Vornamen sowieso nicht sonderlich erfinderisch, und meist kursierten in Familien der Aristokratie nur zwei oder drei Vornamen, *praenomina*, die sich in nahezu jeder Generation wiederholten. Zur Unterscheidung nennen wir die beiden berühmtesten Vertreter der *gens Porcia* «den Jüngeren» und «den Älteren». Oder auch: Cato Censorius und Cato Uticensis. Der ältere Cato bekleidete 184 v. Chr. das Amt des Zensors. So berüchtigt war die Strenge, die er dabei walten ließ, dass er den Rest seines Lebens mit dem Beinamen leben musste: «der Zensor». Der jüngere Cato gehört hingegen zu den wenigen Persönlichkeiten der Weltgeschichte, die nach ihrem Sterbeort benannt wurden. Nicht von ungefähr. Das Sterben des jüngeren Cato in der nordafrikanischen Hafenstadt Utica hat historischen Rang.

Cato der Zensor war wie zwei Generationen nach ihm Marius und noch später Cicero als *homo novus* in die Nobilität aufgestiegen. Er war der Protegé einflussreicher Senatoren und machte sich, zum Konsul gewählt, im Kampf gegen rebellierende Stämme in Spanien einen Namen. Jahrzehnte später war er die treibende Kraft hinter Roms drittem Krieg gegen Karthago, an dessen Ende die völlige Vernichtung der nordafrikanischen Metropole stand. Sie freilich erlebte der 149 v. Chr. im hohen Alter von 85 Jahren gestorbene Zensor nicht mehr. Obwohl oder vielleicht gerade weil er als sozialer Aufsteiger Macht und Ansehen erworben hatte, war der Mann aus dem latinischen Landstädtchen Tusculum ein römischer Aristokrat durch und durch: konservativ bis ins Mark und argwöhnisch allem Fremden gegenüber. 155 v. Chr., in Rom weilte gerade eine Delegation griechischer Philosophen, setzte er sich im Senat dafür ein, die Gesandten so schnell wie möglich aus Rom hinauszukomplimentieren. Ihre Philosophie sei jugendgefährdend, befand er. Dass griechische Kultur und griechisches Denken in Rom auf immer mehr Resonanz stieß, beobachtete der einflussreiche Konsular mit Argwohn und Sorge. Doch hatte der Reaktionär Cato durchaus auch innovative Seiten, schuf er doch mit *De agri cultura*, «Über den Landbau», nicht nur das älteste Prosawerk in lateinischer Sprache, sondern auch ein agrarwissenschaftliches Lehrbuch auf dem damals neuesten Stand des Wissens.

Der Urenkel von Cato dem Zensor war aus gänzlich anderem Holz geschnitzt. Anstatt die Griechen unheimlich zu finden, ging er förmlich auf in ihrer Philosophie. Früh begeisterte er sich für die Stoa. Deren Begründer Zenon von Kition hatte um 300 v. Chr. in Athen gelehrt, die Natur sei von einer göttlichen Vernunft beherrscht, dem Logos. Ein glückliches Leben bestehe darin, dass der Mensch seinen Platz in dieser Ordnung findet. Mit seiner eigenen Vernunft sei der Mensch in der Lage, den Logos zu ergründen und an ihm teilzuhaben. Weisheit setze die Befreiung von den Leidenschaften voraus: Gier, Furcht, Schmerz – samt und sonders Affekte, die zwischen dem Menschen und seinem Glück stünden. Im 2. Jahrhundert v. Chr. machten die Philosophen Panaitios von Rhodos und Poseidonios von Apameia die Lehren der Stoa in Rom populär. In der senatorischen Elite fielen sie rasch auf fruchtbaren Boden. Die Idee von einer vernunftdurchwalteten Natur, an der das Individuum kraft seines Intellekts Anteil haben kann, war bestens kompatibel mit Roms imperialer Sendung und den hohen Ansprüchen, die Angehörige der Nobilität an sich und ihren Nachwuchs stellten. Wenn alles vom Logos durchweht war, dann war Roms Herrschaft über die Welt genauso vernünftig wie die Herrschaft der senatorischen Elite über Rom. Cato wählte sich 67 v. Chr. aus Anlass einer Reise nach Kleinasien den Leiter der Bibliothek von Pergamon, Athenodoros, zu seinem Lehrer. Der Philosoph begleitete ihn später nach Rom.

Der junge Aristokrat verlor früh die Eltern und verbrachte die ersten Lebensjahre bei Marcus Livius Drusus, dem Bruder seiner Mutter Livia. Der Onkel hospitierte als aufstrebender Politiker in den Reihen der Optimaten, engagierte sich aber trotzdem für soziale Reformen. Als Volkstribun 91 v. Chr. legte er, ganz in der Tradition der Gracchen, ein Acker- und Getreidegesetz vor, mit dem er die Nöte der darbenden Unterschicht zu lindern hoffte. Außerdem regte er an, den Italikern das

Stammbaum des Brutus

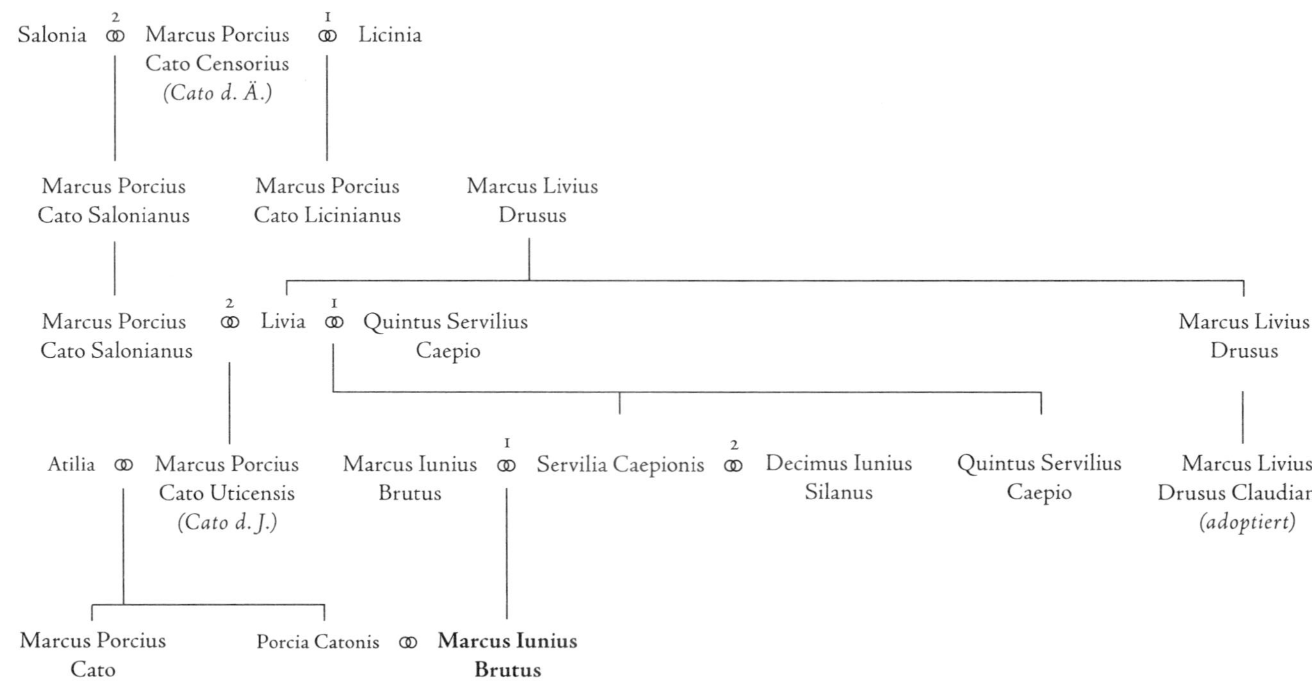

römische Bürgerrecht zu verleihen, um sie mit den Römern gleichzustellen. Unklar ist, was Drusus mit seinen Reformen erreichen wollte. Erschöpfte sich sein Ziel darin, den Popularen den Wind aus den Segeln zu nehmen? Oder war er einer der wenigen seines Standes, der ein Sensorium für die sich öffnende soziale Schere und die Nöte der einfachen Leute besaß? Viel spricht in der Tat dafür, dass er aus Einsicht ins gesellschaftlich Notwendige handelte. Mit seinen Forderungen setzte Drusus sich aber politisch zwischen alle Stühle. Noch im Jahr seines Tribunats starb er von Mörderhand. Man munkelte, Drusus' Ex-Schwager Quintus Servilius Caepio habe dabei seine Finger im Spiel gehabt.

Die Affäre macht uns zu Zeugen eines handfesten Familienkrachs. Deshalb lohnt ein Blick in die Verwandtschaftsverhältnisse, die – wie so oft in Rom – kompliziert waren. In erster Ehe hatte Livia, Drusus' Schwester, den Patrizier Caepio geheiratet. Die Ehe war mit zwei Kindern gesegnet: Quintus Servilius Caepio junior war als Offizier im Spartacuskrieg der Vorgesetzte Catos, der durch Livia sein Halbbruder war; aus der kleinen Servilia wurde später die Mutter von Marcus Junius Brutus, dem Caesarmörder, und Caesars langjährige Geliebte. Livia heiratete in zweiter Ehe Marcus Porcius Cato Salonianus, und dieser Verbindung entstammte als einziges Kind der nachmalige Uticensis. Caepio senior reichte irgendwann vor 98 v. Chr. die Scheidung von Livia ein, weil er sich mit deren Bruder Drusus politisch überworfen hatte. Politische und familiäre Bindungen gingen im Rom der Republik Hand in Hand. Oft waren sie erstaunlich stabil, unerschütterlich waren sie nicht. Persönlicher Krach zog schnell auch politischen Hader nach sich – und umgekehrt. Nicht selten verliefen die Fronten solcher Zerwürfnisse mitten durch eine Sippe, und Frauen wie Catos Mutter Livia wurden zum Spielball politischer Familienräson.

Cato war noch ein kleiner Junge, als Drusus umgebracht wurde, aber das soziale Reformprogramm des Onkels könnte durchaus als Blaupause für seine späteren Projekte gedient haben. Auch der spätere Meinungsführer der Optimaten ließ nie einen Zweifel daran aufkommen, welchem der beiden Hauptlager seine Loyalität gehörte. Dennoch war ausgerechnet er es, der 63 v. Chr. als Volkstribun den Kreis der Empfangsberechtigten für staatlich subventioniertes Getreide erheblich ausweitete. Wie bei Drusus dürften bei ihm taktische Motive und soziale Empathiefähigkeit Hand in Hand gegangen sein, und vermutlich öffnete ihm die stoische Philosophie, auch wenn sie noch so elitär war, die Augen für die Nöte des kleinen Mannes. Dass Hunger und Verzweiflung nicht im Einklang mit dem göttlichen Logos der Natur stehen konnten, musste einem Intellektuellen vom Kaliber eines Cato niemand erklären.

Überhaupt war sein Politikansatz durch und durch gesinnungsethisch. Ein Dreiklang aus Mut, Unbestechlichkeit und Prinzipientreue zeichnete Cato als Politiker aus, doch das Fechten mit dem Florett taktischer Finesse gehörte nicht zu seinen Stärken. Plutarch kolportiert eine Begebenheit aus der Zeit von Sullas Alleinherrschaft. Im Privathaus des Diktators wird ein rauschendes Fest gefeiert. Zu den Gästen gehört auch Cato. Der gerade 13-Jährige, der bei Sulla ein- und ausgeht, prahlt, er werde den Mann, der das Vaterland in Knechtschaft halte, bei nächster Gelegenheit ermorden. Rücksicht auf die Befindlichkeiten des Hausherrn, der im Blutrausch der Proskriptionen gerade erst Tausende bestialisch hat ermorden lassen, hält er für überflüssig. Für die Freiheit zu sterben, war offenbar schon damals ein Gedanke, der Cato nicht schreckte. Und auch wenn die Geschichte frei erfunden ist (was bei Plutarch keine Überraschung wäre), dann ist sie eben doch gut erfunden, denn an Courage mangelte es dem Stoiker unter Roms großen Männern gewiss nicht. Wohl aber manchmal an Weitsicht und Realitätssinn.

Als Quästor oblag Cato 64 v. Chr. die Aufsicht über die Staatsfinanzen. Er ging die Aufgabe mit dem gebührenden Ernst und der ihm eigenen Gründlichkeit an. Vor Amtsantritt holte er sich den Rat versierter Fachleute und arbeitete sich in mühevoller Kleinarbeit in die einschlägige Rechtslage ein. Sachkenntnis war auch bitter nötig, denn unter seinen Vorgängern hatten sich in den Alltag der Finanzbehörde Korruption und Schlendrian eingeschlichen. Cato mistete gründlich aus. Er entließ Beamte, die ihre Dienstpflichten vernachlässigt hatten.

Vor allem trieb er die Steuern von säumigen Zahlern rücksichtslos ein und sorgte dafür, dass die Blutgelder, die während der sullanischen Proskriptionen von den Denunzianten einkassiert worden waren, der Staatskasse zuflossen. Am letzten Tag seiner Quästur geleitete eine dankbare Menge Cato unter großem Beifall von seinem Dienstsitz nach Hause. Allerdings machte er sich mit seinem unbestechlichen Amtsgebaren nicht nur Freunde, sondern auch unversöhnliche Gegner.

Kompromisse zu schließen, widerstrebte dem Gesinnungsethiker mehr als alles andere. Allemal mehr als politische Opportunität zählten für ihn stets Rechtschaffenheit und Respekt vor dem *mos maiorum*. Als der Senat Ende 63 v. Chr. über das Schicksal der Catilina-Anhänger diskutierte, sprach sich Cato aus prinzipiellen Erwägungen für die Todesstrafe aus und zog mit einer fulminanten Rede die Mehrheit des Hauses auf seine Seite. Im selben Jahr klagte er den designierten Konsul Lucius Licinius Murena wegen Wahlbestechung an. Später kreuzte er immer wieder mit Pompeius die Klingen. Er war gegen das Gesetz, kraft dessen der Feldherr seine Veteranen mit Land versorgen wollte, und sprach sich 55 v. Chr., als Crassus und Pompeius zum zweiten Mal gemeinsam den Konsulat bekleideten, gegen weitreichende Sonderkommandos für die beiden aus. In der Furcht, aus Pompeius könne ein zweiter Sulla werden, ließ er den erfolgreichen Feldherrn immer wieder gnadenlos auflaufen. Bei der Wahl seiner Verbündeten war er keineswegs zimperlich, und die Konsequenzen waren ihm egal: Mehr als einmal paktierte er mit dem Demagogen Clodius und seinen Schlägerbanden, um Pompeius in die Schranken zu weisen, und dass er den Sieger über Mithradates mit seiner Obstruktionspolitik geradewegs in die Arme Caesars trieb, nahm er zumindest billigend in Kauf. Als Caesar bei seiner Bewerbung für den Konsulat den sicher geglaubten Triumph über die Lusitanier opfern musste, verdankte er diese bittere Pille niemand anderem als Cato. Caesar hatte beantragt, sich auch in Abwesenheit um das höchste Amt bewerben zu können, und der viel Jüngere hatte mit einem Filibuster im Senat die Abstimmung darüber hintertrieben. Später, während des Gallischen Krieges, forderte Cato sogar, man solle Caesar als Kriegsverbrecher den gallischen

Stämmen ausliefern. Deren Angehörige hatte er schließlich zu Hunderttausenden massakriert.

Schlecht zu sprechen auf Cato waren deshalb alle, die glaubten, sich auf Kosten der Nobilität profilieren zu können. Doch er zog sich auch den Hass ganz anderer Leute zu. Die Privatunternehmer, die für den römischen Staat die Steuern in der immens reichen Provinz Asia eintrieben, forderten seit Jahr und Tag, der Senat möge die Summe reduzieren, die sie vorzustrecken hatten. Es ging um sehr viel Geld: Die Steuerpacht war ein renditeträchtiges Geschäft, und wäre die Reduzierung der Pachtsumme Gesetz geworden, hätte sie noch viel mehr Erträge abgeworfen. Cicero trat im Senat als Anwalt der Steuerpächter auf – nicht, weil er Sympathien für ihre Profitgier hegte, sondern weil ihm bewusst war, dass er sie als Bundesgenossen gegen die Popularen brauchte. Ciceros Konzept der «Eintracht der Stände», *concordia ordinum*, sah vor, mit den sogenannten Rittern den römischen Geldadel ins Boot der Optimaten zu holen und so Front gegen das Demagogentum der Popularen zu machen. Für solch realpolitisches Taktieren fehlte Cato jedes Verständnis. Für ihn war die grenzenlose Bereicherung der Steuerpächter auf Kosten wehrloser Provinzbewohner schlicht unethisch. Erst hintertrieb er die Abstimmung über das Gesetz mit einer weiteren Dauerrede, dann agitierte er so lange gegen die Praktiken der Pachtgesellschaften, dass die Vorlage durchfiel.

In den 50er Jahren bildete ein fragiles Machtquadrat das Zentrum der römischen Politik: Pompeius versuchte, seine Erfolge auf den Schlachtfeldern im Osten in politisches Kapital zu verwandeln, mit dem er in der Hauptstadt punkten konnte; Caesar war als Prokonsul in Gallien der große Abwesende, der den Senat nicht zu fürchten brauchte, solange in der Hauptstadt Zwietracht herrschte; Clodius terrorisierte seine Standesgenossen mit Schlägerbanden und trieb einen Keil zwischen Pompeius und die Senatsmehrheit; und Cato war genau dieser Keil, der den Ausgleich verhinderte. Indem er aus prinzipiellen Erwägungen Pompeius ein ums andere Mal ausbremste, verhinderte er die Integration des großen Feldherrn ins Kartell der Nobilität. Dem langfristig kalkulierenden Strategen Clodius gelang es, Cato wie eine Figur auf dem Schachfeld hin- und herzuschieben. Während seines Volkstribunats 58 v. Chr. konnte er den wortgewaltigen Mehrheitsführer nicht in Rom gebrauchen. Er sorgte also dafür, dass Cato mit der Umwandlung der ptolemäischen Besitzung Zypern in eine römische Provinz beauftragt wurde. Nach dessen Rückkehr brauchte Clodius Cato erneut, um Pompeius zu neutralisieren.

Eine völlig neue Lage entstand, als Clodius im Januar 52 v. Chr. ermordet wurde und das Quadrat zu einem Dreieck schrumpfte. Cato und seinen optimatischen Freunden dämmerte plötzlich, was Cicero schon immer glasklar gesehen hatte: Nicht von Pompeius, sondern von Caesar ging die größte Gefahr für die Republik aus. Er und eben nicht Pompeius war die treibende Kraft, das politische Genie hinter dem Bündnis mit Crassus gewesen. Als nach Clodius' Ermordung bürgerkriegsartige Unruhen Rom erschütterten, sah Cato ein, dass es zur Wiederherstellung von Ruhe und Ordnung höchster Autorität bedurfte und dass nur Pompeius diese Autorität besaß. Er sorgte dafür, dass der Konsular als allein amtierender Konsul, *sine collega*, praktisch diktatorische Vollmachten erhielt. Im Senat drohte er, Caesar nach seiner Abberufung aus Gallien unter Anklage zu stellen. Und als sich alles auf den Bürgerkrieg zwischen Caesar und Pompeius hin zuspitzte, gehörte er zu denen, die sich jedem Versuch in den Weg stellten, die Konfrontation durch einen Kompromiss in letzter Minute abzuwenden. Catos unnachgiebige Haltung war im Lager der Optimaten alles andere als unumstritten. Der Senat war monatelang nicht beschlussfähig, weil man nicht den Bruch mit Caesar riskieren wollte und deshalb vorsichtshalber gar nicht in der Kurie erschien. Cicero drang auf einen Kompromiss. Roms Elder Statesman, der Anfang Januar aus Kilikien nach Rom zurückgekehrt war, setzte sich dafür ein, Caesars Bewerbung in Abwesenheit zuzulassen und Pompeius ein Kommando in Spanien zu übertragen. Er stehe auf dem Standpunkt, ein fauler Friede, *iniquissima pax*, sei allemal besser als der gerechteste Krieg, *iustissimum bellum*, schrieb er Jahre später an seinen Freund Aulus Caecina. Selbst ein optimatischer Hardliner wie Marcus Claudius Marcellus war bereit, auf Caesar zuzugehen. Und auch Pompeius zögerte lange, bevor er die Weichen auf Krieg stellte. Nicht so Cato.[2]

Flurbereinigung

Wenn die Republik schließlich scheiterte und in der Blutmühle der Bürgerkriege unterging, dann trug Cato, der Stoiker, Gesinnungsethiker und Prinzipienreiter, daran ein gewisses Quantum Mitschuld. Es genau zu beziffern, ist heute kaum mehr möglich, denn im Lager der «Verfassungspartei», wie Theodor Mommsen die Optimaten nennt, kochten noch andere Akteure ihr jeweils eigenes Süppchen: Gaius Claudius Marcellus, der Konsul des Jahres 50, war im Dezember desselben Jahres zu dem vor Rom lagernden Pompeius gereist und hatte ihn zum endgültigen Bruch mit Caesar bewegt, sein designierter Nachfolger Lentulus hatte ihn begleitet.

Caesar selbst beschreibt in seinen Kommentaren «Über den Bürgerkrieg», *De bello civili*, die denkwürdige Senatssitzung am 1. Januar 49: Die Volkstribunen Cassius Longinus und Antonius händigen den Konsuln den Brief ihres Herrn und Meisters aus. Sie erreichen, dass er im Senat verlesen und zur Abstimmung gebracht wird, das Kompromissangebot aber nicht. Der frisch ins Amt eingeführte Konsul Lentulus erklärt, er werde es gewiss nicht an Eifer fehlen lassen, wenn die Senatoren sich denn zu kühnen und kraftvollen Entschlüssen durchrängen – gemeint ist natürlich: gegen Caesar. Lentulus versäumt auch nicht, eine massive Drohung gleich hinterherzuschieben: Würde sich der Senat nämlich auf Verhandlungen mit Caesar einlassen, dann sei er gezwungen, die Sache selbst in die Hand zu nehmen und sich über die Autorität des Senats hinwegzusetzen. Im Klartext heißt das, der Konsul würde sich notfalls auch ohne Mandat an die Spitze des in Italien lagernden Heeres stellen und den Bürgerkrieg gegen Caesar auf eigene Faust führen.[3]

Nach Lentulus spricht Metellus Scipio und erklärt, Pompeius sei «entschlossen, den Staat nicht im Stich zu lassen». Das heißt, in klares Latein übersetzt: Pompeius ist bereit, die militärische Führung im Bürgerkrieg gegen Caesar zu übernehmen. Für den Fall, dass sich die hohen Herren ihrer Sache noch immer nicht sicher wären, hat Scipio noch eine zweite Botschaft von dem großen Hoffnungsträger im Gepäck: Lasse der Senat es an Entschlossenheit fehlen, könne es durchaus sein, dass man später vergeblich bei Pompeius vorstellig werde, so erklärt er. Selbstverständlich könne sich das Zeitfenster für eine konzertierte Aktion auch wieder schließen. Dieser Drohung hätte es gar nicht bedurft, denn auf das Signal, dass Pompeius seine Zurückhaltung aufgeben wolle, haben die Senatoren nur gewartet. Mit dem Superfeldherrn auf der Seite der Optimaten zerstreuen sich ihre Zweifel, wer wohl als Sieger aus dem Kräftemessen hervorgehen wird. In der Kurie fasst man sich ein Herz und fordert Caesar ultimativ auf, sein Kommando niederzulegen. Wenige Tage später ruft der Senat den Staatsnotstand aus.[4]

Lentulus und Metellus Scipio haben die Psychologie ihrer Standesgenossen genau richtig eingeschätzt. Rückgrat und Mut gehören nicht zu ihren hervorstechenden Eigenschaften, aber der Nimbus der Unbesiegbarkeit, der Pompeius umweht, gibt ihnen das gute Gefühl, die Sache könne nicht schiefgehen. Der Bericht über diese Angelegenheit stammt von Caesar, der kein Augenzeuge der Senatssitzung war und natürlich wenig Sympathien für die Anwesenden hegte. Doch welchen Grund sollte Caesar gehabt haben, Lentulus und Scipio wahrheitswidrig zu Regisseuren des Dramas zu machen, das sich in der Kurie abspielte? Und warum sollte er Catos Rolle verschweigen, wenn der Kopf der Optimaten denn wirklich die Fäden im Hintergrund gezogen hätte? Über das Verhältnis zwischen Lentulus und Cato ist nichts bekannt, Scipio und der Stoiker waren gewiss keine Freunde: Die beiden hatten in den 50er Jahren Spottverse und Schmähschriften ausgetauscht. Alle Indizien deuten darauf hin, dass weniger Cato als Lentulus und Scipio die treibenden Kräfte hinter den Senatsbeschlüssen des 1. und 7. Januar waren. Ähnlich stellt es im Übrigen auch der allerdings viel später schreibende Cassius Dio dar.[5]

Die ersten Januartage bewirkten eine gründliche Flurbereinigung im politischen Feld der römischen Elite. Hatte es zuvor mehrere Mannschaften mit noch mehr Spielern gegeben, die sich in rasch wechselnden, verwirrenden Konstellationen den Ball zugespielt hatten, reduzierte sich die Zahl der Teams nun schlagartig auf zwei. Man war entweder für oder gegen Caesar, und wer nicht für Caesar war, der musste für die Republik und damit für Pompeius sein. Allein der Kilikien-Rückkehrer Cicero lavierte noch eine Weile zwischen den Fronten, weil er glaubte, zwischen Caesar und Pompeius vermitteln zu können. Als die Vergeblichkeit dieses Hoffens offenbar wurde, schloss er sich Pompeius an, so wie die große Mehrheit der Senatoren. Caesars wenige Parteigänger in Rom verließen fluchtartig die Hauptstadt und machten sich auf den Weg gen Norden: außer den Volkstribunen Antonius und Cassius auch ihr direkter Amtsvorgänger Curio. Ebenfalls auf die Seite des nunmehrigen Staatsfeindes schlugen sich die meisten Senatoren, die ihm im Gallischen Krieg als Unterfeldherrn gedient hatten, vor allem Decimus Junius Brutus, der Sohn des gleichnamigen Konsuls von 77 v. Chr., und Gaius Trebonius, der im Jahr 55 den Volkstribunat bekleidet hatte. Von den Legaten des gallischen Heeres kündigte ihm nur Titus Labienus die Gefolgschaft. Der Mann, der 52 v. Chr. Lutetia erobert und den Caesar als Statthalter in der Gallia cisalpina eingesetzt hatte, lief nach der Überschreitung des Rubikon zu Pompeius über.

Bis auf Trebonius, der etwas älter war und aus ritterlicher, nicht senatorischer Familie stammte, waren fast alle aus dem Kreis der Caesar-Anhänger in den 80er Jahren geboren und hatten um 60 v. Chr. in der Gruppe unangepasster Nachwuchspolitiker um Publius Clodius hospitiert. «Milchbärte» hatte Cicero diese jungen Leute verächtlich genannt, *barbatuli iuvenes*, und sie mit den Anhängern Catilinas in einen Topf geworfen. Sie alle verband eine Gemeinsamkeit: Des Kompromisseschließens und der Konsensrituale, wie sie im Senat gepflegt wurden, waren sie gründlich überdrüssig. Clodius hatte einen radikal neuen Stil in die Politik eingeführt, er hatte das Volk mit flammenden Reden mobilisiert und mit Schlägerbanden die Gewalt auf die Straße getragen. Die Milchbärte wollten mit der gepflegten Langeweile aufräumen, mit der gesetzten Würde, die bis dahin den römischen Politikbetrieb regiert hatte. Clodius war tot, aber Abenteuerlust trieb nach wie vor etliche dieser inzwischen nicht mehr ganz jungen Männer an. Deshalb fühlten sie sich bei Caesar gut aufgehoben. Das Vabanquespiel, das er am Rubikon veranstaltete, war ganz nach ihrem Geschmack.[6]

Die Zahlen sprachen gegen Caesar. In Italien war das Verhältnis nahezu ausgeglichen. Caesars drei Legionen am Rubikon standen theoretisch ebenso viele auf der republikanischen Seite gegenüber: die beiden für den Partherkrieg ausgehobenen und eine weitere, doch die befand sich gerade erst in Aufstellung und war noch nicht einsatzbereit. Immerhin sieben Legionen lagerten in Spanien und hörten dort auf Pompeius' Kommando, während Caesar im Westen Galliens nur über drei verfügte. Außerdem hatten Pompeius und seine Verbündeten die Möglichkeit, im Osten frische Truppen für den Bürgerkrieg anzuwerben. Das Mittelmeer kontrollierte ebenfalls Pompeius mit seinen Flotten. Alles in allem hatte Caesar über kurz oder lang mit einer erdrückenden Übermacht zu rechnen. Deshalb setzte er am Rubikon alles auf eine Karte: Wollte er diesen Krieg gewinnen, musste er das Gesetz des Handelns diktieren.

Pompeius hatte sich in den ersten Januartagen betont optimistisch gegeben. Caesars Soldaten seien von den langen Kämpfen in Gallien ausgelaugt, und es sei ein Leichtes, Italien mit Rom gegen die zu erwartende Invasion zu verteidigen, ließ er sich vernehmen. Die Senatoren hörten es gern. Niemand wollte einen langen Krieg oder gar die Evakuierung der Hauptstadt. Doch als Caesars Offensive in Italien kaum auf Widerstand traf und die Städte Ancona und Arretium, jeweils nur gut 100 Meilen von Rom entfernt, ihm Mitte Januar ihre Tore öffneten, gab Pompeius das Signal zum Rückzug. Er sammelte das Gros seines Heeres in der süditalischen Hafenstadt Brundisium und bereitete dort die Einschiffung auf den Balkan vor. Unterdessen holte Caesar Verstärkung aus Gallien heran und marschierte entlang der Adria südwärts. Einziges Hindernis auf dem Weg nach Brundisium war die Festung Corfinium, wo der Konsular Lucius Domitius Ahenobarbus sich mit rund 30 Kohorten und 50 ihn begleitenden Senatoren verschanzt hatte. Caesar schloss Mitte Februar den Belagerungsring um die Stadt, acht Tage später streckten die Verteidiger die Waffen. Wider alles Erwarten kamen die Besiegten glimpflich davon: Caesar ließ die Senatoren laufen und gliederte die Soldaten in sein Heer ein. Zum ersten Mal probierte er in Corfinium seine später sprichwörtlich gewordene «Milde» aus: *clementia Caesaris*.

Tod in Alexandria

Anfang März standen sich Caesar und Pompeius vor Brundisium gegenüber. Ein letztes Mal versuchte Caesar zu verhandeln. Ihm waren die Risiken wohl bewusst, die in einem auf die gesamte römisch beherrschte Welt sich ausbreitenden Flächenbrand schlummerten. Doch auch dieses letzte Bemühen, den Bürgerkrieg einzudämmen und sein Übergreifen auf die Provinzen zu verhindern, schlug fehl. Weil Caesar über keine Flotte verfügte, konnte er das Ausweichen von Pompeius und seinem Heer auf den Balkan nicht verhindern. Da er ihn ohnehin nicht verfolgen konnte, machte er sich auf den Weg nach Rom. Den Empfang in der Hauptstadt hatte Caesar sich enthusiastischer vorgestellt. Er ließ am 1. April 49 durch zwei Volkstribune den Rumpfsenat versammeln und die Herren beschließen, man solle Gesandte zu Pompeius schicken, um abermals zu verhandeln. Doch keiner der Senatoren mochte dieser Gesandtschaft angehören. Gegen Caesars Versuch, sich per Volksbeschluss der Staatskasse zu bemächtigen, legte einer der Volkstribune, Lucius Caecilius Metellus, sein Veto ein. Die Gold- und Silberbarren aus dem Aerarium im Saturntempel landeten trotzdem in der Kriegskasse. Die Bürger nahmen die neuen Machtverhältnisse als das hin, was sie waren: eine nur notdürftig kaschierte Militärdiktatur.

Caesar machte zwei der Männer, die ihm in Gallien treue Dienste geleistet hatten, zu seinen Stellvertretern in Italien: den Oberbefehl über das Heer übertrug er dem amtierenden Volkstribun Antonius, der dazu im Rang zum Proprätor aufgewertet wurde. Dem Prätor Marcus Aemilius Lepidus vertraute er Rom an. Curio wurde beauftragt, den Gegnern erst Sizilien und dann Africa abspenstig zu machen. Publius Cornelius Dolabella, Ciceros Schwiegersohn, sollte den Bau einer Flotte beaufsichtigen. Die Eroberung Sardiniens übernahm Quintus Valerius Orca. Caesar selbst wandte sich nach Westen: Er schloss den

Belagerungsring um Massilia, das während des Krieges in Italien von ihm abgefallen war. Dann zog er weiter nach Spanien. Beide Feldzüge beendete er siegreich, und das in Rekordzeit. Anschließend kehrte er nach Italien zurück, wo ihn Lepidus in Abwesenheit zum Diktator hatte ernennen lassen. Caesar kümmerte sich dort kurz um das politische Tagesgeschäft und begab sich dann nach Brundisium, um die Invasion Griechenlands vorzubereiten.

Cato war unterdessen von Pompeius mit einem Kommando auf Sizilien betraut worden, wo er Aushebungen für das republikanische Heer vornehmen und die Insel gegen den erwarteten Flottenvorstoß der Caesarianer sichern sollte. Die Zeit lief ihm davon, denn schon im April landete Curio auf Sizilien. Weil er der Übermacht nicht gewachsen war und wohl auch, um die Sizilianer zu schonen, zog er sich kampflos erst nach Korfu und dann zu Pompeius nach Griechenland zurück. Für Pompeius rekrutierte er Soldaten in Kleinasien und auf Rhodos. In den östlichen Provinzen nutzte die republikanische Seite den Rest des Jahres, um ihr Heer zu verstärken und Truppen auf dem Westbalkan zusammenzuziehen. Sie planten, Caesar dort gebührend zu empfangen. Bibulus, der 59 v. Chr. Caesars Kollege im Konsulat gewesen war, erhielt den Befehl über die Flotte. Die Sache der Optimaten war noch keineswegs verloren. Caesar kontrollierte zwar den Westen des Mittelmeers mit Spanien, Gallien, Italien und den großen Inseln, aber Curio war in Nordafrika im August an der Belagerung von Utica gescheitert und dann in der Schlacht am Bagradas vernichtend geschlagen worden.

Mitten im Winter, am 4. Januar 48 v. Chr., setzte Caesar mit ungefähr der Hälfte seines Heeres von Brundisium nach Epeiros über. Es mangelte an Schiffen und die Wetterbedingungen waren katastrophal. Die Republikaner wurden von Caesars halsbrecherischer Offensive vollständig überrumpelt. Zwar gelang es Bibulus, eine Blockade über die Adria zu verhängen und Caesars Nachschub zu unterbrechen. Dessen Vormarsch auf dem Westbalkan konnte er aber nicht verhindern. Pompeius zog eilends aus Griechenland heran, um Caesar den Weg abzuschneiden. Die beiden Armeen belauerten einander längere Zeit bei Apollonia im heutigen Albanien. Während Pompeius Legion um Legion aufmarschieren ließ, wurde die Versorgungslage von Caesars Soldaten zusehends prekär. Als es gegen das Frühjahr ging, gelang es ihm, den Rest seines Heeres aus Brundisium überzusetzen. Obwohl die republikanische Streitmacht zahlenmäßig noch immer überlegen war, kehrte Caesar nun den Spieß um und schloss Pompeius bei der Stadt Dyrrhachion ein. Im Sommer, nach Monaten zähen Stellungskrieges, gelang Pompeius der Ausbruch. Die Schlacht bei Dyrrhachion war die schwerste Niederlage Caesars im Bürgerkrieg.

Die Republikaner fühlten sich nach diesem Erfolg schon wie die sicheren Sieger. Im Pompeius-Lager verteilte man das Fell des Bären und überlegte sich, welche Magistraturen man nach Caesars Niederlage bekleiden wollte. Doch Caesar dachte nicht daran, zu kapitulieren. Er wich nach Osten aus und bezog neue Stellungen bei dem Ort Pharsalos in Thessalien. Von seiner Entourage zum Handeln gedrängt, stellte sich Pompeius ihm dort am 9. August 48 v. Chr. zur Schlacht – und verlor, obwohl er Caesar zahlenmäßig haushoch überlegen war. Pompeius und den meisten republikanischen Senatoren gelang die Flucht: Cato führte die Reste der Armee zurück nach Dyrrhachion und ließ sie von dort über Korfu nach Nordafrika einschiffen, Pompeius selbst entkam und steuerte nach Ägypten, wo die Ptolemäer als von Rom abhängige Klientelkönige herrschten. Er hoffte, er könne König Ptolemaios XIII. – den jüngeren Bruder Kleopatras – in die republikanische Koalition einbinden und so vom reichen Nilland aus den Widerstand gegen Caesar neu organisieren. Der ehemalige neue Alexander sollte sich täuschen.

Caesar blieb sich nach dem Sieg von Pharsalos treu und ließ Milde gegenüber allen Pompeius-Anhängern walten, die nicht das Weite gesucht hatten. Einer derjenigen, die von Caesars *clementia* profitierten, war Marcus Junius Brutus. Er hatte einen Brief geschrieben und sich Gnade suchend an den Konsul gewandt, der ja immerhin der Liebhaber seiner Mutter Servilia war. Brutus war außerdem Catos Neffe und Schwiegersohn des Appius Claudius Pulcher, der 54 v. Chr. Konsul und ein enger Weggefährte des Pompeius gewesen, aber kurz vor der Schlacht von Pharsalos gestorben war. Die demonstrative Geste

Brutus gegenüber signalisierte allen Republikanern, dass Caesars Hand ausgestreckt war. Vielleicht hätte Caesar sogar Pompeius gegenüber Milde walten lassen, doch wurde seine *clementia* so weit nicht auf die Probe gestellt. Am Ptolemäerhof in Alexandria hatte man inzwischen begriffen, dass Pompeius ein sinkendes Schiff war. Ptolemaios beschloss, nicht mit ihm unterzugehen, und gab einem Offizier der römischen Garnison die Order, den großen Feldherrn zu töten. Der Mann kam dem Befehl prompt nach und schlug Pompeius den Kopf ab, als er in Alexandria an Land gehen wollte.

Teneo te, Africa

Pompeius war tot, aber der Bürgerkrieg tobte weiter. Caesar wurde abermals zum Diktator ernannt, diesmal für ein ganzes Jahr. Er beherrschte Italien, Spanien, Gallien und den Balkan. Er wurde in Ägypten in den dynastischen Zwist zwischen den Geschwistern Ptolemaios und Kleopatra hineingezogen, bezog Partei für Kleopatra, wurde mit ihr in Alexandria belagert und verhalf ihr schließlich zum Sieg. Dass es gelang, den Belagerungsring um die Stadt zu sprengen, verdankte er dem Idumäer Antipatros, der in Judäa die rechte Hand des Hohepriesters Hyrkanos II. war. Antipatros war der Vater des späteren Königs Herodes, und seine Hilfe begründete eine lange Allianz zwischen seinem Haus und Rom. Caesar machte die Ägypterin zur Königin und zu seiner Geliebten. Er verbrachte mit ihr mehrere Monate in Alexandria, bevor er seine Aufmerksamkeit wieder der Politik zuwandte. Dazu war es höchste Zeit: Ende 48 v. Chr. war Pharnakes, der Sohn Mithradates' VI. und Herrscher des Bosporanischen Reiches auf der Krim, in Kleinasien eingefallen. Die Römer hatten dort auf dem Boden des alten Königreichs Pontos die Provinz Bithynia et Pontos eingerichtet. Bei Nikopolis in Pontos besiegte Pharnakes Caesars Statthalter Gnaeus Domitius Calvinus und vernichtete zwei Drittel von dessen Heer. Monate später, im Sommer 47 v. Chr., eilte Caesar nach Kleinasien und schlug am 2. August Pharnakes nach kurzem Kampf bei Zela. «Ich kam, sah, siegte», *veni, vidi, vici*, schilderte er lakonisch einem Freund den Kriegsverlauf.[7]

Anfang Oktober kehrte der Diktator für kurze Zeit nach Italien zurück. Das politische Klima auf der Halbinsel hätte angespannter kaum sein können. In Kampanien warteten Caesars Veteranen aus dem Gallischen Krieg darauf, endlich den Lohn für ihre Mühen zu erhalten und mit Land abgefunden zu werden. Sie plünderten und widersetzten sich Caesars Befehlen. Währenddessen inszenierte sich in Rom Dolabella als Clodius redivivus und versprach dem Volk das Blaue vom Himmel – vor allem den Erlass von Schulden und Mieten. Wie Clodius war Dolabella Patrizier und wie sein großes Vorbild ließ er sich von einem Plebejer adoptieren, um Volkstribun werden zu können. Und ebenfalls im Stil von Clodius terrorisierte Caesars Gefolgsmann die Hauptstadt mit Schlägerbanden. Antonius als Stellvertreter Caesars hatte die Lage nicht im Griff. Als Dolabella sein Schuldenerlassgesetz mit Gewalt durch die Volksversammlung bringen wollte und Unruhen auf dem Forum ausbrachen, ließ der Stellvertreter des Diktators seine Soldaten auf die Menge los: Hunderte kamen zu Tode.

Caesar brachte zuerst die Verhältnisse in Rom in Ordnung. Er ließ zwei seiner langjährigen Gefolgsleute – Publius Vatinius und Quintus Fufius Calenus – zu Konsuln für das schon beinahe abgelaufene Jahr wählen und ersetzte Antonius durch Lepidus als seinen Vize. Vom Senat ließ er sich weitreichende Vollmachten und Ehrungen übertragen. Dann verließ er Rom und brachte in Kampanien die meuternden Soldaten zur Räson. Er sprach die alten Gallienkämpfer mit *Quirites* an: «Bürger», statt mit *commilitones*, «Kameraden», wie es die Soldaten von ihm gewohnt waren. Er entließ die Legionäre mit sofortiger Wirkung aus seinem Heer und vertröstete sie, was die Belohnung anging, auf unbestimmte Zeit nach dem Bürgerkrieg. Das wirkte. Die Meuterei sackte sofort in sich zusammen.[8]

Das nächste Ziel des Diktators war Nordafrika, wohin sich die verbliebenen Republikaner zurückgezogen hatten. Cato hatte nach der Niederlage von Pharsalos das Heer zunächst zurück nach Dyrrhachium und von dort übers Meer nach Libyen geführt. Er war längere Zeit über das Schicksal des Pompeius im Ungewissen gewesen, hatte wohl auch vorgehabt, den Kampf aufzugeben, sollte der republikanische Führer den Tod gefunden haben. Als er schließlich Kunde von Pompeius' Tod erhielt, entschloss er sich, das Heer stattdessen in die Provinz Africa zu führen, wo Publius Attius Varus zwei Jahre zuvor Curio besiegt hatte. Jetzt führte Varus dort noch immer das Kommando. Cato zog mit seinen Soldaten in Gewaltmärschen entlang der libyschen Küste westwärts und erreichte schließlich die Provinz Africa. Dort trafen etwa zur gleichen Zeit auch Titus Labienus und Metellus Scipio ein, die ebenfalls die Schlacht von Pharsalos überlebt hatten. Der numidische König Juba hatte sich, wie zwei Jahre zuvor, an die Seite der Republikaner gestellt. Cato drang auf Varus ein, das Oberkommando an den Konsular Scipio zu übergeben. Cato war wie Varus Prätorier, Scipio also der Höchstrangige unter den dreien. Nach einigem Widerstreben beugte sich Varus dieser Logik. Scipio unterstellte Cato die stark befestigte Küstenstadt Utica, wo man Caesars Landung am ehesten erwartete. Seine Hauptstreitmacht ließ er im Norden der Provinz unweit der Küste Quartier beziehen.

Am 28. Dezember 47 v. Chr. landete Caesar mit sechs Legionen bei der Stadt Hadrumetum, an der Ostküste des heutigen Tunesien. Wieder war Winter und wieder war das Überraschungsmoment auf seiner Seite. Er hatte nicht abgewartet, bis sich sein gesamtes Heer in Süditalien gesammelt hatte, sondern war direkt nach Afrika übergesetzt. Die Landung verlief alles andere als planmäßig. Ein Teil der Schiffe war abgetrieben worden, die Eroberung des befestigten Hadrumetum misslang. Zu allem Unglück stolperte Caesar auch noch just in dem Moment, als er afrikanischen Boden betreten wollte. Für die vorzeichengläubigen Römer war das ein denkbar schlechtes Omen, doch der Mann, der zum Siegen gekommen war, reagierte schlagfertig: *teneo te, Africa*, «ich halte Dich», soll er am Boden liegend gesagt haben.[9]

Die Offensive kam nicht recht voran. Das Heer litt Hunger, und Caesar war gezwungen, mit einem Teil seiner Armee ins Binnenland vorzustoßen, um dort Verpflegung zu beschaffen. Doch die Truppen der Republikaner waren zahlenmäßig weit überlegen. Labienus wäre es deshalb um ein Haar gelungen, das Expeditionskorps zu vernichten. Nur mit viel Glück schaffte es Caesar, das gegnerische Heer durch einen Frontalangriff in Verwirrung zu bringen und den Rückzug zur Küste anzutreten. Im Frühjahr 46 v. Chr. gelang es Caesar, Verstärkung aus Italien heranzuführen. Er ließ seine nunmehr zwölf Legionen bei Thapsus Stellung beziehen. Der Ort befand sich auf einem Vorgebirge südlich des alten, im Dritten Punischen Krieg zerstörten Karthago. Dort erwartete er den Angriff des Senatsheeres, der am Morgen des 6. April anrollte. Im Engpass zwischen Meer und Bergrücken konnte Scipio, der acht römische und drei numidische Legionen befehligte, die Vorzüge seiner überlegenen Reiterei und seiner Kriegselefanten nicht zur Entfaltung bringen. Ein Trompeter von Caesars VII. Legion gab das Signal zum Angriff. Die Schlachtreihen rückten geordnet vor und versetzten die Kriegselefanten der Senatsarmee in Panik. Die Elefanten kollidierten mit dem rechten Flügel des Gegners und richteten dort Chaos an. In der Krise versagte der überforderte Oberbefehlshaber auf ganzer Linie. Der linke Flügel seines Heeres geriet ins Wanken, und als Caesars Legionäre unerbittlich vorrückten, machten die Numider in Panik kehrt und ergriffen die Flucht. Damit war die Schlacht entschieden. Der Rest war ein Massaker: Selbst Caesar – er soll auf dem Höhepunkt des Gemetzels einen epileptischen Anfall erlitten haben – gelang es nicht mehr, seine Soldaten zurückzuhalten. Sie stürmten nach vorne, schnitten ihren römischen Landsleuten im Blutrausch die Kehle durch und schlachteten sie zu Tausenden ab. Dann fielen sie über Scipios Lager her.[10]

Als sich die Sonne über dem Schlachtfeld senkte, waren 10 000 Legionäre des Senatsheeres tot. Von den hohen Offizieren gelang den meisten erst einmal die Flucht. Juba und Pompeius' alter Freund Marcus Petreius entkamen nach Numidien, wurden aber dort von Publius Sittius aufgespürt, einem von Caesars Handlangern. Als ihre Lage ausweglos geworden war, wählten sie den Freitod. Die beiden griffen zu einer eigenwilligen Methode, um sich das Leben zu nehmen: Sie lieferten sich ein Duell, das der Römer gewann. Er ließ sich daraufhin von seinem Sklaven töten. Sullas Sohn Faustus und Lucius Afranius, ein anderer Pompeius-Getreuer, flüchteten nach Mauretanien, von wo aus sie sich nach Spanien absetzen wollten. Doch auch sie wurden von Sittius gefunden und hingerichtet. Scipio versuchte, per Schiff zu entkommen, wurde allerdings an die vom Feind kontrollierte Küste getrieben. Um der Gefangennahme zu entgehen, stieß er sich noch an Bord einen Dolch in die Brust. Sterbend soll er auf die Frage eines Soldaten, wo denn der Feldherr sei, geantwortet haben: *imperator se bene habet,* «eurem General geht es gut!» Die Flucht nach Spanien gelang drei Männern aus dem engeren Führungskreis um Scipio: Labienus, Pompeius' jüngerem Sohn Sextus und Varus, dem Statthalter von Africa. Auf den Balearen schloss sich ihnen noch Gnaeus Pompeius junior an, der auf eigene Faust in Mauretanien Krieg geführt hatte. Auf spanischem Boden gelang es den letzten Republikanern, ein neues Heer aufzustellen. Dort erwarteten sie Caesar zum letzten Gefecht.[11]

Die Nachricht von Scipios Niederlage sprach sich schnell herum. In Windeseile erreichte sie auch die von Cato kommandierte Festung Utica. Cato dürfte sich in diesem Moment keine Illusionen darüber gemacht haben, was die Stunde geschlagen hatte. Dennoch versuchte er, sein Umfeld davon zu überzeugen, die Sklaven zu bewaffnen und die Stadt zu verteidigen. Nachdem die einheimischen Notabeln diese Lösung rundheraus abgelehnt hatten, stand sein Entschluss fest. Lucius Caesar fragte ihn, was er seinem Verwandten sagen sollte, um eine Begnadigung zu erwirken. Caesars Cousin hatte sich eigens nach Utica auf den Weg gemacht, doch Cato winkte ab. Caesars Gnade anzunehmen, hieß aus seiner Sicht, die Legitimität von dessen Herrschaft anzuerkennen. Die Tyrannis zu akzeptieren aber war mit seiner stoischen Ethik unvereinbar:

> Denn wenn ich durch die Gnade Caesars gerettet werden wollte, müsste ich persönlich zu ihm gehen und ihn allein aufsuchen; aber ich will nicht dem Tyrannen für seine unrechtmäßigen Handlungen verpflichtet sein. Und er handelt unrechtmäßig, indem er die rettet, über die er kein Recht hat, Herr zu sein, als wäre er ihr Herr. Wenn es aber dein Wunsch ist, so lass uns gemeinsam überlegen, wie du Gnade für die dreihundert [nach Utica geflüchteten Senatoren] erlangen kannst.[12]

Rund um Cato macht sich Defätismus breit. Einige Bürger Uticas wollen bei Caesar Punkte sammeln, indem sie ihm die in der Stadt versammelten Senatoren ausliefern. Das weiß Cato zwar zu verhindern, doch ist auch er mit seinem Latein am Ende. Als Stoiker fügt er sich in das Unvermeidliche: den Selbstmord. Er nimmt ein Bad, speist mit den Freunden, vertritt sich ein wenig die Beine im Garten und hält angeregt Konversation. Dann nimmt er Platons *Phaidon* zur Hand: jenen Dialog, in dem Sokrates über den Tod und die Unsterblichkeit der Seele philosophiert. Nachdem er das Schwert, das seine Diener vorsorglich versteckt haben, zurückerhalten hat, zieht er sich zurück. Draußen vor der Tür hören die Diener ein lautes Geräusch. Cato hat sich das Schwert in den Bauch gestoßen und ist vom Sofa gefallen. Doch er hat nicht heftig genug zugestoßen und lebt noch. Ein Arzt versucht, die Wunde zu nähen, doch Cato stößt ihn beiseite und reißt sich selbst die Gedärme heraus.

Cato ist tot, der Krieg in Afrika zu Ende. Die Reihen der Gegner haben sich gelichtet. Sie sind gefallen, oder Caesar hat ihnen seine Gnade geschenkt. Er ist jetzt nur noch von Freunden umgeben. So jedenfalls hat es den Anschein.

Cicero, oder:
Vorboten des Unheils
(September 46 v. Chr.)

Da ist sie wieder, die Angst. Angst war sein ständiger Begleiter damals, als der Volkstribun Clodius ihn ins Exil verstoßen, als er bei Freunden in Griechenland Unterschlupf gefunden hat. Angst hat ihn zu Caesar getrieben, als bei Pharsalos alles verloren war. Und Angst hat ihn der Milde des Diktators ausgeliefert, der sie ihm gnädig gewährt hat. Angst ist bisweilen ein guter Ratgeber. Sie verlängert das Leben. Wäre er mutiger, wäre er dann überhaupt noch am Leben? Jetzt sitzt Cicero in seinem Arbeitszimmer, in dem großen Haus auf dem Palatin. Ihm gegenüber hockt Tiro, sein Sekretär. Grollt Caesar ihm etwa? Ist er zu weit gegangen mit dem Lob für Cato, den Stoiker, den Republikaner, den Unbeugsamen? Er selbst ist kein Unbeugsamer, das weiß er wohl. Aber loben musste er ihn. Das gebietet der Respekt, für Cato, für die Republik und für Brutus, der ihn darum gebeten hat. Eine Gratwanderung. Jetzt steht ihm wieder ein Balanceakt bevor. Er muss sich für Marcellus einsetzen. Ausgerechnet Marcellus! Für den Mann, der wie kein anderer Caesars Abberufung aus Gallien gefordert hat. Warum gerade er? Cicero diktiert. Tiro schreibt. Über Marcellus fällt Cicero viel Gutes ein: «Denn wer ragte mehr empor durch Bekanntheit, Tüchtigkeit, Bildungsbeflissenheit, Ehrlichkeit oder sonst eine lobenswerte Eigenschaft?» Da kommt ihm der rettende Gedanke. Aus der Rede für Marcellus muss eine Lobrede auf Caesar werden. Caesar der Großmütige, Caesar der Ruhmreiche, Caesar der Friedensbringer. Ja, so kann es gelingen: «Wir alle entbieten dir unsere größte

Dankbarkeit, Gaius Caesar, und empfinden noch größere.» Der Schluss ist geschrieben. Dann ist da noch diese eine Sache. In Optimatenkreisen munkelt man von Mord. Es heißt, auch einstige Gefolgsleute Caesars würden schon die Messer wetzen. Täte es ihm leid, wenn Caesar von Mörderhand fiele? Cicero überlegt einen Moment und diktiert: «Wenn ich auch hoffe, dass er unbegründet ist: niemals werde ich ihn kleinreden, denn deine Sicherheit ist auch unsere Sicherheit.» Cicero wird über den Verdacht reden.[13]

Otium cum dignitate

Die Curia Iulia am Rand des Forum Romanum wirkt von außen nicht besonders geräumig oder prächtig. Wie imposant die Dimensionen des Gebäudes sind, merkt der Besucher erst, wenn er sein Inneres betreten hat. Dort befand sich in der Antike der Sitzungssaal des Senates, des ehrwürdigen Gremiums also, in dem zu Zeiten der Republik alle Fäden der römischen Politik zusammenliefen.

Die Protagonisten dieses Buches kreuzten in der Kurie, die Caesars Familiennamen trägt, niemals die Klingen. In Auftrag gegeben hat den Bau zwar Gaius Julius Caesar, der Diktator. Fertiggestellt wurde sie aber erst von seinem Großneffen Gaius Octavius, dem späteren Augustus, 29 v. Chr. Da war Caesar schon seit 15 Jahren tot. Er selbst ergriff in der nach ihm benannten Kurie also niemals das Wort. 283 n. Chr. wurde sie bei einem verheerenden Stadtbrand schwer in Mitleidenschaft gezogen. Das Gebäude, das heute auf dem Forum steht, entstand als Ersatzbau unter Kaiser Diokletian (284–305 n. Chr.). Seine Erhaltung verdankt es der späteren Umwandlung in eine Kirche.

Bevor Caesar den Neubau veranlasste, stand ungefähr an der Stelle der Curia Iulia ein Vorgängerbau, die Curia Cornelia. Dieser kurzlebige Senatssitzungssaal war nur ein Notbehelf. Nötig geworden war er, weil die alte Kurie ein Raub der Flammen geworden war, als die Menge sie im Januar 52 v. Chr. in einen Scheiterhaufen für den ermordeten Clodius verwandelt hatte. Man hatte kurzerhand Bänke und andere Möbelstücke zusammengetragen und angezündet. Dabei hatte auch die hölzerne Dachkonstruktion Feuer gefangen. Diese erste, die Curia Hostilia, ging angeblich auf den dritten der sieben eher sagenhaften als historischen Könige zurück, die Rom in grauer Vorzeit regiert hatten. Sie war 80 v. Chr. von dem Diktator Sulla bedeutend erweitert worden, nachdem der Senat von 300 auf 600 Mitglieder aufgestockt worden war.

Die Kurie in ihren verschiedenen Bauphasen ist wie ein Spiegel der bewegten Geschichte, deren Zeugen die Römer im 1. Jahrhundert v. Chr. wurden: einer Epoche rasanter Beschleunigung, mit finaler Krise,

Agonie und Zusammenbruch der Republik, sowie schließlich der Errichtung des Prinzipats, einer Monarchie sui generis, durch Augustus. In ihr gewann der Gestaltungs-, aber auch der Vernichtungswille der Wenigen Gestalt, deren Wort in der römischen Politik zählte. Sulla und Caesar verewigten sich in Bauten für den Senat, die Parteigänger des Clodius wollten ihre Gegner einschüchtern, indem sie die ehrwürdige Halle in rauchende Trümmer verwandelten. Der Angriff traf die Republik mitten ins Herz, auch weil der Senatssitzungssaal ein geschützter Raum war: Hatte sich die schwere Tür hinter den hohen Herren geschlossen, dann konnten sie debattieren und abstimmen, ohne dass jemand von draußen sie beobachten, gar unter Druck setzen konnte. Was hier besprochen wurde, blieb in aller Regel vertraulich.

Was nicht heißt, dass nicht doch hin und wieder Sitzungsinterna oder ganze Reden nach außen drangen. Cicero berichtete seinen Freunden in Briefen immer wieder darüber, worüber in der Kurie debattiert worden war, gerne auch im Detail. Außerdem publizierte er mit tatkräftiger Unterstützung seines Sekretärs Tiro bearbeitete Fassungen wichtiger Reden, die er im Senat gehalten hatte: Bekannte Beispiele sind die vier Reden gegen Catilina, mit denen er 63 v. Chr. die Verschwörung des politischen Desperados gegen die Republik öffentlich machte, und zwölf der 14 *Philippica*, mit denen er zwischen Herbst 44 und Frühjahr 43 v. Chr. Marcus Antonius frontal angegriffen hatte. Cicero war der bedeutendste Redner seiner Zeit. Seinem Redetalent, das er auf Rhodos bei Apollonius Molon geschärft hatte – den auch Caesar sich später zum Lehrer nahm –, verdankte der politische Selfmademan Karriere und gesellschaftlichen Aufstieg. 106 v. Chr. in der latinischen Landstadt Arpinum als Sohn eines römischen Ritters geboren, schlug er 75 die senatorische Ämterlaufbahn ein und wurde Quästor auf Sizilien. Den endgültigen Durchbruch zu politischer Prominenz verschaffte ihm im August 70 der Prozess gegen Gaius Verres. Der korrupte Prätor Verres hatte sich auf Sizilien mit Raffgier und Brutalität viele Feinde gemacht, die Cicero vor Gericht vertrat. Mit Erfolg: Die Richter befanden Verres für schuldig, seine politische Laufbahn war beendet. Insgesamt schrieb Cicero drei theoretische Traktate über die

Redekunst: *De inventione* (ca. 85 v. Chr.), *De oratore* (55 v. Chr.) und *Orator* (46 v. Chr.). Die beiden letzten gehören bis heute zu den Klassikern der einschlägigen Literatur.

Als Cicero sich an einem Septembertag des Jahres 46 von seinem Platz in der Kurie erhob und zu sprechen begann, hatte er dort seit vielen Jahren keine bedeutende Rede mehr gehalten. Roms großes rhetorisches Talent war verstummt. Der politische Senkrechtstarter hatte einst zügig Karriere gemacht und es 63 zum Konsul gebracht. Mit der Niederschlagung der Catilina-Revolte hatte er den Zenit erreicht, von da an ging es bergab: Sein persönlicher Intimfeind Publius Clodius Pulcher wurde 58 Volkstribun und sorgte dafür, dass er anderthalb unangenehme Jahre im griechischen Exil verbringen musste. Als er zurückkehrte, tobten Barrikadenkämpfe in Rom, und in der Politik gaben Leute den Ton an, die sich Straßengangs hielten, um ihre Gegner mundtot zu machen. Als die beiden mächtigsten Männer, Caesar und Pompeius, die taumelnde Republik 50 v. Chr. in den Abgrund des Bürgerkriegs stießen, schloss sich der lange zögernde Cicero Pompeius an und ging mit ihm nach Griechenland. Dass er aufs falsche Pferd gesetzt hatte, wurde ihm bewusst, als Pompeius bei Pharsalos gegen Caesar unterlag. Cicero beschloss, dass der Bürgerkrieg damit für ihn aus und vorbei war. Er kehrte nach Italien zurück, wo Caesar ihn in Gnaden aufnahm. So verwandelte der starke Mann Feinde in Freunde, so zeigte er aber auch, dass er längst der Monarch war, der in der republikanischen Ordnung eigentlich nicht vorgesehen war. Cicero nahm das Angebot trotzdem an und verhielt sich politisch unauffällig. Schon Ende 54 hatte er Publius Cornelius Lentulus Spinther, zu dieser Zeit Prokonsul in Kilikien, geschrieben, er freue sich jetzt an «ehrenvoller Muße», *otium cum dignitate*. Er meinte damit, dass für einen Senator auch das Verfassen gelehrter Werke eine sinnstiftende Beschäftigung sein konnte, dann jedenfalls, wenn es ihm verwehrt war, in der Politik die ihm zukommende Rolle zu spielen.[14]

Pro Marcello

Im September 46 meldete Cicero sich dann auf der politischen Bühne zurück: mit einer Rede, die den Titel *Pro M. Marcello* trägt, tatsächlich aber eine Dankesrede auf Caesar ist. Marcus Claudius Marcellus gehörte dem plebejischen Zweig der Claudier an und hatte 51 v. Chr. den Konsulat bekleidet. Er war zeitlebens ein leidenschaftlicher Gegner Caesars und hatte im Senat eifrig Stimmung gegen den in Gallien Krieg führenden Feldherrn gemacht. Als Konsul hatte er den Antrag gestellt, Caesar von seinem Kommando in Gallien zu entbinden. Sein Ziel war die Entmachtung des Prokonsuls gewesen, dessen Erfolge seinen Widersachern in Rom unheimlich wurden. Der Senatsbeschluss vom Dezember 50 v. Chr. war deshalb ein Triumph für Marcellus. Er schloss sich im Bürgerkrieg Pompeius an und begab sich nach dessen Niederlage ins Exil auf die Insel Lesbos. Freunde fürs Leben würden Caesar und Marcellus nicht mehr werden. Sein Vetter Gaius Claudius Marcellus und Cicero waren dennoch eifrige Fürsprecher des Konsulars in Rom: Beide setzten sich bei Caesar für dessen Rückkehr ein, letztendlich mit Erfolg.

Seinem Freund Servius Sulpicius Rufus, Marcellus' Kollegen im Konsulat, berichtete Cicero per Brief von der Senatssitzung im September. Der Konsular Lucius Calpurnius Piso, Caesars Schwiegervater, hatte die Angelegenheit zur Sprache gebracht, und der junge Gaius Marcellus, sein Neffe, hatte sich Caesar sogar zu Füßen geworfen. Darauf erhob sich der gesamte Senat und trat demütig bittend an Caesar heran, *ad Caesarem supplex accederet*. Caesars Antwort lautete, wenn der Senat so inständig für Marcellus bitte, dann werde er dessen Rückkehr nicht im Wege stehen.[15]

Da erhob sich Cicero, um seinerseits zu sprechen. Die Rede, die er nun auf Marcellus, eigentlich aber auf Caesar hielt, ist eine seiner kürzesten. Sie ist zugleich auf maximale Wirkung bedacht. Cicero beginnt mit dem «langen Schweigen», das er bis zu diesem Tag gewahrt hat: nicht, wie man meinen könnte, aus Angst vor Repressalien, sondern aus Scham und Zurückhaltung. Jetzt aber ist der Moment gekommen, das Schweigen zu brechen: Caesars Gutherzigkeit, seine Milde, *clementia,* und das Maßhalten in außerordentlicher Machtstellung kann er unmöglich mit Stillschweigen übergehen. Mit seiner Vergebung Marcellus gegenüber hat der Diktator ein Zeichen gesetzt, dass er seine Macht zum Wohl der Republik nutzen wolle. Die Milde ist eine «Zier», *gloria,* die Caesar mit niemandem teilen muss und die sogar seinen in Gallien erworbenen Kriegsruhm überstrahlt. Sich selbst zu zähmen, ist eine noch größere Leistung als die Bändigung barbarischer Völker.[16]

Hier spricht der Stoiker in Cicero. Cicero war kein strenger Anhänger dieser Lehre. Er hatte sämtliche philosophischen Schulen der Griechen als Steinbruch benutzt und sich daraus seine eigene, mit römischen Werten kompatible Ethik gezimmert. Darin steckte viel von dem auf Platon zurückgehenden Skeptizismus, aber auch eine gehörige Portion Stoa. Die von Zenon von Kition um 300 v. Chr. begründete Philosophenschule stellt Selbstbeherrschung, griechisch *enkráteia,* in den Mittelpunkt ihres Tugendkanons. Den eigenen Emotionshaushalt zu beherrschen, Maß zu halten und im Einklang mit der vernunftdurchwalteten Natur zu leben, war das stoische Ideal von einem guten Leben. Indem Caesar das in jedem Römer tief verankerte Bedürfnis nach Rache und damit gleichsam sich selbst besiegt habe, habe er sogar seine in Gallien erworbenen Siege in den Schatten gestellt. Milde ist im stoischen Weltbild die spezifisch herrscherliche Variante des Maßhaltens. Der Philosoph Seneca sollte es später so ausdrücken: «Niemandem ziemt *clementia* mehr als dem König oder Fürsten.»[17]

Caesar aber, fährt Cicero in seiner Rede fort, hat noch mehr geleistet. Denn das Haus der Claudii Marcelli drohte in der späten Republik auszusterben. Zur Zeit Caesars und Ciceros lebten nur noch wenige Vertreter dieser einst bedeutenden Sippe. Marcus Claudius Marcellus, genannt das «Schwert Roms» und fünffacher Konsul im Zweiten Punischen Krieg, eroberte 212 v. Chr. Syrakus, nachdem er die sizilische Stadt drei Jahre lang aufwendig belagert hatte. Marcus' gleichnamiger Sohn besiegte 196 v. Chr. die Boier und Ligurer, keltische Stämme in Norditalien. Und auch dessen Sohn, der ebenfalls Marcus hieß, feierte

166 und 155 v. Chr. Triumphe über die Kelten. Indem Caesar nun den Konsul des Jahres 51 aus dem Exil zurückruft, hat er dieser hochedlen Familie ihr Ansehen zurückgegeben, ja, er hat sie geradezu vor dem Untergang bewahrt. Selbst «die Mauern der Kurie» sind Caesar zu Dank verpflichtet, weil er dem Senat diesen Mann aus seiner Mitte zurückgegeben hat.[18]

Ansehen, *dignitas*, ist nach *clementia* und *gloria* der dritte Schlüsselbegriff, den Cicero in seine Rede einstreut. Cicero betont den genealogisch-kumulativen Charakter des römischen Ehrbegriffs, wenn er seinem Gegenüber zugutehält, er habe die *dignitas* der Claudii Marcelli wiederhergestellt. Als jemand, der selbst kräftig auf das *dignitas*-Konto seiner Familie eingezahlt hatte und dessen gesamtes Denken und Handeln um seine persönliche Ehre kreiste, dürfte Caesar den freundlichen Wink sofort verstanden haben. Das Ansehen eines Rivalen und seiner Familie wiederherzustellen, war keine Kleinigkeit, schon gar nicht für einen Mann wie Caesar. Er könne aber mit seinem Versöhnungswerk die Wunden des Bürgerkrieges heilen, gibt Cicero in der Marcellus-Rede seiner Hoffnung auf wiedergefundene Eintracht Ausdruck: Indem Caesar den Gegnern von einst vergibt, spricht er sie zugleich von dem Vorwurf frei, aus eigensüchtigen Motiven gehandelt zu haben. Cicero streut hier dezent den Hinweis ein, er selbst habe nie etwas anderes als Frieden gewollt. Seine Entscheidung, sich dennoch Pompeius anzuschließen – dessen Name nicht erwähnt wird –, hat er ausschließlich aus persönlicher Verpflichtung, nicht aus politischen Motiven getroffen. Dasselbe gilt für Marcellus und für viele andere: Sie haben sich nicht aus Gier oder Verdorbenheit, sondern aus falsch verstandenem Pflichtgefühl gegen Caesar gewandt. Mit keinem Wort geht der Redner auf die tiefen persönlichen und politischen Animositäten ein, die Roms senatorische Elite schon im Vorfeld des bitteren Bürgerkrieges auseinanderdividiert hatten: Wie Marcellus und viele andere hatte Cicero in Pompeius die letzte Brandmauer gesehen, die zwischen der republikanischen Freiheit und dem persönlichen Regiment eines Einzelnen stand. Auf nichts anderes arbeitete Caesar aber hin. Den Widerstand gegen die Alleinherrschaft hatte Cicero 50 v. Chr. nicht für fehlgeleitet gehalten, sondern für die legitime Pflicht eines jeden Republikaners. Jetzt konnte es Versöhnung nur mehr um den Preis geben, dass die in Gnaden wieder Aufgenommenen Caesars Machtstellung akzeptierten.[19]

Im zweiten Teil der Rede wendet Cicero den Blick von der Vergangenheit in die Zukunft. Viel gibt es für Caesar noch zu tun: Der Sieger des Bürgerkrieges hat noch nicht einmal die «Grundmauern», *fundamenta,* zu dem gelegt, was als kolossale Aufgabe noch vor ihm liegt. Caesar muss dem geschwächten Staat neuen «Halt geben», *rem publicam constituere,* mahnt Cicero. Dann erst kann er sagen, er habe «lange genug gelebt». Mit dieser Formulierung zitiert der Redner Caesar höchstselbst. War der Mann, der gerade erst auf zehn Jahre zum Diktator ernannt worden war, also lebensmüde? Fast möchte es so scheinen. Vielleicht ahnte Caesar, dass es leichter war, sich in Kriegen und Bürgerkriegen durchzusetzen, als die gewonnene Macht in Rom zu festigen und in etwas Dauerhaftes umzuwandeln: Herrschaft. Cicero jedenfalls bemerkt spitz, Caesars «göttliche Tüchtigkeit», *divina virtus,* riefe wohl «mehr Erstaunen als Ruhm» hervor, würde er den Staat in seinem jetzigen Zustand der Nachwelt hinterlassen. Was er als drängendste Aufgabe des Diktators ansieht, gibt Cicero ebenfalls zu Protokoll: Den «Brand», *incendium,* der Bürgerkriege muss er endgültig löschen und die Bürger miteinander versöhnen. Es gilt, Recht und Ordnung durchzusetzen, der Zügellosigkeit Einhalt zu gebieten, das Vertrauen wiederherzustellen, die Römer zur Zeugung von Nachwuchs anzuhalten und all das, was ins Rutschen gekommen ist, durch Gesetze wieder zu befestigen. Erst wenn dieses Lebenswerk gelungen sein wird, ist Caesar das gewogene Urteil der Nachwelt gewiss.[20]

In der Mitte der Rede, bevor er auf die noch vor Caesar liegenden Aufgaben zu sprechen kommt, orakelt Cicero dunkel von Gefahren, die dem Diktator drohen. Caesar selbst hat schwere Verdachtsmomente und Vorwürfe erhoben, und in der Tat: Die menschliche Seele hat finstere Seiten und Abgründe. Aus diesem Grund will er Caesar in seiner Vorsicht bestärken. Er denkt «Tag und Nacht» an ihn, und er sorgt sich, weil das Leben des Diktators nicht nur durch Krankheiten und die

Wechselfälle des Schicksals bedroht ist. Nein, es gibt viele, die ihm nach dem Leben trachten, mit «Verschwörungen und Attentaten». Aus Caesars nächster Umgebung droht ihm Gefahr, denn Feinde im klassischen Sinne hat er ja keine mehr. Denjenigen, denen Caesar mit seiner *clementia* das Leben geschenkt hat, traut der Redner einen Anschlag auf das Leben des Diktators zu. Aber auch vor jenen, die lange auf seiner Seite gestanden haben, sei er nicht sicher. Cicero meint die einstigen Gegner im Bürgerkrieg und alte Parteigänger. Vor beiden soll Caesar sich in Acht nehmen.

AKTENVERMERK DES HISTORIKERS: *Die Rede ist der erste Anhaltspunkt dafür, dass etwas faul ist im Staate Caesars. Einflussreiche Männer wollen den Diktator ins Jenseits befördern – sagt jedenfalls Cicero. Wie heiß ist die Spur, die er legt?*

Wir wissen nicht, worauf Cicero mit der Rede eigentlich hinauswollte. War die Anerkennung von Caesars Leistungen, die an die Lobpreisungen späterer Kaiser gemahnt, ehrlich gemeint? Verneigte sich hier ein Großer vor einem, dessen Statur sich im Bürgerkrieg als noch größer erwiesen hatte? Solch eine Verbeugung würde schlecht zu dem entschlossenen Kämpfer für republikanische Traditionen passen, als der sich Cicero immer wieder erwiesen hat. Sie würde auch seiner Grundhaltung Caesar gegenüber widersprechen, aus der er vor dem Bürgerkrieg und nach dem Tod des Diktators keinen Hehl machte: Der Redner respektierte Caesar als Intellektuellen, aber er fürchtete ihn als tödliche Bedrohung der *res publica*, und in deren Dienst hatte er sein gesamtes politisches Wirken gestellt. Einst hatte er die Offerte ausgeschlagen, sich mit Caesar, Crassus und Pompeius gegen die Republik zu verbünden. Und auch als der Volkstribun Clodius gegen ihn wütete, war er Caesar nicht nach Gallien gefolgt, um bei ihm die Zuflucht zu finden, die dieser ihm angeboten hatte. War also das Lob, das er Caesar in *Pro M. Marcello* vermeintlich so großzügig zollte, mit Ironie vergiftet?

Auch das ist wenig wahrscheinlich. Der Machthaber war viel zu klug, um solche Manöver nicht zu durchschauen. Caesar war rhetorisch ebenso mit allen Wassern gewaschen wie Cicero und literarisch sehr wohl auf der Höhe. Kritik konnte er durchaus vertragen, aber einen Generalangriff auf seine *dignitas* mit den Pfeilen der Ironie? Das wäre für ihn eine Beleidigung und für den Urheber ein unkalkulierbares Risiko gewesen, das einzugehen Cicero nicht der Mann war. Der Bezwinger Catilinas war prinzipientreu, aber er war kein Held. Aus seinen Briefen spricht ein Mann voller Um- und Vorsicht, der immer wieder auch um Leib und Leben fürchtete. Cicero konnte durchaus auch Opportunist sein, wenn es um seine Sicherheit und sein persönliches Wohlergehen ging. Warum also die eindringliche Warnung vor Dolchen, die angeblich schon gewetzt werden? Warum die wortreich artikulierte Sorge um Caesars Unversehrtheit? Wollte Cicero sich damit dem starken Mann als beflissener Bundesgenosse andienen? War er womöglich ein Verräter und verpfiff um seiner eigenen Sicherheit willen Männer, die ihn ins Vertrauen gezogen hatten? Auch für diese Variante spricht bei Licht besehen wenig. Cicero mag es in entscheidenden Situationen an Rückgrat gefehlt haben. Er mochte opportunistische Anwandlungen haben, aber ein Denunziant war er sicherlich nicht. Allerdings war er ein Realpolitiker, der den politischen Wirklichkeiten offen ins Auge blickte. Ihm war klar, dass der plötzliche Tod Caesars die römische Welt zurück in den Bürgerkrieg stoßen musste, dessen Feuer Caesar mit seinem Sieg bei Thapsus zwar noch nicht ganz gelöscht, wohl aber eingedämmt hatte. Hinter der Ermordung des Diktators lauerte ein unkalkulierbares Risiko, und das einzugehen, war Cicero nicht bereit. Auch mag er die Hoffnung gehegt haben, Caesar werde die gewonnene Allmacht zum Wohl des Staates einsetzen. Ein neuer Sulla, nur besser: einer, der durch Milde Eintracht stiftete. Im Sommer 46 v. Chr. konnte man solchen Illusionen noch nachhängen, ohne deshalb für naiv gelten zu müssen. Wenn Cicero in der Marcellus-Rede von Verschwörung orakelte, dann hatte er dafür einen triftigen Grund. Mord lag in der Luft.

Unwägbarkeiten erwachsen aber nicht nur aus Ciceros Redeabsicht, sondern auch aus der Chronologie: Der Ex-Konsul hielt die Rede für Marcellus im Spätsommer 46 v. Chr., wahrscheinlich im September. Die uns vorliegende schriftliche Fassung entstand allerdings erst später. Doch wie viel später? Wie alle guten Redner pflegte Cicero aus dem Stegreif zu sprechen. Für die Publikation überarbeitete er seine Reden gründlich und passte sie großzügig dem an, was sich in der Zwischenzeit auf der politischen Bühne ereignet hatte. Denkbar ist also, dass der *homo novus* erst zum Zeitpunkt der Niederschrift über Informationen verfügte, gegen Caesar sei eine Verschwörung im Gange. In den Jahren 46 und 45 v. Chr. war Cicero außerordentlich produktiv: 46 v. Chr. entstanden die schmale Schrift *Paradoxa Stoicorum* – eine Erörterung stoischer Moralphilosophie – und die rhetorischen Traktate *Brutus* und *Orator*, im Jahr darauf dann nicht weniger als vier philosophische Abhandlungen, darunter der voluminöse Dialog *De finibus bonorum et malorum* («Vom höchsten Gut und vom größten Übel»), in dem er sich in fünf Büchern mit den führenden Philosophenschulen seiner Zeit auseinandersetzte. Außerdem hatte Cicero im Februar 45 v. Chr. den Tod seiner über alles geliebten Tochter Tullia zu beklagen. Denkbar also, dass er die Ausfertigung der Rede für Marcellus auf die lange Bank schob.

Denkbar, aber nicht unbedingt wahrscheinlich: Stellt man das Schreibtempo in Rechnung, das Cicero in jenen Monaten vorlegte, und sein Arbeitsethos, das sogar die Trauer über Tullias Tod produktiv in die Trostschrift *Consolatio* einfließen ließ, dann fragt man sich, warum der Meister ausgerechnet bei der kurzen Marcellus-Rede hätte prokrastinieren sollen. Länger als bis zum Jahreswechsel 46/45 wird er mit der Publikation kaum gewartet haben. Dazu hätte er dann mindestens fünf Monate Zeit gehabt, denn das Jahr 46 ist das längste der Weltgeschichte. Es verdankt diesen Umstand keinem Geringeren als Caesar, der am 1. Januar 45 seinen neuen, den Julianischen Kalender in Kraft setzte. Caesars reformierter löste den alten römischen Kalender ab, dessen Jahr etwas kürzer war als das Sonnenjahr, weshalb er der Sonne in der späten Republik um nicht weniger als 67 Tage vorauseilte. Um den Kalender mit dem Jahreslauf zu harmonisieren, fügte

Caesar also eine entsprechende Zahl von Schalttagen ein: Das Jahr 46 hatte damit über zwei volle Monate mehr als jedes andere Jahr davor und seitdem. Viel Zeit also für Cicero, seine Rede zu Papyrus zu bringen.

Triumph

46 v. Chr. war nicht nur ein langes, sondern auch ein ereignisreiches Jahr, für Caesar wie für alle anderen. Am – nach altem Kalender – 6. April hatte der Diktator bei Thapsus seinen Sieg über das Heer der Pompeius-Anhänger errungen. Dann war er über Sardinien nach Italien zurückgekehrt. Rom erreichte er Ende Juli. Seine beiden letzten Besuche in der Hauptstadt hatten einen schalen Nachgeschmack zurückgelassen: Das erste Mal war er bestenfalls lauwarm empfangen worden, und bei seiner zweiten Visite hatte er sich um das Chaos kümmern müssen, das Dolabella und Antonius angerichtet hatten. Jetzt, nach der Rückkehr aus Afrika, hieß es endlich: *nunc est bibendum*, jetzt wird gefeiert! Ein Spektakel von nie dagewesenen Ausmaßen war der vierfache Triumph, den Caesar im Sommer 46 v. Chr. für seine militärischen Erfolge der letzten Jahre feierte. Einen Monat lang war ganz Rom auf den Beinen. Obendrein strömte halb Italien an den Tiber, wo Zeltstädte entstanden, um die Massen zu beherbergen. Die Feierlichkeiten söhnten die stadtrömische Bevölkerung mit dem Diktator aus. Brot und Spiele gab es reichlich, die Beute konnte sich sehen lassen, und den Glanz der polierten Rüstungen überstrahlte nur die Gloriole des Triumphators. Die Tausende, die Roms Straßen säumten, hatten den Eindruck, der leibhaftige Jupiter sei vom Himmel herabgestiegen.[21]

Der erste, wichtigste und prächtigste Zug feierte den Sieg über Gallien. Als Caesar mit seinem Wagen durchs Velabrum fuhr, die Senke zwischen Kapitol und Palatin, brach die Achse des Wagens. Fast wäre der große Mann gestürzt. Bei Fackelschein stieg er auf das Kapitol, wo der Tempel des Jupiter Optimus Maximus stand, des höchsten römischen Staatsgottes, den er an diesem Tag verkörperte. Zu seiner Linken und Rechten trugen 40 Elefanten Lichter. Mit Vercingetorix marschierte der Häuptling im Zug mit, der den Widerstand gegen Caesars Eroberungszug angeführt und dem Feldherrn bei Gergovia eine schmerzhafte Niederlage beigebracht hatte. Es war sein letzter Gang. Nach dem Triumph wurde der Gefangene getötet. Wenige Tage später wurde der Sieg über Ptolemaios XIII. und Arsinoë von Ägypten gefeiert. Wie immer auf Triumphzügen sangen die Soldaten Spottlieder auf ihren Feldherrn. Bei dem ägyptischen Triumph machten sie sich über Caesars Affäre mit der Ptolemäerin Kleopatra lustig. Wiederum gönnte Caesar den Römern nur ein paar Tage Atempause, dann beging man den Sieg über Pharnakes von Pontos in der Schlacht von Zela. Bei diesem Zug fuhr zwischen mit Beute beladenen Wagen eine Tafel mit, auf der Caesars Aperçu zu lesen stand: *veni, vidi, vici*. Zum Schluss wurde der Triumph über Africa gefeiert, für den Thapsus den Anlass bot.

Dass Caesar sich in zwei von vier Fällen für Siege über römische Bürger hochleben ließ, konnten die Attribute *ex Aegypto* und *ex Africa* nur notdürftig kaschieren. Die Schaulustigen nahmen das mit wachem Sinn auch wahr. Als bei dem Triumphzug über Africa Bilder durch die Straßen gefahren wurden, die den Selbstmord der Republikaner Metellus Scipio, Petreius und Cato zeigten, brachten die Zuschauer mit lautem Aufstöhnen ihr Missfallen zum Ausdruck. Solche Szenen weckten ungute Erinnerungen an Sulla, dem man vorgeworfen hatte, er habe seinen Triumph über Mithradates mindestens zum Teil als Sieg auch über die Bürgerkriegsgegner gefeiert. Bei allem Glanz war der Triumph flüchtig, eine ephemere Ehrung, die siegreichen Feldherren nur den unvermeidlichen Rückfall in den Alltag der römischen Politik versüßte. In den 50er Jahren hatte das Bündnis Caesars mit Pompeius und Crassus allerdings den Disziplinierungsreflex der Nobilität außer Kraft gesetzt. Deshalb war jetzt möglich, was vorher undenkbar erschienen war: dass ein Einzelner nicht nur für einen Tag, sondern permanent im Ehrorchester der Republik die erste Geige spielte. Und aus diesem Grund konnten die republikanischen Schutzmechanismen nicht mehr greifen, als Caesar den Triumph zum Symbol seiner auf Dauer angelegten Herrschaft umfunktionierte.

Caesar war großzügig. Jeder seiner Soldaten erhielt 24 000 Sesterze aus der Beute und dazu Land, auf dem er sich eine Existenz aufbauen konnte. Den römischen Bürgern spendete er Getreide, Öl und 400 Sesterze pro Person. Die Bürger feierten auf seine Kosten ein großes Festmahl und erfreuten sich an den Spielen: Gladiatorenkämpfe, Schauspiele, Wagenrennen, Ringkämpfe, Tierhetzen und sogar eine Seeschlacht, für die eigens ein künstlicher See angelegt wurde. Das alles waren Spektakel für den Augenblick. Doch Caesar plante langfristig. Die Kalenderreform war nicht die einzige Maßnahme, die über den Tag hinaus Bestand haben sollte. Er veranlasste die Gründung neuer Bürgerkolonien und bekämpfte die grassierende Korruption. Die Kurie, deren Reihen sich im Bürgerkrieg gelichtet hatten, wurde mit neuen Senatoren aufgefüllt, in der noch immer schwelenden Frage des Schuldenerlasses setzte Caesar eine für alle Seiten befriedigende Kompromissformel durch. Das Füllhorn, das der Diktator über den Bürgern und vor allem den Veteranen ausleerte, war ohne Vorbild. Die Massen, die ihn noch vor Jahresfrist misstrauisch empfangen hatten, lagen ihm jetzt zu Füßen. Der Diktator war kein Popular mehr, er war populär.

Freilich: Caesar hatte wichtige Schlachten gewonnen, aber noch nicht den Bürgerkrieg. Die beiden Pompeius-Söhne Gnaeus und Sextus waren nach Spanien entkommen, und bei ihnen befand sich Titus Labienus. Sein Werdegang verdient nähere Betrachtung: Der soziale Aufsteiger, der wie Caesar um 100 v. Chr. zur Welt gekommen war und wie Pompeius aus Picenum stammte, hatte in den späten 60er Jahren im Kielwasser Caesars Karriere gemacht. 63 v. Chr. klagte er Gaius Rabirius wegen Mordes an. Das Verbrechen lag schon damals 37 Jahre zurück: Rabirius war am Lynchmord an dem Volkstribunen Saturninus beteiligt gewesen. Er wurde von Cicero verteidigt. Hinter der Anklage steckte niemand Geringerer als Caesar, der seinen Kollegen im Senat so eine verschlüsselte Warnung zukommen lassen wollte: Vergreift euch nicht an Volkstribunen!

Labienus stieg, von Caesar protegiert, bis zur Prätur auf und befehligte im Gallischen Krieg die Reiterei. Mehr als einmal leitete er selbständig Operationen. Besondere Verdienste erwarb er sich in den Wintermonaten, wenn er Caesar vertrat. In der kalten Jahreszeit hielt sich der Prokonsul stets in der Gallia cisalpina auf, um Rom möglichst nahe zu sein. Der Feldherr machte ihn dafür 50 v. Chr. zum De-facto-Statthalter der Provinz südlich der Alpen, ein großer Vertrauensbeweis, bedenkt man deren strategische Schlüssellage. Kaum war der Bürgerkrieg ausgebrochen, wechselte Labienus aber die Seiten und schloss sich Pompeius an. In dessen Lager war der Kavallerie-Spezialist hochwillkommen und erhielt prompt den Oberbefehl über die Reiterei. Nachdem Pompeius bei Pharsalos besiegt worden war, floh Labienus mit Gleichgesinnten nach Africa, wo sich die Männer, so gut es eben ging, gegen Caesars nächste Offensive wappneten.

Warum war ausgerechnet Labienus, ein Anhänger der ersten Stunde, von Caesar abgefallen? Trieb ihn Furcht um vor der Gewaltigkeit dessen, was Caesar tat, als er den Rubikon überschritt? So klingt es bei Plutarch, der behauptet, etliche von denen, die sich zuvor «immer für Caesar starkgemacht hatten», hätten es mit der Angst zu tun bekommen und sich Pompeius angeschlossen. Ein mögliches anderes Motiv deutet Cicero an, der in einem Brief an seinen Freund Atticus notiert, Labienus habe sich *dignitatis causa* von Caesar abgewandt: um seiner Ehre willen. «Wie kann es *dignitas* ohne *honestas* geben?», fragt der große Redner, der Labienus in puncto Rechtschaffenheit offensichtlich nicht viel zutraut. Was verstand der Reiteroffizier unter *dignitas*? Wurde ihm die Sache, wie Plutarch andeutet, zu heiß? Fühlte er sich in der Rolle des Staatsfeindes überfordert? Oder wähnte er sich von Caesar um die Früchte seiner Kriegstaten betrogen? Gut möglich, dass der Feldherr ihm nicht die Anerkennung gezollt hatte, die ihm nach eigener Auffassung zustand. War es also verletzte Eitelkeit, die Labienus zum Gegner seines einstigen Gönners und Förderers machte?[22]

Die Geschichte von Labienus ist charakteristisch für die späte Republik. De jure stand es jedem Bürger offen, für die Ämter der senatorischen Laufbahn zu kandidieren. Doch de facto war die Nobilität eben eine geschlossene Veranstaltung. Auf dem politischen Parkett waren Vitamin B und illustre Ahnen zwei Trumpfkarten, die kaum zu stechen waren. Und deshalb hatten es Neulinge besonders schwer. Ehrgeizigen Aufsteigern wie Labienus blieb gar keine andere Wahl, als ihr politisches Schicksal mit dem eines jener großen Männer zu verbinden, die im inneren Zirkel der Nobilität ganz vorne mitspielten. So ein Strippenzieher war ab den späten 60er Jahren Caesar, und mit Caesars Unterstützung erklomm Labienus Stufe um Stufe der Ämterlaufbahn. Bei der Prätur, die er 60 oder 59 v. Chr. bekleidete, war dann allerdings Schluss. Zwar vertraute ihm der Feldherr seine Kavallerie, den Posten des Stellvertreters im Winter und dann auch noch eine wichtige Provinz an, aber der Konsulat blieb vorerst ein unerfüllter Traum. Labienus musste einsehen, dass die Bäume auch für loyale Gefolgsleute des großen Caesar nicht in den Himmel wuchsen. Man konnte hoch aufsteigen, stieß dann aber dort an Grenzen, wo andere Günstlinge des Gallienbezwingers ebenfalls um Ehren und Ämter buhlten. Um den Konsulat herum wurde die Luft derartig dünn, dass manch einer es nie ins höchste Amt schaffte. In der senatorischen Adelsgesellschaft mit ihrer übersteigerten Wettbewerbsethik, wo jede Zurücksetzung hinter andere als inakzeptable Kränkung empfunden wurde, konnten Loyalitäten aus weit nichtigeren Gründen aufgekündigt werden. Wahrscheinlich war Labienus der Prototyp des Gefolgsmannes, der aus verletztem Ehrgefühl die Illoyalität wählte. Caesar war machtlos dagegen, dass dieses Beispiel Schule machte, weil seine schiere Präsenz nach dem Sieg im Bürgerkrieg eine gläserne Decke in die Staatsspitze einzog, die kein Angehöriger der Nobilität je würde durchstoßen können: Ganz oben saß Caesar, neben ihm konnte niemand sitzen, und er würde dort oben bleiben, solange er lebte.

Der Sieg bei Thapsus im April 46 und all das, was in den Monaten danach in Rom geschah, stellten die Weichen für die Karrierewege unzähliger römischer Aristokraten. Unvermeidlich gab es bei den Entscheidungen, die allmählich durchsickerten, Gewinner und Verlierer. Und es gab etliche, die zumindest gute Gründe hatten, zu argwöhnen, dass sie auf der Verliererseite stehen würden oder dass ihre Karriereträume gerade im Begriff waren zu platzen. Anlass zu solchen Befürchtungen dürfte ausgerechnet die Vergebung geboten haben, die Caesar vielen ehemaligen Gegnern so generös gewährte. Auch die Karrierechancen der Neutralgebliebenen ließ der Diktator unangetastet. Jemand wie Cicero hatte so gut wie alles erreicht und war als Konkurrent kaum noch zu fürchten, aber in den Genuss der Versöhnung mit Caesar kamen auch viele jüngere Senatoren, die noch viel vorhatten im Leben. Männer wie Gaius Cassius Longinus, der 49 v. Chr. als Pompeius-Anhänger den Volkstribunat bekleidet hatte und nach Pharsalos von Caesar in Gnaden aufgenommen worden war. Oder Marcus Junius Brutus, der Neffe Catos, der ebenfalls erfolgreich um Caesars *clementia* nachgesucht hatte und von ihm bereits 46 v. Chr. als Statthalter in die Gallia cisalpina geschickt wurde. Dass Leute wie Cassius und Brutus ihre Karrieren mehr oder weniger nahtlos fortsetzen konnten, obwohl sie doch mit Pompeius aufs falsche Pferd gesetzt hatten, wurmte viele von Caesars alten Anhängern. Wozu waren sie mit ihm durch dick und dünn gegangen?

Juristische Brutalität

Akut trat 46 v. Chr. noch ein weiteres Moment hinzu, das ehrgeizige Politiker ins Kalkül zu ziehen hatten. Caesar rammte nach seiner Rückkehr aus Afrika dicke Pflöcke ein. Erste Konturen des Systems, das er auf den Trümmern der Republik zu errichten gedachte, begannen sich abzuzeichnen. Wer genau hinsah, begriff, dass dieses System auf Caesar zugeschnitten sein würde, auf ihn allein – und dass ihm kein Verfallsdatum aufgeprägt war. 49 v. Chr., nach seinem Feldzug in Spanien, hatte er sich zum ersten Mal die Diktatur übertragen lassen: *rei gerundae causa*, «um die Angelegenheit zu regeln», so lautete die traditionelle Formel. Gemeint war mit der «Angelegenheit» der Bürgerkrieg. Damals hatte er sie nach wenigen Tagen wieder niedergelegt. Nach Pharsalos war sie ihm ein zweites Mal verliehen worden. Jetzt, nach der Schlacht von Thapsus, wurde Caesar zum dritten Mal zum Diktator ernannt, diesmal jedoch nicht, wie es republikanischen Gepflogenheiten entsprach, nur für ein paar Monate, sondern auf volle zehn Jahre.

Das Amt hatte eine lange Tradition als Instrument in Notzeiten. Es setzte die sonst keine Ausnahme duldende Kollegialität der Magistraturen außer Kraft. Der Diktator führte ein *imperium*, das sogar dem der Konsuln übergeordnet war. Nützlich war das vor allem im Krieg, wo Kompetenzstreitigkeiten lähmend wirken konnten, aber auch in Zeiten innerer Krisen. Die Ernennung erfolgte im Normalfall durch einen Konsul, ohne dass die Zustimmung von Senat oder Volk erforderlich war, allerdings wurden Diktatoren im Regelfall auf Initiative des Senats eingesetzt. Als Zeichen seiner besonderen Würde schritten dem Diktator 24 Liktoren voran, doppelt so viele wie den Konsuln. Er ernannte als Stellvertreter einen Reiteroberst, *magister equitum*, der ihm in allen Belangen untergeordnet war. Seine Amtszeit richtete sich nach der Aufgabe: War sie erledigt, so trat der Diktator zurück. Die Diktatur endete spätestens nach sechs Monaten oder mit der Amtsniederlegung des Magistrats, der den Diktator ernannt hatte. So war sichergestellt, dass das Sonderamt nicht aus dem Ruder lief und der Diktator seine Befugnisse womöglich nutzte, um das Kollegialitätsprinzip auszuhebeln.

Noch im Zweiten Punischen Krieg (218–201 v. Chr.) war Quintus Fabius Maximus in der existentiellen Krise nach Hannibals Sieg am Trasimenischen See (217 v. Chr.) zum Diktator ernannt worden, um alleinverantwortlich Krieg gegen den Karthager führen zu können. Im 2. Jahrhundert v. Chr. war die Diktatur dann obsolet geworden, weil der Senat seit 121 v. Chr. per *senatus consultum ultimum* («äußerster Senatsbeschluss») den Ausnahmezustand verhängen konnte. Die Sondermagistratur wurde aber 82 v. Chr. von Sulla exhumiert, um seiner im Bürgerkrieg gegen die Popularen errungenen Allmacht einen konstitutionellen Anstrich zu geben. Das Notstandsinstrument Diktatur bot sich dazu scheinbar von selbst an, weil es die Checks and Balances des politischen Systems außer Kraft setzte. Es ließ den Inhaber frei schalten und walten, ohne dass ein Kollege oder Volkstribun sein Veto einlegen konnte. Indes, die Diktatur war ein fadenscheiniges Mäntelchen, das den jeder republikanischen Tradition widersprechenden Charakter der sullanischen Alleinherrschaft nur unvollkommen verhüllte:

Sulla hatte sich per von der Volksversammlung beschlossenem Gesetz die Diktatur übertragen lassen. Die übliche Befristung war unterschlagen worden. Für Theodor Mommsen äußerte sich darin die «verfassungsmäßige Schrankenlosigkeit in der offenherzigen Folgerichtigkeit juristischer Brutalität».[23]

Sulla immerhin trat von dem außerordentlichen Amt nach getaner Arbeit aus freien Stücken zurück und wurde Privatmann. Caesar soll bei Gelegenheit geäußert haben, Sulla habe von Politik keine Ahnung gehabt und der Beweis dafür sei, dass er die Diktatur niedergelegt habe. Dass Caesar des Amtes aus freien Stücken entsagen würde, stand also nicht zu erwarten. Er sah die Diktatur nicht als Werkzeug zur Behebung einer konkreten Notlage an, sondern weil sie ihm vermeintlich die Möglichkeit bot, der im Bürgerkrieg gewaltsam errungenen Macht einen legitimen Anstrich zu geben. Sein Problem bestand darin, die Allmacht zu verstetigen und in Herrschaft umzuwandeln. Dazu musste er sie irgendwie im Institutionengefüge der Republik verankern. Tatsächlich barg die Diktatur in sich alle Machtmittel, derer er bedurfte: den Oberbefehl über die Legionen und die Möglichkeit, unter Umgehung von Senat und Volksversammlung sowie der übrigen Magistrate gesetzgeberisch tätig zu werden. Mehr als diese Hebel brauchte man nicht, um allein die ganze Macht auszuüben. Sulla hatte den Präzedenzfall geschaffen, Caesar knüpfte genau da an, wo sein Vorgänger 79 v. Chr. aufgehört hatte.[24]

Sullas wie Caesars Diktatur hatte mit dem alten Sonderamt nicht viel mehr als den Namen gemein. Wie Sulla ließ sich Caesar per Plebiszit zum Diktator machen, und wie Sulla nutzte er das Amt nicht zur Krisenbehebung, sondern um die Republik nach seinem Willen zu formen. Doch anders als Sulla verstand er die diktatorische Allmacht nicht als Brückenkonstruktion, als Notbehelf auf Zeit, um die in Schieflage geratene *res publica* wieder geradezurücken. Für Caesar war die Diktatur ebenfalls eine Not-, aber eben auch eine Dauerlösung. Eine bessere fand sich nicht im Fundus der republikanischen Verfassung, in der schließlich die Monarchie nicht vorgesehen war. Dass seine in Pharsalos gewonnene und in Thapsus befestigte Machtstellung auf ein Quasi-

Königtum hinauslief, war Caesar durchaus bewusst. Und klar war ihm auch, dass das für niemanden ein Geheimnis war, der die Zeichen zu deuten wusste. Trotzdem: Etwas Besseres als die Diktatur gab es nicht, deshalb fiel seine Wahl nach einer Phase des Herumexperimentierens auf dieses Amt.

*Eruditul*i

Caesars alten Gegnern wie seinen alten Freunden dienten die Regelungen, die der Sieger von Thapsus in jenen Sommertagen 46 v. Chr. in Rom traf, zur Warnung. Für die einen bedeutete es, dass die Republik nicht wiedererstehen würde. Jedenfalls nicht die Republik, die ihrer aller politische Heimat gewesen war, ehe Caesar den Rubikon überschritten hatte. Sie würde es, so lautete die Lehre, nicht mehr geben, solange Caesar lebte. Die anderen hatten gelernt, dass man als Gefolgsmann Caesars wohl Karriere machen konnte, dass aber, ganz gleich, welche Ehren und welches Amt man im Gefolge des Diktators erreichte, darüber immer ein Größerer stehen würde. Bei den alten Republikanern hielt deshalb die Erleichterung über die ihnen gewährte Gnade nicht lange vor. In die Dankbarkeit, die sie Caesar gegenüber aufrichtig empfinden mochten, mischte sich bald die Erkenntnis, dass es mit der Freiheit aus und vorbei war. Zur Projektionsfläche ihrer Freiheitssehnsucht wurde just jener Cato, der einen anderen Weg gewählt und Caesars *clementia*-Angebot ausgeschlagen hatte. Spätestens im Mai 46 hatte die Nachricht von Catos Tod die Hauptstadt erreicht. Sogleich machte sich Cicero an die Arbeit und verfasste eine kleine, nicht erhaltene Lobschrift auf den Verstorbenen. Den Anstoß dazu hatte Ciceros eigener Aussage zufolge Catos Neffe Marcus Brutus gegeben. «Ich versichere», schreibt Cicero in dem ebenfalls 46 v. Chr. verfassten, an Brutus gerichteten Rhetoriklehrbuch *Orator*, «dass ich erst auf dein Bitten hin und widerstrebend es gewagt habe, diese Schrift zu verfassen.» Die Zeiten seien der Tugend nicht gewogen, und erst der Wunsch des Brutus habe «die so teuren Erinnerungen» an Cato in ihm wachgerufen.[25]

Die Anspielung auf die verlorene Freiheit ist offensichtlich, ebenso Ciceros an Opportunismus grenzende Vorsicht. Erst in der Komplizenschaft mit Brutus fühlte Cicero sich mutig genug, Cato ein literarisches Denkmal zu setzen. Doch was genau sagte Cicero in seiner *Laus Catonis*? Und welche literarische Form hatte der Text? Die wenigen Fragmente, die sich erhalten haben, geben immerhin ein paar Hinweise. Vermutlich handelte es sich nicht um eine öffentlich gehaltene Leichenrede, sondern um eine Prosaschrift, mit der Cicero Catos Leben feierte: ein Enkomion in klassisch-griechischer Tradition. Zum Genre gehörte es, die Todesumstände des Gewürdigten gebührend herauszustellen, um so ein besonderes Licht auf sein Leben zu werfen. Catos Tod als Konsequenz seiner stoischen Überzeugungen bot reichlich Stoff für eine solche Würdigung. Ciceros Ängstlichkeit zum Trotz war es im Rom Caesars nicht wirklich gefährlich, Catos Lob zu singen. Andere Intellektuelle aus der Umgebung des großen Stoikers taten es Cicero gleich, in vorderster Front Brutus selbst. Caesar nahm solche Texte nicht nur zur Kenntnis, er las sie auch gründlich. Lucius Cornelius Balbus, Caesars Privatsekretär, mit dem Cicero engen Kontakt pflegte, zeigte ihm im August 45 einen Brief des Diktators. Er habe Ciceros Text häufig gelesen und dadurch seinen Wortschatz erweitert, schreibt Caesar wohlwollend. Bei der Lektüre von Brutus' *Cato* sei er sich hingegen selbst «eloquent» vorgekommen. Ein eleganter Verriss in einem einzigen Satz.[26]

Dass Brutus überhaupt noch einmal nachlegte und Ciceros Enkomion eine zweite Lobschrift an die Seite stellte, ist bemerkenswert genug. Aus einem Briefwechsel zwischen Brutus und Cicero wissen wir, dass Cicero mit diesem Werk keineswegs einverstanden war. Vor allem missfiel ihm, dass Brutus Cato – und nicht Cicero – den Sieg über Catilina anrechnete. Noch bemerkenswerter als die Lawine der Lobschriften ist die Reaktion Caesars: Er antwortete 45 v. Chr., während er schon in Spanien Krieg führte, mit dem *Anticato*, einer Schmähschrift in zwei Büchern, und ließ auch seinen Gefolgsmann Aulus Hirtius eine Replik auf Ciceros und Brutus' Cato-Lobpreisungen schreiben. Die Publikationsflut um Catos Andenken war ein Autorenwettstreit, in dem sich tief in der griechischen Literaturgeschichte verwurzelte Intellektuelle gegenseitig beglaubigten, dass sie einander auf Augenhöhe begegneten. Sie war aber, soweit sich das heute noch sagen lässt, auch eine Kontroverse, die sich nicht im Streit über literarische Ästhetik erschöpfte. Es ging um die publizistische Einordnung einer politischen Lebensleistung und damit auch um Richtungsentscheidungen. Im politischen Rom tobte ein Krieg um die Deutungshoheit. Wer Catos Lebensweg und vor allem seinen Tod als Triumph stoischer Ethik pries, entlarvte so zugleich Caesars Milde als Herrschaftsinsigne eines Königs, seine Diktatur als lediglich mühsam kaschierte Monarchie. Wenn Cicero und vor allem Brutus ihre Stimme für Cato erhoben, dann bekräftigten sie damit, dass Catos Erbe noch lebendig, dass die Republik nicht tot war. Auf das richtige Framing kam es an.

Es dürfte kein Zufall sein, dass solche Stimmungen just in dem Moment hochkochten, als Caesar bestrebt war, seine Macht zu verstetigen und institutionell abzusichern. Der Sommer 46 war der Höhepunkt einer Zeitenwende, und in Umbruchsituationen wird um Begriffe und Symbole gerungen: neue tauchen auf, alte erhalten neue Bedeutungen. Auf Cato ließ sich die gesamte Symbolik der untergehenden Republik projizieren. Er war eine Reizfigur, die polarisierte und zum Emotionalisieren einlud. Deshalb führten die Verteidiger der alten Ordnung ständig seinen Namen im Mund. Für Caesar war das nicht ungefährlich. Er musste verhindern, dass sich die Interpretationsraster der Gegenseite in der Öffentlichkeit festsetzten, dass die Republikaner im publizistischen Kampf entscheidende Punkte sammelten. Deshalb hatte er gar keine andere Wahl, als gegenzusteuern.

Caesar griff aber nicht zum letzten Mittel, zur Zensur. Cicero und Brutus durften ihre Loblieder auf Cato singen. Sie gingen straffrei aus und landeten nicht auf Todeslisten wie einst die Gegner Sullas. Caesar konnte mit Kritik und sogar Spott durchaus umgehen. Auch am gutmütigen Schabernack seiner Soldaten störte er sich nicht. Als er seinen vierfachen Triumph feierte, sangen die Soldaten: «Wenn du recht tust, wirst du bestraft, wenn nicht, dann wirst du König.» Caesar verstand sofort: Würde er sich dem Gesetz beugen und seiner Macht entsagen, würde die Anklage auf dem Fuß folgen. Als Gesetzesbrecher aber stehe ihm schrankenlose Macht offen, er wäre wie ein König. Der Diktator ließ es geschehen. Er deutete die offenen Worte der Soldaten – sicher richtig – als Zeichen des Vertrauens.[27]

Indem er Kritik und Spott zuließ, grenzte sich Caesar demonstrativ von Sullas Rachedurst und den Proskriptionen ab, denen er einst selbst um ein Haar zum Opfer gefallen wäre. Kaum war er Herr Italiens geworden, hatte er die Opfer dieses Blutrauschs rehabilitiert und entschädigt. Seine *clementia* war die denkbar radikalste Absage an die gewaltsame Diktatur, mit der Sulla eine Schneise der Verwüstung durch das kulturelle Gedächtnis der Republik gezogen hatte. Caesar wollte seine Alleinherrschaft vor allem deshalb auf Versöhnung gründen, weil er nicht beabsichtigte, irgendwann wieder Privatmann zu werden. Insgeheim hielt er Sulla auch deswegen für einen politischen Analphabeten, weil der Bezwinger der popularen Schreckensherrschaft unter Cinna geglaubt hatte, die Republik selbst einer Tyrannei unterwerfen zu müssen, um sie dann restaurieren zu können. Caesars Überzeugung nach war Terror nicht nur vermeidbar, sondern schädlich.

Täuschte er sich? Das Gesicht seiner Diktatur mochte freundlicher sein als das von Sullas Alleinherrschaft. Er mochte sein Königtum geschickt verschleiern. Die Männer der senatorischen Opposition sahen hinter der freundlichen Maske trotzdem die Fratze der Tyrannis. Einer Tyrannis zumal, die sich nicht wie die Sullas in den Dienst der Republik und ihrer Institutionen stellte, sondern systematisch deren Zerstörung vorantrieb. Sie fürchteten sich, wie Cicero, oder hielten, wie Brutus, Caesars Bild von seiner Diktatur der *clementia* ungerührt ihr Ideal einer Republik ohne Zwang und mit freiem Spiel der Kräfte entgegen. Caesar, der sich wenig für Ideale, dafür aber umso mehr für seine *dignitas* interessierte, war sich im Unklaren über Strahlkraft und Gefährlichkeit des republikanischen Gedankens. Er machte sich auch Illusionen über die Loyalität seiner Anhängerschaft, deren Karrierechancen nicht nur durch die schiere Existenz des Diktators ausgebremst, sondern noch zusätzlich durch die Integration der begnadigten Republikaner ins System Caesar geschmälert wurden.

Ciceros düsteres Raunen über Mordpläne, das er im September 46 in seine Rede *Pro Marcello* einbaute, passen deshalb gut ins Gesamtbild einer Stimmung, die sich im Verborgenen gegen Caesar zu drehen begann. Sein Hinweis auf Parteigänger wie ehemalige Feinde, die dem Diktator nach dem Leben trachten könnten, legt eine Spur, die tatsächlich zu den späteren Tätern führt. Beide, Anhänger wie begnadigte Gegner, hatten ein plausibles Mordmotiv, um in der Sprache der Ermittler zu bleiben. Deshalb ist es denkbar, ja sogar wahrscheinlich, dass Ciceros in der Rede vorgebrachte Verdachtsmomente mehr waren als Erfindungen zum Selbstschutz, mehr auch als eine bloße Hypothese. Vermutlich verfügte er über stichhaltige Beweise, dass sich etwas zusammenbraute gegen Caesar. Cicero behielt den Verdacht nicht für sich, sondern warnte Caesar, obwohl er kurze Zeit vorher noch dessen Gegner Cato glorifiziert hatte.

AKTENVERMERK DES HISTORIKERS: *Was aussieht wie ein Widerspruch, ist in sich jedoch logisch, wenn man Ciceros Vorsicht und seinen Opportunismus in Rechnung stellt. Der Konsular lebte, nachdem er das Enkomion auf Cato geschrieben hatte, in der Furcht, eventuell doch zu weit gegangen zu sein. War er es? Er war eine Kassandra, kein Whistleblower. Wünschte er sich Caesars vorzeitiges Ableben womöglich selbst herbei? Wie viel von einem Verschwörer steckte in Cicero selbst, diesem vorsichtigsten aller Republikaner?*

Trebonius, oder:

Die Sache verlangt nach einem Mann!

(Sommer 45 v. Chr.)

«Antonius!», ruft Brutus, «Antonius soll einer von uns sein!» Cassius gibt ihm recht: «Wenn Antonius mit uns ist, haben wir gewonnen. Und wir werden ihn überzeugen. Antonius ist einer der Enttäuschten. Ja, Caesar hat ihn zum Konsul gemacht. Aber was ist heutzutage schon ein Konsul? Auf den Partherkrieg wird er ihn nicht begleiten. Das Erbe tritt ein anderer an. Reiteroberst wird Octavius.» Zustimmendes Raunen. «Antonius war lange genug der Zweite hinter Caesar, jetzt sieht er, was er davon hat», wirft einer ein. «Antonius hat die Schnauze voll», stimmt ein anderer zu. Da meldet sich Trebonius zu Wort. Leise sagt er: «Das könnt ihr vergessen.»[28]

Hydra

Marcus Antonius hatte auf das richtige Pferd gesetzt. Er hatte mit Caesar in Gallien gekämpft und in jenen Januartagen 49 v. Chr. Schneid bewiesen. Mit seinem Auftritt im Senat hatte er die Gegenpartei ins Unrecht gesetzt. Caesar erkannte Leistung und Loyalität an. Antonius konnte deshalb lange in der Gewissheit leben, die unbestrittene Nummer zwei im Staat des Diktators zu sein. Doch dann stellte sich heraus, dass die Sache komplizierter war: Caesar begnadigte reihenweise alte Pompeius-Anhänger und selbst standhafte Republikaner wie Cicero. Er förderte Männer wie Dolabella, Trebonius, Lepidus, auch den jungen Octavius. Das System Caesar war kein Wolfsrudel mit klarer Hierarchie, sondern ein Haifischbecken, in dem jeder jeden fraß und eine wachsende Zahl von Günstlingen um Aufmerksamkeit und Anerkennung buhlte. Auf nichts war Verlass in diesem Becken.

Antonius hatte deshalb gute Gründe, seine Haltung Caesar gegenüber einer kritischen Prüfung zu unterziehen. War er wirklich noch der zweite Mann hinter dem Diktator? Befanden sich andere womöglich schon auf der Überholspur? Würde es sich auch künftig noch auszahlen, Caesar loyal zu dienen? Oder überwogen auf lange Sicht eher die Nachteile? Diese und ähnliche Überlegungen mochte Antonius anstellen, als er sich im Sommer 45 v. Chr. auf die lange und beschwerliche Reise ins südwestliche Gallien begab. Dorthin hatte Caesar ihn bestellt. Dort, in der 118 v. Chr. gegründeten römischen Kolonie Narbo Martius, würde er sich mit Caesar treffen.

Die Befriedung Spaniens durch Lepidus zwei Jahre zuvor hatte nicht lange vorgehalten. Den Brüdern Gnaeus und Sextus Pompeius, die sich mit Labienus und Varus von Afrika nach Spanien abgesetzt hatten, war es gelungen, die von Caesar dort zurückgelassenen Legionen auf ihre Seite zu bringen, neue Truppen auszuheben und ihre Streitmacht auf acht Legionen zu vergrößern. Die Statthalter des Diktators, darunter auch Gaius Trebonius, mussten diesem Treiben mit ihren schwachen Kräften tatenlos zusehen und schließlich die Provinz Hispania citerior räumen. Deshalb brach Caesar selbst im November nach Spanien auf. Für den letzten Akt des Bürgerkrieges hatte er noch einmal acht Legionen mobilisiert, von denen fünf bereits auf der Iberischen Halbinsel standen. Über See und in Gewaltmärschen führte er die übrigen drei, allesamt Veteranenverbände, in weniger als einem Monat bis nach Obulco in der südspanischen Provinz Baetica. Dort konnte er sich in ein paar kleineren Gefechten durchsetzen. Von mehr als taktischer Bedeutung waren diese Scharmützel aber nicht. Die Pompeius-Brüder wichen einer großen Schlacht konsequent aus. Dem Diktator zwangen sie so den Winterkrieg auf, den er hatte vermeiden wollen. In der Ebene von Munda trafen die beiden Heere am 17. März 45 schließlich doch aufeinander. Die Schlacht wogte acht volle Stunden hin und her. Schließlich behielten Caesars Soldaten die Oberhand. Es war ein Sieg um Haaresbreite, aber der Krieg in Spanien war damit entschieden worden. Dennoch tobten in Spanien bis in den Sommer weiterhin Kämpfe um befestigte Orte wie Corduba. Caesar blieb bis August auf der Halbinsel. Labienus und Varus waren bei Munda gefallen, Gnaeus Pompeius fand wenig später den Tod, allein Sextus gelang die Flucht nach Sizilien.

Dass Sextus entkommen und sich auf der Insel eine neue Machtbasis schaffen konnte, war ein Schönheitsfleck auf Caesars Triumphgewand, mehr nicht. Mit dem Pompeius-Sohn würde man schon noch fertigwerden. Schwerer wog, dass sein Verwandter und enger Weggefährte Sextus Julius Caesar am anderen Ende der römischen Welt gewaltsam umgekommen war. Sextus Caesar hatte als Statthalter der Provinz Syria in den noch immer in Judäa tobenden Bürgerkrieg eingegriffen und dort Antipatros sowie dessen Sohn Herodes gegen den Hohepriester Hyrkanos unterstützt. Außerdem sollte er einen großen Feldzug gegen die Parther vorbereiten, den Caesar nach der endgültigen Entscheidung im Bürgerkrieg führen wollte. Im Frühjahr 46, während in Africa gekämpft wurde, meuterten Soldaten des syrischen Heeres gegen Sextus Caesar und töteten ihren Befehlshaber. Eine Schlüsselrolle in der Revolte spielte der römische Ritter Quintus Caecilius Bassus, der offenbar bei Pharsalos auf Seiten der Republikaner gekämpft und sich dann in die phönizische Stadt Tyros abgesetzt hatte.

Dort tauchte er unter und rekrutierte heimlich Soldaten, um den Kampf gegen Sextus Caesar aufzunehmen. Plötzlich machten – von Bassus selbst in die Welt gesetzte – Gerüchte die Runde, Caesar habe auf dem afrikanischen Kriegsschauplatz eine Niederlage erlitten. Bassus zeigte einen gefälschten Brief Scipios, mit dem der republikanische Feldherr ihm selbst das Kommando in Syria übertrug. Zwar erlitt er mit seinem eilig ausgehobenen Heer zunächst eine Niederlage gegen Sextus Caesar, brachte aber Soldaten aus dessen Umgebung dazu, ihren Befehlshaber zu ermorden. Etwas Unerhörtes war geschehen: Aus dem Nichts kommend hatte ein Gegner Caesars es gewagt, dem mächtigsten Mann Roms die Stirn zu bieten, eine Provinz aus seinem Machtbereich herauszubrechen und einen engen Vertrauten zu töten: Caesars Verwandten, seinen Freund – und möglicherweise seinen Nachfolger.

Begünstigter von Caesars erstem Testament war Pompeius gewesen, der Partner und Schwiegersohn. Nach dem Zerwürfnis muss der Diktator seinen letzten Willen revidiert und einen neuen Erben eingesetzt haben. Die Wahl ist dabei wohl am ehesten auf den etwa 20 Jahre jüngeren Sextus Caesar gefallen, der auch auf dem ersten Spanienfeldzug und bei Pharsalos an seiner Seite stand. Die Ereignisse im Orient bedeuteten auch deshalb einen empfindlichen Rückschlag für den Diktator. Er mochte Schlacht um Schlacht gegen seine Bürgerkriegsrivalen gewinnen, unverwundbar war er nicht. Der Gegner war wie eine Hydra, der stets neue Köpfe wachsen, wenn einer abgeschlagen wird. Der Weg zur Konsolidierung seiner Herrschaft würde länger werden als anfangs gedacht. Denn ob das System Caesar auf Dauer angelegt war oder nicht, entschied sich an der Frage der Nachfolge. Caesar musste mit der Suche von vorne anfangen.

Antonius und seine Ambitionen erhielten durch den unvermittelten Tod des Sextus Caesar nur scheinbar Auftrieb. Er mochte sich ausgerechnet haben, dass der Diktator nun ihn, den ewig zweiten Mann, zum Kronprinzen befördern würde. Doch nichts dergleichen geschah. Lepidus war Konsul und wurde Reiteroberst. Andere Männer drängten ebenfalls in die zweite Reihe: Geplant war, dass Caesar von dem

Konsulat, den er 45 v. Chr. ohne Kollegen bekleidete, zurücktreten würde. Gaius Trebonius und Quintus Fabius Maximus sollten ihm dann nachfolgen, als Suffektkonsuln. Ihr Amtsjahr war gewissermaßen amputiert, und um die fehlenden Monate gekürzt war auch die Ehre, die an diesem Rumpfkonsulat hing. Wie glücklich die designierten Amtsträger mit dieser Lösung sein konnten, hing von ihren Erwartungen ab. Fabius Maximus stammte aus einer traditionsreichen Familie. Einer seiner Ahnen war der berühmte Cunctator gewesen, der «Zauderer», der als Diktator im Zweiten Punischen Krieg jeder Schlacht mit Hannibal konsequent ausgewichen und dem dafür in der römischen Überlieferung ein Platz als Held reserviert worden war. Die Karriere des Suffektkonsuls war aber wohl weniger glanzvoll verlaufen und vor allem anders, als er es sich erhofft hatte. Vielleicht hatte er deshalb im Bürgerkrieg so vehement für Caesar Partei ergriffen. In Spanien, wo er 46 v. Chr. für Caesar Legat war, hatte er nicht verhindern können, dass das Heer sich auf die Seite der Pompeius-Brüder stellte. Immerhin hatte er sich später als Truppenführer bei Munda verdient gemacht. Dafür bedachte Caesar ihn mit einem Triumph, obwohl er in Spanien nicht einmal ein *imperium* geführt hatte. So gesehen konnte Fabius Maximus mit dem Erreichten einigermaßen zufrieden sein. Er erfreute sich der Gunst des Diktators, daran konnte kein Zweifel bestehen. Im Grunde aber war er dritte Garnitur, bestenfalls.

Declaratio amoris

Genau umgekehrt lagen die Dinge bei dem Mann, der als sein Kollege im Konsulat ausersehen war. Trebonius' familiärer Hintergrund war obskur, auch wenn Cicero, selbst Sohn eines Ritters, seinen Vater als *splendidus eques Romanus* bezeichnet. Nie hat die römische Geschichte etwas von einem seiner Vorfahren gehört. Wie Cicero war der um 90 v. Chr. geborene Trebonius ein *homo novus*, der seine Karriere ausschließlich eigener Leistung verdankte – und der Patronage durch einen Mächtigen, der in diesem Fall natürlich Caesar war. Trebonius hatte seine senatorische Laufbahn 60 v. Chr. mit der Quästur begonnen.

Er widersetzte sich dem ersten Versuch des Publius Clodius, vom Patriziat in die Plebs zu wechseln, um Volkstribun werden zu können. Noch fast 15 Jahre später zeigte Cicero sich dankbar für die Unterstützung, die er damals durch den wesentlich Jüngeren erfahren hatte: Trebonius habe «als Quästor die Aufgabe der Konsuln übernommen und sich als Quästor dem Volkstribun widersetzt», schrieb er zum Jahreswechsel 46/45 v. Chr. an Trebonius. Der Neuling auf dem politischen Parkett hatte dort Rückgrat gezeigt, wo Männer kläglich versagt hatten, die ihm an Rang und Erfahrung weit voraus waren.[29]

Ein paar Jahre später erfreute sich Trebonius der Gunst jener Drei, die beschlossen hatten, nichts solle im Staat gegen ihren Willen geschehen. Er wurde 55 v. Chr. Volkstribun, also während Pompeius und Crassus ihren zweiten Konsulat bekleideten. Auf seinen Antrag hin beschloss die Volksversammlung, dass Pompeius einen Prokonsulat in Spanien und Crassus das sich später als verhängnisvoll erweisende Kommando gegen die Parther erhalten sollte. Im selben Atemzug wurde Caesars Oberbefehl in Gallien verlängert. Trebonius bereitete die Annahme seines Gesetzes mit wohldosierter Gewalt vor. So hinderte er Cato daran, vor der Volksversammlung zu sprechen. Caesar war dankbar und belohnte den Emporkömmling mit einem Posten als Legat in Gallien. Er sollte es nicht bereuen. Trebonius spielte, mehr noch als Antonius, in der zweiten Phase des Gallischen Krieges eine Schlüsselrolle. Er war dort Caesars rechte Hand und erwies sich als verlässlicher Offizier: 54 v. Chr. als Befehlshaber einer Legion bei der zweiten Britannien-Expedition, ein Jahr später als selbständiger Kommandeur einer Gruppe von drei Legionen im Krieg gegen die Eburonen und 52 v. Chr. als Unterfeldherr, der die Niederlage der Senonen bei Vellaunodunum besiegelte. Gemeinsam mit Antonius rettete er für Caesar die Schlacht um Alesia, indem er das gallische Entsatzheer zurückschlug. 51 v. Chr. führte er Krieg gegen die Bellovaker an der Loire. Ende 50 v. Chr., als Caesar bereits für den Bürgerkrieg rüstete, übernahm Trebonius den Oberbefehl in Gallien.

Bis hierhin ähnelt seine Rolle der des Labienus. Doch Trebonius blieb seinem Herrn und Meister treu. Er erhielt die Aufgabe, Gallien gegen einen möglichen Angriff des pompejanischen Heeres von Spanien aus zu verteidigen. Im Mai 49 v. Chr. führte er den Oberbefehl über die drei Legionen, die das abtrünnige Massilia belagerten. Als der Spätsommer gekommen war, zwang er die Stadt zur Kapitulation. Caesar brauchte sie Ende September nur noch persönlich entgegenzunehmen. Trebonius war, gemeinsam mit Labienus und Caesar, aber noch vor Antonius, die prägende Figur der römischen Kriegführung in Gallien. Und nicht nur das: Gemeinsam mit Antonius und Vatinius gehörte er zum engen Zirkel der Männer, auf denen Caesars Erfolge in der stadtrömischen Politik beruhten.

Caesar war nicht undankbar, auch nicht Trebonius gegenüber. Kraft Ernennung durch den Diktator wurde der *homo novus* 48 v. Chr. Stadtprätor, während Caesar in Macedonia kämpfte. Sein Kollege Marcus Caelius Rufus, ebenfalls ein Anhänger Caesars, empfand die Verleihung der prestigereichsten Prätorenstelle an Trebonius als Affront und versuchte, mit einem popularen Programm und Forderungen nach Miet- und Schuldenerlass bei den kleinen Leuten zu punkten. Wie ein Jahr später, als Dolabella mit dem Tribunat im Rücken ähnliche Forderungen erhob, eskalierte der politische Streit in Straßenschlachten. Schließlich erwuchs daraus ein veritabler Aufstand des Rufus, den Trebonius gewaltsam niederschlug. Das Jahr nach seiner Prätur verbrachte er als Prokonsul in Spanien, das er allerdings Anfang 46 v. Chr. aufgeben musste, nachdem sich die Pompejaner auf der Halbinsel durchgesetzt hatten. Ende des Jahres kehrte er im Stab von Caesars Armee dorthin zurück. Cicero erwähnt in einem zweiten, wohl Anfang 45 an Trebonius abgeschickten Brief beiläufig eine «Reise, bei der Du auch unseren Brutus treffen wirst». Marcus Brutus war zu dieser Zeit Statthalter der Gallia cisalpina. Trebonius würde also früher oder später in der Gegend sein, wenn er unterwegs nach Spanien war.[30]

Trotz seiner Nähe zu Caesar hielt Trebonius in den Jahren des Bürgerkrieges freundschaftlichen und stetig enger werdenden Kontakt zu Cicero, und zwar auch, als der einstige Konsul sich nach seiner Flucht aus Pharsalos im August 48 über ein Jahr, bis zu seiner Begnadigung durch Caesar im September 47, zwangsweise in Brundisium aufhielt. Cicero wusste sehr wohl, dass Trebonius sich stets zu ihm bekannt hatte. Die beiden verband außer ihrer nichtsenatorischen Herkunft ihr gemeinsames Interesse an der Rhetorik. Trebonius hatte Cicero ein Büchlein übersandt, in dem er berühmte Sentenzen des großen Redners zusammengetragen hatte. Eine Liebeserklärung, *declaratio amoris*, nennt Cicero die Sammlung vielsagend. Interessant ist, dass Trebonius – anders als etwa Gaius Oppius und Lucius Cornelius Balbus – für Cicero nicht primär wegen seiner Nähe zu Caesar interessant war, sondern echte Sympathie die beiden Männer verband. Sprachen sie auch über Politik? Und wenn ja: Wandte Trebonius sich von Caesar ab, während oder gar weil er Cicero immer näher kam?

Mit Fabius Maximus sollte Trebonius ab Oktober 45 als Suffektkonsul amtieren. Wir wissen nicht, wann die Wahl der beiden Männer erfolgte oder wann Caesar zu verstehen gegeben hatte, dass sie seine Nachfolge in dem hohen Staatsamt antreten sollten. Wenn, was nicht überraschend wäre, Informationen über das Personaltableau schon bald nach Munda durchsickerten oder, was noch wahrscheinlicher ist, Trebonius bei seinem Eintreffen in Narbo über entsprechende Informationen verfügte, hätte Antonius zu den sonstigen Beschwerden noch einen Grund mehr gehabt, sich über Zurücksetzung durch Caesar zu ärgern. Falls es noch eines Hinweises bedurft hätte, dass er nicht mehr in der ersten Reihe der Günstlinge stand: Hier bekam Antonius ihn frei Haus geliefert. Für einen römischen Aristokraten gab es nichts Schlimmeres als Demütigungen. Vermutlich hatte Antonius eine Menge Wut im Bauch, als er sich im Sommer 45 in Narbo aufhielt.

Im Groll des Antonius offenbaren sich die Risiken und Nebenwirkungen, die das neue System für Caesar selbst barg. In seiner Hand – und dort allein – lag nun die Entscheidung darüber, wer Karriere machte und wer nicht. Ob ein hoffnungsvoller Politiker schnell oder langsam oder überhaupt die nächste Sprosse des *cursus honorum* erklomm, hatte von jetzt an wenig mit seinen Leistungen für die Republik zu tun, kaum etwas mit dem sozialen Kapital der Sippe und nichts mit dem Vernetzungspotential, das jemand in der Nobilität besaß. Caesars Machtfülle hatte die politischen Spielregeln auf den Kopf gestellt: Die zur Wahl antretende Volksversammlung – die Komitien – würde jeden seiner Kandidaten durchwinken, soviel stand fest. Selbst wenn der Rückhalt, den Caesar dort genoss, einmal nicht gereicht hätte, eine beiläufige Anspielung auf die Soldaten und Veteranen hätte genügt. Diese Männer waren jederzeit bereit, Caesars politischem Willen Geltung zu verschaffen. Die Designation durch Caesar war deshalb gleichbedeutend mit der Wahl ins entsprechende Amt. Der Wahlakt, der zuvor entschieden hatte, wer Magistrat wurde und wer nicht, wurde in der politischen Praxis durch einen Ernennungsakt ersetzt: Caesar wählte die Konsuln, Prätoren, Ädilen und alle anderen Beamten aus. Es war somit Caesar, der über die Magistraturen bestimmte, wie die Nobilität der Zukunft aussehen würde. Er war der alleinige Quell der Schlüsselressource Ehre, verteilte freihändig das, was zuvor die Volksversammlung per Wahl zugemessen hatte. Doch ausgerechnet diese Machtfülle ohne Vorbild barg für den Diktator ein erhebliches Risiko. So sehr er auch dem Ehrgeiz der von ihm Auserkorenen schmeicheln mochte, am Wegesrand blieben stets mehr Enttäuschte als Zufriedene zurück. Mit jedem Jahr schwoll das Heer derer weiter an, die sich um berechtigte Ansprüche betrogen sahen. Die Macht, den Daumen über Karrieren heben und senken zu können, war die wichtigste Ressource des Systems Caesar – und zugleich seine Achillesferse.

Der Tag von Narbo

Antonius dürfte also bereits trüben Gedanken nachgehangen haben, als er unterwegs zu Caesar nach Narbo war. Weniger Grund, auf den Diktator wütend zu sein, hatte ein anderer Mann, dessen Ziel ebenfalls die Stadt in Südgallien war. Er erfreute sich nach wie vor Caesars Gunst und wusste vermutlich schon, dass er ab Oktober für den Suffektkonsulat vorgesehen war. Dieser Mann war Trebonius. Ob der soziale Außenseiter den Suffektkonsulat als Auszeichnung oder als Zumutung empfand, sei dahingestellt.

Plutarch will uns glauben machen, die beiden alten Gallienkämpfer hätten den Weg von Rom ins südliche Gallien gemeinsam zurückgelegt. Antonius sei mit ihm und anderen Männern aus Caesars Umgebung nach Südgallien gereist, um den Diktator dort zu empfangen. Davon lässt Plutarch zwar Trebonius selbst erzählen, doch kann es unmöglich so gewesen sein. Trebonius reiste nicht mit Antonius, sondern hatte sich die gesamte Zeit ab Ende 46 bei dem Diktator aufgehalten. Er traf also aus Spanien kommend in Gallien ein. Der designierte Konsul und Antonius kamen deshalb erst in Narbo zusammen. Nur nach dem Eintreffen des spanischen Heeres können sie einander begegnet sein. Trebonius verfügte über Informationen, die Antonius brennend interessiert haben dürften. Wenn jemand über Caesars Pläne, darunter auch seine Personalplanung, einigermaßen Bescheid wusste, dann er. Schließlich war er Caesar die letzten Monate über nicht von der Seite gewichen. Die beiden Kampfgenossen hätten in Narbo dasselbe Zelt geteilt, weiß wiederum Plutarch. Das ist möglich, wenngleich wenig wahrscheinlich, weil sie ja aus entgegengesetzten Richtungen zu unterschiedlichen Zeitpunkten anreisten. Weil sie nun schon so nahe beieinander gewesen seien, habe Trebonius seinen Kameraden «ruhig und in aller Vorsicht» auf die Probe gestellt. «Antonius verstand ihn zwar, ging aber nicht auf seinen Vorstoß ein. Er informierte allerdings auch nicht Caesar über das Gespräch, sondern bewahrte Stillschweigen darüber.»[31]

Trebonius soll später, als die Verschwörung im März 44 immer mehr Zulauf erhielt, seine Eindrücke von der gemeinsamen Gallienreise Brutus und Cassius gegenüber geschildert haben. Man habe, lässt uns Plutarch wissen, wenige Tage vor dem Attentat die Frage diskutiert, ob Antonius in letzter Minute in die Verschwörung eingeweiht werden solle. Nachdem Trebonius den Mitverschworenen seinen Anwerbeversuch offengelegt habe, sei die Diskussion beendet gewesen. War es so, wie Plutarch es hier schildert? Hatte Trebonius wirklich versucht, Antonius zum Teilhaber eines bereits in Vorbereitung befindlichen Komplotts zu machen? Auch daran sind erhebliche Zweifel angebracht. Wenn schon die Schilderung der Anreise bei Plutarch falsch ist, dann saß unser Gewährsmann womöglich auch beim Rest Fake News auf.

Eine andere Stimme, nämlich die Ciceros, lässt das Gespräch zwischen den Freunden in gänzlich anderem Licht erscheinen. In seiner zweiten Philippischen Rede macht der Mann aus Arpinum Antonius nicht nur zum Mitwisser, sondern zum Mitarchitekten der Verschwörung:

> Es ist stadtbekannt, dass du in Narbo diesen Plan gemeinsam mit Gaius Trebonius geschmiedet hast, und wir haben gesehen, wie Trebonius dich, als Caesar getötet wurde, aufgrund dieses gemeinsamen Vorhabens beiseite gezogen hat. Ich aber (sieh nur, wie freundlich ich mit dir umgehe) lobe dich dafür, dass du einmal gut überlegt hast; dafür, dass du es nicht angezeigt hast, danke ich dir; dass du die Tat nicht ausgeführt hast, sehe ich dir nach. Die Sache verlangte ja schließlich nach einem Mann.[32]

Bei Cicero ist es also nicht Trebonius, der einen widerstrebenden Antonius durch vorsichtige Andeutungen in etwas hineinziehen möchte. Es sind vielmehr die beiden Kampfgefährten, die gemeinsam einen Plan zu Caesars Ermordung aushecken. Dass Antonius in die Mordpläne verstrickt war, sei «stadtbekannt», behauptet Cicero: *notissimum est*. Nun ist es Ciceros erklärtes Ziel, Antonius als Tyrannen zu entlarven, ihn der Lächerlichkeit preiszugeben und seine Glaubwürdigkeit zu beschädigen. Gerüchte zu Tatsachen aufzubauschen, ist eine bewährte Masche des großen Redners. Man wird also nicht jedes seiner Worte auf die Goldwaage legen wollen. Und tatsächlich trieft die Passage vor Ironie. Doch gab es im Herbst 44, als Cicero seinen Text als Flugschrift kursieren ließ, offenbar manchen, der die Gerüchte von Antonius' Verstrickung in den Caesarmord nur zu gerne glaubte. Immerhin besaß Antonius ein unabweisbares Motiv: Seine Zerknirschung über die Zurücksetzungen durch Caesar dürfte der Öffentlichkeit in Rom nicht lange verborgen geblieben sein.

Noch eine weitere Information gibt uns Cicero an die Hand. Antonius behielt sein Wissen um die Verschwörung für sich und verpfiff Trebonius nicht bei Caesar. Wozu diese Diskretion? Sicher nicht um der alten Freundschaft mit Trebonius willen. So wie die Dinge lagen, gab es keine Freunde mehr, sondern nur noch Konkurrenten um die Gunst des Diktators. Antonius hätte also eigentlich gute Gründe gehabt, dem Chef brühwarm zu berichten, was in Narbo besprochen worden war – es sei denn, er hätte sich dadurch selbst belastet. Dass Antonius dichthielt, macht Plutarchs Version noch unwahrscheinlicher, Ciceros fraglos polemische Darstellung hingegen plausibel.

Was also, wenn die Initiative nicht von beiden gemeinsam, sondern allein von Antonius ausging? Wenn irgendjemand im Kreis der alten Weggefährten ein Motiv hatte, dem Diktator im Sommer 45 nach dem Leben zu trachten, dann Antonius. Er hatte viel mehr Grund, auf Caesar wütend zu sein als Trebonius, für den es eigentlich so schlecht gar nicht lief. Für Antonius als Drahtzieher spricht außerdem Trebonius' soziale Herkunft. Mit seiner Karriere unzufrieden zu sein, die er Caesar verdankte, hatte der Parvenü nicht so viel Anlass wie der hochadlige Antonius. Schließlich wissen wir, ebenfalls aus Ciceros Korrespondenz, dass sich um die gleiche Zeit noch ein weiterer wichtiger Mann aus Caesars engster Umgebung in Narbo aufhielt: Aulus Hirtius hatte ebenfalls am Gallienfeldzug teilgenommen und war 46 v. Chr. Prätor gewesen. Jetzt bekleidete er den Prokonsulat der Gallia transalpina. Cicero erhielt von ihm am 18. April 45 einen Brief aus Narbo.

Die Präsenz eines dritten Schwergewichts aus dem engsten Kreis um Caesar erhärtet den Verdacht, dass in Narbo Dinge von großer Tragweite besprochen wurden. Warum traf man sich überhaupt hier? Sicher nicht, um in alten Erinnerungen an den Gallischen Krieg zu schwelgen. Vielleicht, weil in Narbo mit Hirtius ein weiterer Frontkämpfer aus Gallien wartete? Ein Mann, dessen Biographie der des Trebonius' zum Verwechseln ähnlich sah: auch er geboren um 90 v. Chr., auch er Aufsteiger aus dem Ritterstand, auch er notorischer Nutznießer von Caesars Gunst. Die beiden hätten Zwillingsbrüder sein können. Caesar hatte Hirtius Sitz und Stimme in den Priesterkollegien der Auguren und der Pontifices verschafft. Hirtius und Trebonius werden nicht zu dem Treffen eingeladen haben. Sie beide standen, im Gegensatz zu Antonius, tief in Caesars Schuld. Und sie waren *homines novi*. Auch seines sozialen Gewichts wegen kommt am ehesten Antonius als

Impulsgeber in Frage. Obwohl alle drei prätorischen Rang hatten und er der an Jahren Jüngste war, besaß er als Angehöriger einer altsenatorischen Sippe erheblich mehr Autorität als die beiden anderen Männer – und auf Autorität kam es an.

AKTENVERMERK DES HISTORIKERS: *Obwohl der unumstößliche Beweis fehlt, sprechen die Indizien gegen Antonius und für die von der zweiten Philippica kolportierte Version der Ereignisse. Selbst wenn Cicero die Rolle des späteren Triumvirn übertrieben haben sollte, an einem zentralen Punkt konvergieren die Quellen: Antonius hielt den Mund, er verriet die Mordpläne nicht an Caesar und machte sich so zum Mitwisser der Konspiration.*

Wenigstens im Sommer 45 hatte Antonius seinem Meister die Gefolgschaft innerlich aufgekündigt. An einem entscheidenden Glied der Ereigniskette, an deren Ende die Iden des März standen, finden wir ausgerechnet jenen Mann, der Caesar so viel zu verdanken hatte und sich später als Ultra-Loyalist ausgab. Die Inszenierung war so erfolgreich, dass selbst die Antonius-feindliche Geschichtsschreibung der Kaiserzeit von einer Verstrickung des nachmaligen Triumvirn in die Mordpläne nichts wissen wollte. Der Tag von Narbo warf, ohne dass Caesar es ahnen konnte, einen Schatten auf das System, das er auf den Trümmern des Bürgerkrieges errichten wollte. Wie lang er dauern würde, konnte im Sommer 45 noch niemand ahnen.

Octavius, oder:
Ein unbeschriebenes Blatt
(13. September 45 v. Chr.)

Im Tablinum. Das Arbeitszimmer des Hausherrn, gedämpftes Licht, gediegene Einrichtung: Marmorfußboden, Mosaike, sparsamer, aber teurer Wandschmuck, flackernde Öllampen. Der Blick öffnet sich auf den weiten, von Säulenhallen umsäumten Garten. In der Mitte steht ein schwerer Schreibtisch, darauf eine Waage. Zwei Sklaven ziehen den schweren Vorhang zur Seite, der das Zimmer vom Atrium trennt. Darin versammelt enge Vertraute des Diktators. Eine Handvoll Männer, die meisten reiferen Alters. Natürlich der Hausherr, Caesar. Caesars Sekretär Balbus. Gaius Asinius Pollio und noch ein paar weitere Senatoren aus dem engsten Kreis um Caesar. Und ein blasser junger Mann, fast noch ein Knabe. Die Herrschaften treten ein, nehmen Platz. Pollio stellt sich in die Mitte und spricht: «Ich behaupte, dass deine Familie und dein Sachvermögen in deinem Auftrag und in meiner Treuhand sind, und dieses soll, damit du rechtswirksam ein Testament machen kannst, gemäß dem Volksgesetz, von mir erworben sein.» Der Waaghalter legt ein Bronzestück auf die Waage, das Pollio ihm hingehalten hat. Dann steht Caesar auf und entgegnet: «Dies gebe und vermache ich so, wie es auf diesen Wachstäfelchen geschrieben ist, und sage es vor Zeugen, und so gebt ihr, Quiriten, mir Zeugnis.» Fünf Männer stehen auf und unterschreiben. Der Sekretär schnürt die Täfelchen zu einem handlichen Paket zusammen. Caesar holt weit aus und drückt mit einem gezielten Hieb sein Siegel darauf.[33]

Reisegesellschaft

Als Caesar aus Spanien nach Italien zurückkehrte, befand sich in seiner engsten Umgebung ein junger Mann, der eigentlich noch ein Heranwachsender war. Dennoch hatte er für einen 16-Jährigen aus wenig prominenter Familie aus dem ländlichen Velitrae einiges erreicht. Er war Mitglied im Kollegium der Pontifices, hatte beim Latinerfest anstelle der Konsuln Recht gesprochen und an den Triumphzügen teilnehmen dürfen, die Caesar nach der Rückkehr aus Afrika gefeiert hatte. Schon als 12-Jähriger hatte er die Leichenrede auf seine Großmutter Julia gehalten. So ähnlich wie einst Caesar auf seine Tante und auf seine Witwe.

Julia war das Bindeglied zwischen dem Diktator und diesem jungen Mann. Sie war Caesars zweitälteste Schwester und Gattin des aus dem ländlichen Latium stammenden Senators Marcus Atius Balbus. Julias Tochter Atia heiratete Gaius Octavius, einen römischen Ritter, der die senatorische Ämterlaufbahn eingeschlagen und es bis zur Prätur gebracht hatte. Um 59 v. Chr. war er dann plötzlich gestorben. Der gemeinsame Sohn Gaius war einer von wenigen männlichen Verwandten, die der Diktator im näheren Familienkreis hatte. Caesars einzige Tochter Julia war bei der Geburt ihres ersten Kindes gestorben, und auch dieses Kind hatte nur wenige Tage überlebt. Vermutlich von der Seite seiner ältesten Schwester hatte Caesar zwei weitere Großneffen, die er aber offensichtlich nicht für befähigt hielt, in seine Fußstapfen zu treten. Das war bei Gaius, Atias Sohn, anders. Caesar förderte den jungen Mann, wo er nur konnte. Die Investition sollte schließlich reiche Früchte tragen. Aus Gaius Octavius sollte nach wenigen Monaten der junge Caesar werden und aus dem jungen Caesar ein halbes Leben später Caesar Augustus. Caesar sah das politische Talent in ihm. An Gelegenheit, es unter Beweis zu stellen, würde kein Mangel herrschen.

Octavius' Kindheit war behütet gewesen, soweit man das von einer römischen Kindheit sagen kann. Atia hatte schützend die Hand über ihn gehalten und ihn vor zu viel Politik und zu viel Krieg bewahrt. Nach Africa, wohin er sich gemeldet hatte, wollte sie ihn partout nicht ziehen lassen. Sie wird nicht glücklich darüber gewesen sein, dass er,

Stammbaum Caesars und Augustus'

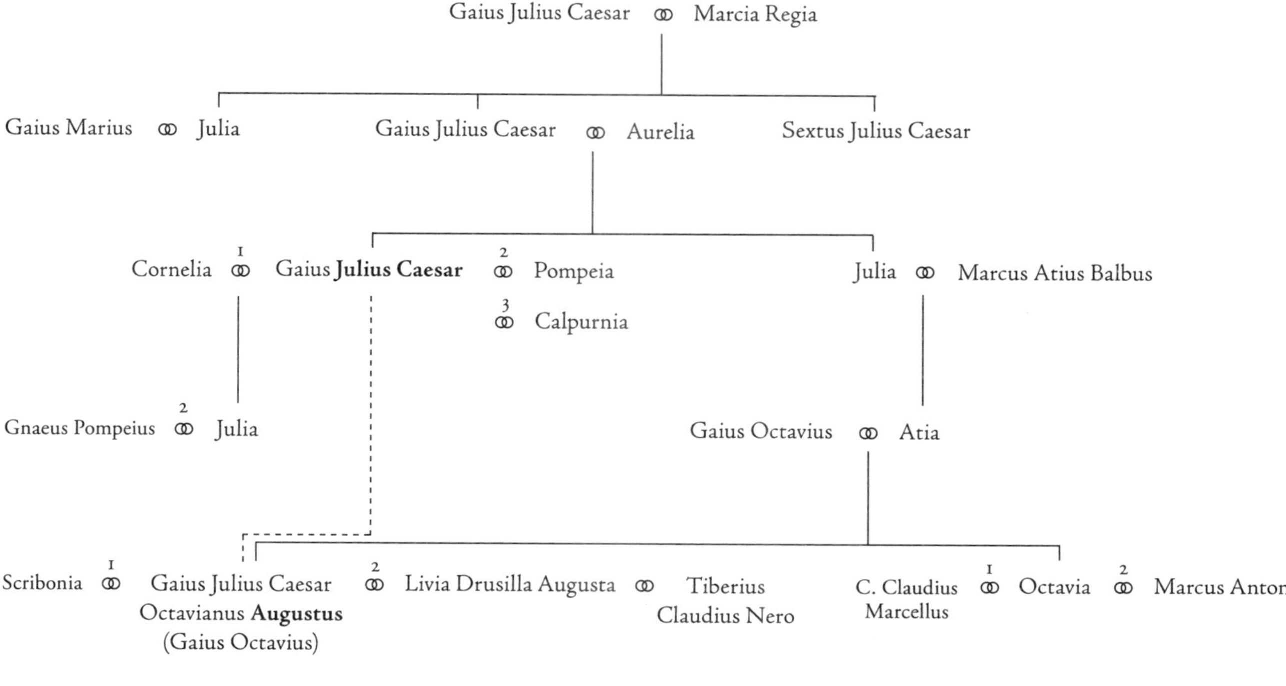

kaum dass der Onkel rief, ihm auf den spanischen Kriegsschauplatz nachreiste. Das große Gemetzel war dort bereits vorbei. Es gab nicht mehr viel zu erleben, aber er gehörte jetzt zur Entourage des Diktators. Als auch der letzte Rest des Kriegsfeuers ausgetreten war, wälzte sich ein endloser Heerwurm von Spanien nach Südgallien. Voran marschierten die Veteranen der vielfach ausgezeichneten X. Legion, die für Caesar bei Munda die Schlacht entschieden und den Sieg bereitet hatten. Die Männer freuten sich auf ihr neues Leben in Gallien. Caesar hatte die Legion aufgelöst und ihre Soldaten bei Narbo angesiedelt. Hinter den Soldaten rumpelte eine kleine Kolonne vierrädriger Reisewagen. Im vordersten saß Caesar selbst, wenn er nicht zu Fuß ging, um mit den Männern zu reden und zu scherzen.

In Narbo verließen die Soldaten der Zehnten den Zug und nahmen die Güter in Besitz, die der Diktator eben erst für sie requiriert, oder besser gesagt: ihren Vorbesitzern weggenommen hatte. Für sie rückte eine andere Legion an die Spitze. Antonius und Hirtius bereiteten Caesar einen glänzenden Empfang. Man hielt sich ein paar Tage in der gallischen Metropole auf. Beim Aufbruch gesellte sich Antonius zum Heer, und entweder schon in Narbo oder wenig später dann auch Decimus Brutus. Der eingeschworene Caesarianer bekleidete den Statthalterposten in der von Caesar frisch eroberten Gallia transalpina, die auch das «haarige Gallien» genannt wurde: Gallia comata. Den Namen hatte die Provinz von ihren Bewohnern, die, in auffallendem Gegensatz zu den Römern, ihre Haare lang trugen. Dieser Brutus hatte dort erst kürzlich die Revolte eines keltischen Stammes niedergeschlagen. Die Provinz war noch immer nicht völlig zur Ruhe gekommen.

Als der Zug sich schließlich auf Italien zubewegte, spiegelte die Sitzordnung in den Reisewagen das Ranggefüge im System Caesar: Vorne, im ersten Wagen, fuhr Antonius gemeinsam mit dem Diktator höchstselbst, im zweiten Wagen saßen Decimus und Octavius. Die Schaulustigen, die natürlich sämtliche Straßen säumten, waren an die Bedeutung solcher Gesten gewöhnt und brauchten nicht lange zu rätseln, was man ihnen damit sagen wollte: Antonius war in Gnaden wieder aufgenommen worden. Mindestens ebenso wichtig war die Information, dass Octavius endgültig im engsten Zirkel der Macht angekommen war. Obwohl noch nicht einmal 17-jährig, rangierte er auf Augenhöhe mit dem mehr als doppelt so alten Decimus, der für Caesar in Gallien ganze Flotten befehligt hatte und 45 v. Chr. parallel zu seinem Prokonsulat in der Comata die Prätur bekleidete. Antonius erfüllte es mit Genugtuung, dass die Nähe zum Diktator wiederhergestellt war. Caesar war großzügig. Er vergab Fehler.

Nicht überliefert ist, wie Decimus Junius Brutus darüber dachte, seinen Reisewagen mit einem Halbwüchsigen teilen zu müssen, der sein Sohn hätte sein können. Zur Welt gekommen um 81 v. Chr., war er ein Caesarianer der ersten Stunde, obwohl die meisten Iunii Bruti fest im republikanischen Lager standen: so wie sein entfernter Verwandter Marcus, der berühmte Caesarmörder Brutus. Vermutlich schloss sich Decimus Caesar schon vor dessen erstem Konsulat 59 v. Chr. an. Er folgte ihm nach Gallien und bewährte sich im Krieg vor allem als Flottenbefehlshaber. In der Entscheidungsschlacht um Alesia führte er den entscheidenden Angriff, der den Römern zum Sieg verhalf. Im beginnenden Bürgerkrieg hatte er gemeinsam mit Trebonius erfolgreich das abtrünnige Massilia belagert, bevor er nach Rom zurückkehrte und dort als Münzmeister für die Prägung neuer Geldstücke Verantwortung trug. Decimus korrespondierte mit Cicero, doch anders als viele Briefpartner des Elder Statesman plauderte er mit ihm nicht über Philosophie und Literatur. Seine Domäne war der Krieg, und darüber berichtete er dem militärisch eher unbeleckten Cicero. Mit kurzen Unterbrechungen hatte Decimus zehn Jahre in Gallien verbracht. Er kannte dieses weite, fremde Land wie seine Westentasche.

Decimus war ein Mann der Tat, ein Kriegsheld, auf den Caesar sich hundertprozentig verlassen konnte. Deshalb hatte der Diktator auch Großes mit ihm vor: 44 v. Chr. sollte er als Prokonsul die Gallia cisalpina übernehmen. Die Provinz war wegen ihrer geographischen Lage von fundamentaler Bedeutung. Die hier stationierten Legionen konnte der Statthalter in kürzester Zeit nach Italien und nach Rom in Marsch setzen. Vielleicht wusste oder ahnte Decimus auch bereits, dass er für das Jahr 42 dazu ausersehen war, Konsul zu werden. Glänzende Aussichten also. Eigentlich. Denn was früher einmal die Krönung jeder politischen Karriere bedeutet hatte, trug jetzt einen schalen Beigeschmack, zumal dann, wenn man als Konsul abseits des wichtigen Geschehens stand – und das hieß bei Caesar: abseits des Kriegsgeschehens. Krieg aber lag wieder einmal in der Luft. Die nach Sextus Caesars Tod völlig aus dem Ruder gelaufene Lage im Osten erforderte militärisches Handeln. Gefahr war im Verzug. Als im Sommer 46 die Flammen des Bürgerkriegs gleichzeitig in Spanien und im Orient aufgelodert waren, hatte sich Caesar entschlossen, selbst das Feuer im Westen zu löschen und die Brandbekämpfung im Osten Gaius Antistius Vetus zu überlassen. Unter dessen Vater hatte Caesar einst als Quästor in Spanien gedient. Doch die Entscheidung erwies sich als kapitaler Fehler, denn Antistius kassierte erst gegen den römischen Rebellen Bassus, dann gegen arabische Stämme und schließlich gegen die Parther krachende Niederlagen. Das war peinlich. Die schlechten Nachrichten aus Syria müssen sich bis zum Spätsommer auch im Westen herumgesprochen haben. Dass der Diktator bald an der Spitze neuer Legionen in den Osten aufbrechen würde, war deshalb beschlossene Sache.

Doch die Spatzen pfiffen von den Dächern, dass Caesar noch viel weiterreichende Pläne verfolgte. Er wolle, hieß es, den Parthern die Feldzeichen abnehmen, die sie einst von Crassus erbeutet hatten: Rache nehmen für eine der verheerendsten Niederlagen, die Roms sieggewohntes Militär jemals hatte einstecken müssen. Einige munkelten gar, er habe vor, auf den Spuren Alexanders des Großen den gesamten Orient zu unterwerfen. Das war Unsinn, doch plante Caesar in der Tat einen großen Partherkrieg, und er wäre nicht Caesar gewesen, hätte er sich nach Munda nicht unverzüglich an die Arbeit gemacht und den Feldzug im Orient minutiös geplant. Bereits im Mai 45 weiß Cicero in Briefen an Atticus von entsprechenden Vorbereitungen zu berichten. Mit Sicherheit war Caesars nächste Umgebung in Spanien wesentlich besser über den Planungsstand unterrichtet.[34]

Der Krieg im Osten würde alle bisher gekannten Dimensionen römischer Kriegführung sprengen, behauptet Plutarch. Pompeius, Lucullus, selbst Scipio Africanus, der Sieger über Hannibal: Sie würden gegen Caesar aussehen wie bloße Waisenknaben, wenn er erst das letzte Reich niedergerungen haben würde, mit dem Rom noch eine Grenze teilte. Plutarch entwirft ein geographisch haarsträubendes Szenario für die Weltherrschaft, nach der Caesar gestrebt habe:

> Denn er plante und bereitete sich darauf vor, einen Feldzug gegen die Parther zu unternehmen und, nachdem er diese unterworfen hatte, über Hyrkanien, das Kaspische Meer und den Kaukasus um das Schwarze Meer herumzumarschieren, in Skythien einzufallen und, nachdem er die an Germanien angrenzenden Länder und Germanien selbst erobert hatte, über Gallien nach Italien zurückzukehren und so den Kreis seines Imperiums zu schließen, das dann auf allen Seiten vom Meer begrenzt sein würde.[35]

AKTENVERMERK DES HISTORIKERS: *Sind Caesar solch hochfliegende Pläne zuzutrauen? Durchaus, zumal das geographische Wissen der Epoche begrenzt war und einem zeitgenössischen Beobachter Plutarchs Roadmap für den Feldzug eingeleuchtet haben mag. Allerdings war Caesar auch für sein Augenmaß und seine detaillierte Planung von Feldzügen berühmt.*

In diesem Fall plante der Diktator mit begrenzten Ressourcen: 16 Legionen sollten für den Krieg mobilisiert werden, 60 000 Mann und 10 000 Reiter, deutlich mehr als Crassus 53 v. Chr. zur Verfügung gestanden hatten, aber ungefähr so viele Soldaten, wie allein auf Caesars Seite bei Munda gekämpft hatten. Der Krieg sollte drei Jahre dauern. Caesar, der zehn Jahre in Gallien gekämpft hatte, wird wohl nicht damit gerechnet haben, in so kurzer Zeit das Partherreich vollständig niederzuwerfen und zur Provinz zu machen, geschweige denn, die Welt zu erobern. Dennoch: Es würde ein großer Krieg werden, größer vielleicht noch als der Gallische.

Deshalb dürfte Decimus auf der Reise immer wieder die Frage durch den Kopf geschossen sein, wo wohl sein Platz sein würde, wenn die Ebenen Mesopotamiens und das Hochland Irans vom Lärm römischer Marschkolonnen widerhallen würden. Nicht im Krieg, lautete jedes Mal die frustrierende Antwort, sonst hätte ihm Caesar schließlich nicht die Gallia cisalpina und den Konsulat übertragen. Ein anderer würde in der Kampagne die Hauptrolle neben Caesar spielen, und dieser Jemand war ausgerechnet der junge Mann, der ihm jetzt im Reisewagen gegenübersaß: Octavius. Caesars Großneffe war dazu ausersehen, sich Ende 45 v. Chr. mit einem kleinen Vorauskommando nach Epeiros einzuschiffen, um dort auf das Gros der Orientarmee zu warten. Deren Abmarsch war für das Frühjahr geplant. Ein 17-jähriger Milchbubi sollte in den größten Krieg der Epoche ziehen, während er, Decimus Brutus, in Italien versauerte!

Via Labicana

Es sollte noch schlimmer kommen. Viel schlimmer. Das Ziel der Reise war zunächst gar nicht die Hauptstadt. Am 17. September 45 machte die Wagenkolonne vor einem großen Landhaus in der Nähe von Labici halt. Der Ort, 20 Meilen südlich von Rom, war einst eine wichtige Stadt der Latiner gewesen, dann eine römische Kolonie. Zur Zeit der Bürgerkriege war Labici nicht mehr als ein verschlafenes Provinznest, umgeben von Obst- und Gemüsegärten. Die Römer liebten dieses Milieu. Sie betrachteten sich selbst als Volk von Bauern, das seine Wurzeln auf dem flachen Land hatte. Ähnlich wie englische Aristokraten der Neuzeit zogen sich die Senatoren gern auf ihre Landhäuser zurück. Dort war die Stadt mit ihren Versuchungen, ihrer Hektik und ihrer aus den Fugen geratenen Moral weit weg. Dort ließ man vorzugsweise seine Kinder aufwachsen. Dort traf man sich mit Freunden, hielt gepflegt Konversation und traf politische Entscheidungen. Je abgeschiedener, desto besser: Das Land war die eigentliche Herzkammer der römischen Republik.

Für Caesar war das Landhaus an der Via Labicana genau der richtige Ort, um das zu tun, was jetzt getan werden musste. Der Diktator setzte seinen letzten Willen auf – und das keineswegs zum ersten Mal. Ein erstes Testament hatte Caesar bereits als Konsul 59 v. Chr. verfasst. Begünstigter war damals sein Schwiegersohn Pompeius gewesen. Nach dem Bruch mit Pompeius muss er neue Regelungen für seinen Nachlass getroffen haben, vielleicht zugunsten von Sextus Caesar. Dadurch, dass dieser 46 v. Chr. zu Tode gekommen war, war ein erneuter Anlauf nötig geworden. Auf wen sollte die Wahl fallen? Auf Antonius, seinen Waffengefährten, der für ihn mehr als einmal die Drecksarbeit erledigt hatte? Auf Lepidus, der ihm als Reiteroberst diente? Auf Decimus Brutus, den versierten Militär? All diese Männer gingen leer aus, als Caesar an der Via Labicana dem Sekretär seinen letzten Willen in die Feder diktierte.

Ausschlaggebend für seine Kür des Haupterben waren drei Erwägungen. Erstens: Mit Caesar würde kein Privatmann sterben, sondern der unbestrittene Herrscher über die römische Welt. Caesars Biograph Christian Meier hat bestritten, dass dem Testament ein dynastischer Gedanke innegewohnt habe. Er meint, Caesar habe dem Erben nur sein Vermögen und seine Anhängerschaft, nicht aber seine Sonderstellung vermacht. Doch das stimmt nicht. Der Erbe würde aus einer privilegierten Position ins Rennen um die Nachfolge einsteigen, das wusste niemand besser als Caesar. Er bedachte genau, welche Machtmittel er ihm in die Hand gab – und wer einst in der Lage sein würde, aus diesen Machtmitteln eine eigene Herrschaft zu formen. Zweitens: Antonius, Lepidus und Decimus besaßen, jeder für sich, herausragende Fähigkeiten. Aber in keinem von ihnen steckte ein Caesar, der all ihre Begabungen in sich vereinte. Die Einheit von absoluter Skrupellosigkeit und strategischem Weitblick, diese typisch caesarische Mischung, sah er im näheren Umkreis nur in einem einzigen Mann: Octavius. Drittens: Blut war dicker als Wasser. Bei der enormen Bedeutung, die Römer der Genealogie beimaßen, würde die Verwandtschaft mit Caesar ein unwiderlegbares Argument sein, sobald Caesar tot war. Das kolossale symbolische Kapital, das der Diktator aufgehäuft hatte, würde auf seinen Erben übergehen. Am plausibelsten war die Übertragung dann, wenn dieser Erbe mit ihm blutsverwandt war. Deshalb kam nur ein Kandidat in Frage: Octavius.[36]

Und weil die Übertragung des symbolischen Kapitals auf Octavius dann am allerplausibelsten war, wenn er auch noch Caesars Namen tragen würde, adoptierte er ihn *in ima cera*, am Ende der Schreibtafel. Am Tag von Caesars Tod würde Gaius Octavius sich in Gaius Julius Caesar verwandeln, er würde von der obskuren *gens Octavia* in die patrizische *gens Iulia* wechseln. Sueton referiert den Inhalt des Testaments in seiner Caesar-Biographie:

> In seinem Testament benannte er jedoch drei Erben, die Enkel seiner Schwestern, Gaius Octavius für drei Viertel seines Vermögens und [seine Großneffen von der älteren Julia] Lucius Pinarius und Quintus Pedius für den Rest. Am Ende der Schreibtafel nahm er auch Gaius Octavius in seine Familie auf und gab ihm seinen Namen. Zu den Vormündern seines Sohnes, falls ihm einer geboren werden sollte, ernannte er mehrere seiner Mörder und Decimus Brutus sogar zu seinem Erben zweiten Grades. Dem Volk hinterließ er seine Gärten am Tiber zum gemeinsamen Gebrauch und jedem Mann dreihundert Sesterze.[37]

Man sieht: Es ging nicht nur um symbolisches Kapital, sondern auch um Geld. Viel Geld. Aus dem armen Schlucker Caesar war dank der Beute aus dem Gallischen und dem Bürgerkrieg der mit Abstand reichste Mann Roms geworden. Sein Erbe würde, auch nachdem die Verwandten ausbezahlt waren, über ein Riesenvermögen verfügen können. Doch zum Erben bestimmte Caesar nicht nur Octavius, sondern auch das römische Volk. 300 Sesterze, für kleine Leute ein Batzen Geld, sollte jeder Bürger erhalten. Der Diktator wäre ein politischer Anfänger gewesen, hätte er nicht die Bedeutung dieser Klausel in vollem Umfang durchdrungen: Caesars Erbe würde eines Tages auf dem Forum stehen, Caesars Namen tragen und Caesars Geld auszahlen. Wer könnte sich je mit einem Wohltäter dieses Kalibers messen? Caesar legte schon zu Lebzeiten fest, dass sich ein Teil des nachgelassenen Barvermögens nach seinem Ableben in symbolisches Kapital verwandeln sollte. Geld war für den Diktator schon immer Mittel zum Zweck gewesen. So würde es auch sein Erbe halten.

Damit ein letzter Wille Gültigkeit erlangte, bedurfte es des juristischen Rituals der *mancipatio*, das zu Anfang dieses Kapitels beschrieben ist. Die Wachstäfelchen, auf denen Caesar seinen letzten Willen aufgeschrieben hatte, wurden nach dem Aufsagen der Formel zu einem Paket verschnürt und einem Boten anvertraut. Dieser brachte sie auf dem schnellsten Weg zum Tempel der Vesta auf dem Forum Romanum. Dort nahm die Oberpriesterin das Dokument im Empfang. Caesar hatte sein Testament gemacht.

Deo invicto

Caesar verweilte noch mehrere Wochen auf seinem Landsitz, bevor er sich Anfang Oktober zur Weiterfahrt nach Rom entschloss. Die Hauptstadt war auf seinen Empfang vorbereitet. Wieder war ein Triumph zu feiern. «Dies war der letzte Krieg, den Caesar führte», schreibt Plutarch über den Spanienfeldzug. Er fügt hinzu:

> Der Triumph, der dafür gefeiert wurde, ärgerte die Römer wie nichts anderes. Denn es wurde nicht eines Sieges über fremde Feldherren oder barbarische Könige gedacht, sondern der völligen Vernichtung der Söhne und der Familie des Mächtigsten der Römer, die ins Unglück gestürzt waren; und es stand Caesar nicht an, für das Unglück seines Landes einen Triumph zu feiern, da er sich Taten rühmte, die vor Göttern und Menschen keine Rechtfertigung hatten, außer der, dass sie aus der Not heraus vollbracht worden waren. Im Übrigen hatte er zuvor weder Boten noch Briefe geschickt, um dem Volk einen Sieg in den Bürgerkriegen zu verkünden, sondern hatte den daraus resultierenden Ruhm stets gewissenhaft von sich gewiesen.[38]

In die Freude über die Feierlichkeiten, die Spiele und die Geschenke, die Caesar verteilte, mischte sich also kaum verhohlener Unmut. Die Siegesfeiern des Jahres 46 hatte Caesar so verpacken können, dass sie aussahen wie Triumphe über auswärtige Feinde: Immerhin waren auf den Schlachtfeldern in Ägypten und Afrika auch fremde Völkerschaften bezwungen worden. Dennoch hatten die Schaulustigen selbst damals schon gegrummelt. In Spanien hatten ausschließlich römische Bürger einander totgeschlagen, und noch nie hatte ein Feldherr einen Triumph über seine Landsleute gefeiert. Dass Caesar mit seinen eigenen Gewohnheiten brach, quittierten die Römer ebenfalls mit Befremden. Der Diktator hatte zuvor Gnade geübt und Wunden geheilt. Jetzt riss er neue auf. Meinte Caesar, sich das leisten zu können, weil er endlich fest im Sattel saß? Diese Möglichkeit deutet Cassius Dio an, der die Ereignisse ebenfalls kritisch beleuchtet. Die Römer hätten sich darüber lustig gemacht, dass der Konsul Fabius Maximus und Caesars Großneffe Pedius ebenfalls Triumphe feiern durften, obwohl sie zu dem Sieg rein gar nichts beigetragen hatten.[39]

Bei dieser Gelegenheit offenbarte Caesar eine bisher nicht an ihm gekannte Reizbarkeit. Als er auf seinem Triumphwagen an der Bank der Volkstribune vorbeifuhr, blieb einer der Magistrate, der ehemalige Pompejaner Lucius Pontius Aquila, wider alle Tradition und Anstand einfach sitzen. Er hielt den Triumph für einen Affront und hatte den Mumm, das auch öffentlich kundzutun. Caesar wandte sich um und fuhr ihn an: «Komm nur, Aquila! Nimm dir nur deine Republik von mir zurück, du Tribun, du!»[40]

Kam hier ein neuer Caesar zum Vorschein? Der Diktator hatte im Laufe seines langen politischen Lebens viele Häutungen vollzogen. Er hatte als Außenseiter begonnen, sich dann mit einem radikal-popularen Programm als Konsul durchgesetzt, war als Feldherr in Gallien der große Abwesende der römischen Politik gewesen und hatte schließlich im Bürgerkrieg erfolgreich für sich das Image eines über den Parteien stehenden, auf Ausgleich bedachten Staatsmannes geschaffen. In Spanien war Caesars Milde in ein bitteres *vae victis* («Wehe den Besiegten!») umgeschlagen. Die republikanischen Heere wurden niedergekämpft, ganze Städte hart bestraft. Gnaeus Pompeius wurde gejagt und getötet, sein abgetrennter Kopf Caesar überreicht. Hatte die Brutalität des Krieges die *clementia Caesaris* zum Versiegen gebracht? Oder war es so, wie Dio behauptete? Glaubte Caesar, sie nicht mehr nötig zu haben, weil niemand es mehr wagen würde, seine Herrschaft anzufechten?

Nach Munda trat das System Caesar in eine neue Phase. Sichtbar machten das auch die Ehrungen, die der Senat für ihn beschloss, kaum war am 20. April – also über einen Monat nach der Schlacht – die Nachricht vom Sieg des Diktators nach Rom gedrungen. Man dekretierte abermals prachtvolle Spiele und einen jährlichen Festtag zum dauernden Andenken. Der Tag wurde auf den 21. April gelegt. Ausgerechnet, denn das war der traditionelle Stadtgeburtstag der Tibermetropole. Die Botschaft war unmissverständlich: Caesar war durch Munda zum zweiten Gründer Roms geworden. Er wurde für zehn Jahre zum Konsul bestellt, Entscheidungen über Krieg und Frieden sowie die Finanzen sollten allein ihm obliegen. Offensichtlicher als durch solche Beschlüsse konnte man die politische Ordnung der Republik nicht außer Kraft setzen. Schließlich hatte sie auf Machtteilung und zeitlicher Begrenztheit der Magistraturen beruht.

Ihm wurde außerdem der Titel «Vater des Vaterlandes», *pater patriae,* zuerkannt und das Recht, sich ständig *imperator* nennen zu dürfen, ja *liberator,* Befreier. Der Senat billigte den Bau eines Tempels für die Göttin Libertas. Nicht wenige werden sich des Libertas-Heiligtums erinnert haben, das einst Clodius auf den Trümmern von Ciceros Haus errichtet hatte. Hatte ausgerechnet Caesar der Freiheit zur Geltung verholfen? Dem Beschluss haftete offensichtlich ein Geschmäckle an. Schließlich durfte er wie ein Triumphator zu allen möglichen Anlässen einen goldbestickten Purpurmantel und den Lorbeerkranz auf dem Kopf tragen, das Symbol des höchsten Staatsgottes Jupiter. Noch bedeutsamer war, dass im Tempel des Gottes Quirinus – ein anderer Name für Romulus – eine Statue Caesars aufgestellt werden sollte, unter der die Inschrift prangte: «Für den unbesiegten Gott», *Deo invicto.* Wer dieser Gott war, wurde im Ungefähren gelassen. Für viele Besucher dürfte es nicht Quirinus gewesen sein. Caesars Statue wurde auch auf dem Kapitol aufgestellt, gleich neben den Standbildern der Könige und des Republikgründers Brutus. Für Spott und Empörung sorgte eine bizarre Ehrung: Wagenrennen wurden traditionell mit einer

Prozession eröffnet, die im Circus Maximus endete. Auf den Umzügen war künftig eine Caesar-Statue aus Elfenbein mitzuführen. Cicero machte sich im Mai 45 in einem Brief an Atticus über Caesar «im feierlichen Aufzug» lustig, «diesen Hausgenossen des Quirinus». Als der elfenbeinerne Caesar zum ersten Mal in den Circus Maximus einfuhr, blieben die Römer, die zu Hunderttausenden auf den Rängen versammelt waren, einfach sitzen.[41]

Die Ehrungen wurden Caesar natürlich nicht gegen seinen Willen aufgezwungen. Dennoch ging die Initiative von starken Kräften im Senat aus. Roms alte Elite begann sich mit der Diktatur zu arrangieren. Eine große Gruppe von Senatoren suchte, ähnlich wie Cicero, ihr Heil darin, dem Diktator Zeichen ihrer unverbrüchlichen Treue zu geben:

> Es war Cicero, der die ersten Ehrungen für ihn im Senat vorschlug, und ihre Größe war ja nicht zu groß für einen Mann; aber andere fügten übertriebene Ehrungen hinzu und wetteiferten miteinander sie vorzuschlagen, so dass Caesar wegen der Anmaßung und Extravaganz dessen, was ihm da verordnet wurde, selbst den mildesten Bürgern verhasst und widerwärtig war. Man nimmt auch an, dass die Feinde Caesars, nicht weniger als seine Schmeichler, dazu beitrugen, diese Maßnahmen durchzusetzen, damit sie möglichst viele Vorwände gegen ihn hatten und man glaubte, sie hätten die besten Gründe, ihm nach dem Leben zu trachten.[42]

Cicero läutete, anders als Plutarch behauptet, wohl kaum den Marathon der Ehrungen und Lobpreisungen ein, denn er hatte ein wasserdichtes Alibi. Im Februar war seine über alles geliebte Tochter Tullia gestorben, und der Senator zog sich gramgebeugt für Monate aus Rom zurück. Auch der Gedanke, dass Gegner Caesars den Überbietungswettbewerb gezielt anheizten, ist, so verführerisch er ist, vermutlich irreführend. Vielmehr wählten die Senatoren, indem sie vor allem göttliche Ehren für Caesar beschlossen, den für sie schmerzlosesten Weg der Loyalitätsbekundung. Göttlichkeit war für die Römer, anders als für moderne Monotheisten, keine absolute, sondern lediglich eine relative Kategorie. Schon gar nicht war sie eine Frage des Glaubens. Wenn jemand so viel Macht hatte wie Caesar, dann stand außer Zweifel, dass er göttliche Qualitäten hatte. Die Asymmetrien im Machtgefüge konnte im Frühjahr 45 niemand mehr leugnen, deshalb kostete es die Senatoren nicht viel mehr als ein müdes Lächeln, sie mit göttlichen Ehren zu unterfüttern. Solche Ehrungen für Caesar kamen aus dem Werkzeugkasten der auch heute noch bewährten Symbolpolitik. Anders sah es da mit den politischen Privilegien aus, die ihm ebenfalls, wenngleich recht sparsam, zuerkannt wurden. Konsulate waren eine harte Währung, und jedes Mal, wenn Caesar das höchste Staatsamt bekleidete, musste ein Senator leer ausgehen. Wiederum Symbolpolitik war der Eid, den alle Senatoren ablegten: Sie würden Caesars Leben mit ihrem eigenen verteidigen, schworen sie dem Diktator. Als wie bindend mochten die hohen Herren diesen Eid wohl empfunden haben?

Vermeintlich im Widerspruch zu diesem Caesar, der geradezu lustvoll den endgültigen Bankrott der pompejanischen Partei und seine eigene, scheinbar durch nichts zu brechende Macht auskostete, steht ein anderer, der das bereits begonnene Versöhnungswerk nahtlos fortsetzte. Auch der Diktator setzte auf Symbolpolitik:

> Viele von denen, die gegen ihn gekämpft hatten, begnadigte er, und einigen verlieh er sogar noch Ehren und Ämter, wie Brutus und Cassius, die beide jetzt Prätoren waren. Die Statuen des Pompeius, die gestürzt worden waren, ließ er nicht nur stehen, sondern stellte sie wieder auf, worauf Cicero bemerkte, Caesar festige mit der Wiederaufrichtung dieser Statuen nur seine eigenen. Als seine Freunde ihm rieten, sich eine Leibwache zuzulegen, und viele von ihnen sich freiwillig für diesen Dienst meldeten, versagte er seine Zustimmung. Es sei doch besser, ein einziges Mal zu sterben, als ständig den Tod zu erwarten..[43]

Plutarch berichtet auch, Caesar habe zum Dank für seinen Sieg gelobt, einen Tempel für die Göttin Clementia errichten zu lassen. Das Bauwerk mit seiner Viersäulenfront ist auf einem Silberdenar des Münzmeisters Publius Sepullius Macer aus dem Jahr 44 zu sehen. Ob es

Silberdenar des Publius Sepullius Macer, 44 v. Chr.
Avers: Front eines Tempels. Legende: CLEM[E]NTIAE CAESARIS.
Revers: Reiter auf galoppierendem Pferd nach rechts vor Lorbeerkranz.
Legende: P(*ublius*) SEPVLLIVS MACER.

tatsächlich auch realisiert wurde, ist jedoch unsicher. Das Wohlwollen der Mitmenschen schien Caesar offenbar die wirksamste Lebensversicherung zu sein. Darin sollte er sich täuschen.

Lacrimas non teneres

Das Jahr 45 endete mit einer Farce. Am 31. Dezember, einen Tag, bevor er das Amt an Caesar und Antonius als seine Nachfolger abgeben sollte, starb der Konsul Fabius Maximus. Caesar hatte ihn und Trebonius im Oktober zu Konsuln ernannt, ohne dass eine Wahl stattfand. Die Wahl wäre eine reine Formsache gewesen, weil die Komitien keinen Kandidaten Caesars hätten durchfallen lassen, aber sie hätte dem Verfahren wenigstens den Anstrich republikanischer Kontinuität gegeben. Auf diesen Lack verzichtete Caesar. Wozu hatte der Senat ihn ermächtigt, Magistrate zu ernennen, statt sie wählen zu lassen? Caesar hätte es damit bewenden und den Konsulat am Neujahrsabend einfach vakant lassen können. Stattdessen führte er auf dem Marsfeld, wo die Komitien zur Wahl schritten, eine Komödie auf, über die Cicero in launigen Worten seinem Freund Curius berichtet:

> In der Tat warst du sicherlich nicht auf dem Marsfeld, als zur zweiten Stunde [9 Uhr] nach Beginn der Quästorwahlen der Stuhl des Quintus [Fabius] Maximus aufgestellt wurde, von dem man sagte, er sei Konsul gewesen. Als er für tot erklärt wurde, wurde der Stuhl weggetragen. Er [Caesar] aber, der doch nur für die [nach Wahlabteilungen (*tribus*) aufgestellten, die niederen Beamten wählenden] Tributkomitien die Auspizien vorgenommen hatte, hielt jetzt die [für die Wahl der hohen Magistraturen zuständigen und nach Zenturien gegliederten] Zenturiatskomitien ab und verkündete um die siebte Stunde herum [12.30 Uhr] den Konsul, der bis zu den Kalenden des Januar [1. Januar] amtieren sollte, die am nächsten Morgen anbrechen würden. So wisse also, dass unter dem Konsul Caninius niemand zu Mittag gegessen hat. Dennoch ist unter diesem Konsul nichts Schlimmes passiert. Denn er war von einer erstaunlichen Wachsamkeit: Während seiner gesamten Amtszeit hat er nicht eine Sekunde geschlafen.[44]

Wir wissen nicht, wie Curius reagierte, als er diese Zeilen las. Etlichen römischen Aristokraten wird aber das Lachen im Halse stecken geblieben sein, als sie Zeugen des ungeheuerlichen Geschehens auf dem Marsfeld wurden. Caesar zeigte seinem Publikum unmissverständlich, was er von den ehrwürdigen Institutionen der Republik hielt: nämlich nichts. Der Konsul war beliebig austauschbar, seinen Stuhl konnte man herbei- und wieder wegschaffen. Was die Komitien zu wählen hatten, ob Quästoren oder einen Konsul, war egal. Da sie schon einmal angetreten waren, ließ man sie in anderer Formation gleich noch einmal abstimmen. Für welche Wahl Caesar die Vorzeichen eingeholt hatte, spielte ebenfalls keine Rolle. Krönung der bizarren Veranstaltung war der neue Konsul Gaius Caninius Rebilus selbst: ein hundertfünfzigprozentiger Caesarianer aus der dritten Reihe, der sich für ein paar Stunden Konsul nennen durfte und danach wieder in der historischen Versenkung verschwand, aus der er so plötzlich aufgetaucht war.

Cicero meinte, von solchen Vorgängen zu hören, sei erträglicher als sie mitansehen zu müssen. Curius mögen diese Dinge lächerlich scheinen, schreibt er, denn er sei ja nicht dort gewesen. «Wenn Du so etwas mit ansehen müsstest, könntest Du die Tränen nicht zurückhalten», *lacrimas non teneres*. Und die «Wahl» des Caninius sei nur die Spitze des Eisberges: Unzählige Dinge dieser Art würden passieren, Trost finde man in Zeiten wie diesen allein in der Philosophie.[45]

Die Farce vom Neujahrsabend war ein Warnzeichen längst nicht nur für aufrechte Republikaner wie Cicero. Jeder, der in Rom Rang und Namen hatte, konnte nun wissen, woran er bei Caesar war. Die verbliebenen Pompeius-Anhänger hatten erleben müssen, wie der Diktator ihre Freunde jagte und vernichtete. Doch nicht nur das. Er ließ sich hochleben für den Sieg von Munda, der zehntausende Bürger das Leben gekostet hatte, und feierte nach seiner Rückkehr einen Triumph, wie ihn die Hauptstadt noch nicht gesehen hatte. Caesars alte Freunde sahen fassungslos mit an, wie einer der Ihren zur Witzfigur gemacht wurde. Sie waren sich sicher gewesen, im Kielwasser des Diktators Karriere machen und die republikanische Konkurrenz bei Wahlen auf die Plätze verweisen zu können. Doch Caesar hatte die Überlebenden der Gegenpartei kurzerhand rehabilitiert und etliche dieser Männer an seinen eigenen Leuten vorbeiziehen lassen. Und er dachte überhaupt nicht daran, selbst wieder zurück ins Glied zu treten, wie Sulla es einst getan hatte. Caesar war gekommen, um zu bleiben. Sicherheitshalber hatte er sich schon einmal den Konsulat für die nächsten zehn Jahre reservieren lassen. Ein Federstrich hatte die Zahl freier Stellen im höchsten Amt halbiert. Die hochfliegenden Hoffnungen so mancher seiner Anhänger waren Ende 45 tiefem Pessimismus gewichen.

Und dann war da noch Octavius. Die Öffentlichkeit wusste nicht, dass Caesar ihn zum Erben auserkoren hatte. Ahnten es die Männer in seinem Umfeld? Was wusste Lepidus, was Antonius, was Brutus? Kein Geheimnis war, dass der Diktator den jungen Mann in seiner nächsten Umgebung hielt und dass er ihn für die zweite Jahreshälfte 44 zum Reiteroberst bestimmt hatte: für seine offizielle Stellvertretung also. Wenn Caesar dynastische Pläne hegte, wofür viel spricht, würde die gläserne Decke, die ihrer aller Aufstieg im Wege stand, so schnell nicht verschwinden. Das Problem würde sich vielmehr in die nächste Generation vererben. Für die karrierebewussten Aristokraten, die überwiegend in der Blüte ihrer Jahre standen, war das die bitterste Pille von allen, die Caesar sie schlucken ließ. Ob Octavius etwas von ihren trüben Gedanken ahnte? Er schiffte sich im Dezember mit seinen Freunden Marcus Agrippa und Gaius Maecenas nach Epeiros im südwestlichen Balkan ein. Die drei widmeten sich in Apollonia ihren Studien. Hauptsächlich aber wartete Octavius in der Griechenstadt auf den Marschbefehl, mit dem der Diktator ihn in den Partherkrieg schicken würde.

Kleopatra, oder:
Ein Diadem ist eines zu viel
(26. Januar 44 v. Chr.)

Marullus staunt nicht schlecht. Der Volkstribun hat soeben das Amtslokal am Forum verlassen, um die mittägliche Januarsonne zu genießen. Viel zu tun gibt es nicht. In Caesars neuem Staat wird ein Volkstribun nur tätig, wenn der Diktator ihn braucht. Heute ist keine Senatssitzung einzuberufen, kein Gesetz einzubringen, kein Veto einzulegen. Gut so. Morgen ist das Latinerfest, da muss er mit den anderen Magistraten zum Albanerberg reiten. Doch was ist das? Gerade ist er von der Via Sacra auf den Forumsplatz abgebogen und steht vor Caesars neuer Rednertribüne, diesem hässlichen Monstrum. Auf das Bauwerk hat der Diktator seine eigene Statue setzen lassen, aus purem Gold. Angeber! Und was trägt die Statue da auf dem Kopf? Eine weiße Binde. Hinter dem Kopf ist sie verknotet. Marullus weiß nur allzu gut, was das ist. Solch eine Binde ist viel mehr als ein Stück Stoff. Alexander hat sie getragen und der Ägypter Ptolemaios trägt sie noch immer. Was er da sieht, ist ein Diadem, das Symbol königlicher Würde bei den Griechen. Marullus läuft zurück ins Amtslokal, so schnell es mit der Toga eben geht. Dort trifft er seinen Kollegen Flavius. Als der erfährt, was geschehen ist, bekommt er einen anständigen Wutanfall. Gemeinsam beschließen sie: Das Diadem muss weg.

Dolabella

Hinter den Kulissen von Caesars neuem Staat waren die Grabenkämpfe auch nach dessen Rückkehr aus Spanien unvermindert weitergegangen. Antonius konnte sich als designierter Konsul für das Jahr 44 rehabilitiert fühlen. Caesar hatte mit Ehrungen für seinen ehemaligen Vize nicht gegeizt. Dass zwischen ihm und dem Diktator wieder ein freundschaftlicher Umgang herrschte, konnte allerdings nicht darüber hinwegtäuschen, dass sich das Machtgefüge dramatisch verändert hatte. Antonius war nicht länger der zwangsläufige Zweite, stattdessen war die Hackordnung kompliziert geworden und vor allem umkämpft. Vermutlich wollte Caesar genau das. Indem er die Hierarchie beweglich hielt, schuf er Anreize für seine Umgebung, sich mit Leistungs- und Loyalitätsbeweisen gegenseitig zu überbieten. Mehrere Männer konnten sich besonderer Nähe zu Caesar rühmen und rivalisierten um herausgehobene Stellungen: Lepidus, der nach wie vor als Reiteroberst den Diktator vertrat; Octavius, dem Caesars Erbe und Name winkten; Marcus Brutus, der 44 v. Chr. die begehrte Stellung des Stadtprätors bekleiden würde.

Ein aufsteigender Stern am Firmament von Caesars Staat war auch der verarmte Patrizier Publius Cornelius Dolabella. Geboren 69 v. Chr. und somit gerade erst Mitte 20, hatte Ciceros Schwiegersohn bereits zur Genüge von sich reden gemacht. Er hatte früh Partei für Caesar ergriffen und im Bürgerkrieg gegen Pompeius gekämpft. Außerdem war er ein berüchtigter Lebemann, der auf dem gesellschaftlichen Parkett der Hauptstadt nichts anbrennen ließ. Möglicherweise war er auch in Kleopatras Haus in Trastevere ein gern gesehener Gast. Später jedenfalls wurden die ägyptische Königin und der römische Patrizier enge Bundesgenossen. Auf jeden Fall war Dolabella ein Frauenheld. Cicero war äußerst ungehalten darüber, dass er Tullia, die er vor allem ihres Geldes wegen geheiratet hatte, nach Strich und Faden betrog. Als Volkstribun war er 47 v. Chr. in bester Clodius'scher Manier auf popularem Ticket unterwegs und forderte Schuldenerlass für alle. Ebenfalls wie Clodius umschiffte er das Problem seiner patrizischen Herkunft, indem er sich von einem Plebejer adoptieren ließ. Und genau wie sein großes Vorbild ließ er dann, kaum gewählt, die Schlägertrupps los und entfesselte auf den Straßen Roms den nackten Terror. Bei diesem Tun kam ihm Antonius in die Quere: Er konterte Gewalt mit Gewalt und richtete ein Blutbad unter Dolabellas Anhängern an. Beste Freunde, so viel zeichnete sich im Blutjahr 47 bereits ab, würden aus Antonius und dem etwa 15 Jahre Jüngeren nicht mehr werden.

Auch deshalb war es für den designierten Konsul eine schallende Ohrfeige, dass Caesar Ende 45 v. Chr. erklärte, er würde rechtzeitig vor dem Aufbruch in den Partherkrieg von seinem Konsulat zurücktreten, um Platz für Dolabella zu machen. Eigentlich war der ehrgeizige junge Mann in keiner Weise für das Amt qualifiziert. Vom traditionellen Mindestalter von 43 Jahren war er noch ein gutes Stück entfernt. Außerdem hatte er lediglich den Volkstribunat absolviert, nicht aber die Prätur. Caesar hatte ihn offensichtlich auf die Überholspur gesetzt, und das konnte nur böses Blut bei denen geben, die jetzt das Nachsehen hatten. Antonius trieb die Aussicht, gemeinsam mit Dolabella Konsul zu sein, die Zornesröte ins Gesicht. Als am 1. Januar 44 die neuen Magistrate ins Amt eingeführt wurden, mussten die fassungslosen Senatoren beobachten, wie Antonius heftig gegen Dolabella auskeilte. Der zahlte es seinem Widersacher mit gleicher Münze heim. «Gute Götter, was hat Antonius in seinem Zorn nicht alles gesagt», resümiert Cicero später dessen Schimpftirade. Der frischgebackene Konsul verstieg sich sogar zu der Drohung, in seiner Eigenschaft als Augur werde er Dolabellas Wahl für ungültig erklären.[46]

Caesars Reaktion bestand darin, dass er Dolabellas Konsulat vorerst auf Eis legte. Sein – mittlerweile – ehemaliger Schwiegersohn sei «gedrängt, ermutigt und hereingelegt» worden, kommentiert Cicero. Dolabella war zu Recht enttäuscht von Caesar. Aber auch Antonius dürfte die Sache sauer aufgestoßen sein. Es war ein bitter erkämpfter Sieg, noch dazu einer, der zeigte, wie es um seine Sache stand: Er musste sich mit naseweisen Bengeln wie Dolabella auf eine Stufe stellen lassen. Kurz nach dem Schlagabtausch im Senat denunzierte ein unbekannter Informant Antonius und Dolabella.

AKTENVERMERK DES HISTORIKERS: *Beschuldigte er sie etwa eines gemeinschaftlichen Komplotts gegen Caesar? Sollte dem so gewesen sein, ist kaum sicher zu sagen, was hinter der Anzeige steckte.*

Caesar gab nichts auf den Hinweis. Er tat ihn mit der verächtlichen Bemerkung ab, er fürchte sich nicht vor langhaarigen Fettsäcken, eher schon vor den Blassen, Dünnen. Offenbar tendierten Antonius und Dolabella zu einer gewissen Leibesfülle. Cassius und Brutus waren rank und schlank.[47]

Regina

Caesar hatte einst die Scheidung von Pompeia erwirkt, weil sie mit Clodius in die Bona-Dea-Affäre verstrickt und er der Überzeugung war, sich keine Ehefrau leisten zu können, deren Treue nicht über jeden Zweifel erhaben war. Er hatte Antonius gemaßregelt, weil der Vize sein Privatleben nicht im Griff hatte. An sich selbst legte der Diktator nicht solch strenge Maßstäbe an. Sein Biograph Sueton führt gar eine lange Liste der «vielen berühmten Frauen», die Caesar verführt habe: Postumia, die Frau des Servius Sulpicius; Lollia, die Frau des Aulus Gabinius; Tertulla, die Frau des Marcus Crassus; und sogar Mucia, die Frau des Gnaeus Pompeius. Vor allen anderen habe er Servilia geliebt, die Mutter des Marcus Brutus und Halbschwester Catos, die in zweiter Ehe mit dem 60 v. Chr. gestorbenen Decimus Junius Silanus verheiratet war.[48]

Plutarch berichtet, Caesar habe 63 v. Chr. einen unerwarteten Brief erhalten, als im Senat über das Schicksal der Verschwörer um Catilina gestritten wurde. Cato äußerte den Verdacht, der Brief stamme von den Verschwörern und Caesar stecke mit ihnen unter einer Decke. Daraufhin händigte Caesar ihm das Schriftstück aus. Der verdutzte Cato las einen Liebesbrief, aber einen, der es in sich hatte. Geschrieben hatte ihn nämlich Catos Halbschwester höchstpersönlich. Zu diesem Zeitpunkt war Servilia wohlgemerkt noch verheiratet. Während seines

Konsulats soll der hoch verschuldete Caesar seiner Geliebten eine Perle geschenkt haben, die den astronomischen Preis von sechs Millionen Sesterzen gekostet hatte. Über das Liebespaar erzählte man sich wüste Geschichten: Servilia soll ihre Tochter Junia Tertia mit Caesar verkuppelt und dafür von ihm Immobilien zum Dumpingpreis erworben haben. So weit die Gerüchteküche. Gesichert ist, dass Brutus als Servilias Sohn bevorzugt Caesars Pardon erhielt.[49]

Ein zeitgenössisches Zeugnis für die überschäumende Libido des Diktators sind Catulls Spottverse. «Freche Tunten», *improbi cinaedi*, seien Caesar und sein Kumpan Mamurra, «Möchtegernfeingeister», *erudituli*, die sexuell allen möglichen Leuten zu Diensten sind, *pathici*, und um die Gunst der Mädchen wetteifern, *rivales socii puellarum*. Glaubt man dem Poeten, dann konnte Caesar von amourösen Abenteuern gar nicht genug bekommen. Auch homoerotische Beziehungen dichtet Catull dem Diktator an. Solche Schmähungen sind stereotyp und deshalb harmlos. Über Caesars Liebesleben müssen in Rom unzählige Gerüchte im Umlauf gewesen sein. Dass der Diktator in Sachen Sex nichts anbrennen ließ, war wohl Stadtgespräch. Kein Rauch ohne Feuer, werden viele gedacht haben. Doch über die Mächtigen dieser Welt haben sich die Leute zu allen Zeiten das Maul zerrissen. Die Schlüssellochperspektive war auch den Römern nicht fremd, im Gegenteil: Die Geschichtsschreibung der römischen Kaiserzeit kolportierte genüsslich alle möglichen Skandale aus dem Palast, und Sexgeschichten rangierten in der Beliebtheitsskala stets ganz oben. Speziell die Biographien Suetons sind in dieser Hinsicht eine reichlich sprudelnde Quelle. Der Briefschreiber Cicero, das sei zu seiner Ehre gesagt, verzichtete darauf, die Gerüchteküche weiter anzuheizen.

Schadete der Klatsch dem Ruf des Diktators? Caesar für seinen Teil scheint ihn achselzuckend akzeptiert zu haben. Catulls Verse fielen nicht der Zensur zum Opfer. Und der große Mann ertrug es auch, dass seine Soldaten in Spottliedern die Römer ermahnten, doch ja auf ihre Frauen aufzupassen. Denn ein «kahler Ehebrecher», *moechus calvus*, treibe sein Unwesen – die Anspielung auf Caesars beginnende Glatze war unschwer zu entschlüsseln. Ihr Feldherr, sangen die Soldaten, habe in Gallien das Gold «verfickt», *effutuit*, das er sich in Rom geliehen habe. Vermutlich wusste Caesar, dass die Bürger, ob Soldaten oder Zivilisten, ein Ventil brauchten, sollten sie seine grenzenlose Macht akzeptieren.[50]

Ein ganzes Kapitel widmet Sueton der Beziehung zwischen Caesar und Kleopatra. Auch mit Königinnen habe der Diktator Affären unterhalten, weiß der Biograph zu berichten und nennt an erster Stelle Eunoe, die Frau des Königs Bogud von Mauretanien. Bogud war während des zweiten Spanienfeldzugs Caesars Verbündeter gewesen. Dessen Frau reich zu beschenken und zu verführen, war gewiss eine merkwürdige Art, sich für die Waffenbrüderschaft erkenntlich zu zeigen. Die Affäre mit Eunoe war trotz allem nur ein Techtelmechtel. Das Verhältnis, das Caesar Ende 48 v. Chr. mit der Ptolemäerin Kleopatra VII. einging, wurde dagegen zu einer der großen Liebesgeschichten der römischen Antike: «Sie war ja überhaupt die schönste aller Frauen und damals in der Blüte ihrer Jugend besonders verführerisch», klärt uns Cassius Dio darüber auf, was Kleopatra für Caesar so anziehend machte. Außerdem sei sie klug und geistreich gewesen. Kleopatra durchschaute Caesar und begriff, dass der Römer sexbesessen war. Er trieb es mit jeder Frau, derer er habhaft werden konnte. Deshalb setzte die 69 v. Chr. geborene Königin ihre körperlichen Reize gezielt zum Nutzen ihres Reiches ein. Gemeinsam machten die beiden die Nacht zum Tage, während vor den Toren Alexandrias der Krieg tobte, berichtet Sueton. Er wollte mit ihr in der Staatsbarke auch eine Kreuzfahrt nilaufwärts bis Äthiopien unternehmen, doch weigerten sich seine Soldaten, dem Paar dorthin zu folgen. Kurze Zeit nach Caesars Ägyptenaufenthalt, im Sommer 47 v. Chr., brachte Kleopatra einen Knaben zur Welt: Ptolemaios Kaisar, den sie der staunenden Öffentlichkeit als Caesars Sohn präsentierte und der von den Alexandrinern «Kaisarion» genannt wurde: der kleine Caesar.[51]

Ein Jahr später, im Frühsommer 46, traf Kleopatra mit ihrem jüngsten Bruder Ptolemaios XIV. in Rom ein. Caesar hatte den etwa 13-jährigen Ptolemaios zu ihrem Mitregenten und vermutlich nach ägyptischer Tradition auch zu ihrem Gemahl gemacht. Offizieller Zweck der

Reise war, das Nilland durch den Senat erneut als römischen Bundesgenossen anerkennen zu lassen. Das Königspaar bezog Quartier in einer der vielen Villen des Diktators: Die «Gärten Caesars» lagen am Rand der Hauptstadt, *trans Tiberim*, auf dem jenseitigen Flussufer im heutigen Trastevere. Caesar brach im November nach Spanien auf, doch wegen der Kalenderreform und des dadurch um rund zwei Monate verlängerten Jahres konnte Kleopatra gut ein halbes Jahr in Caesars Nähe verbringen. Sie suchte diese Nähe auch, um so viel wie möglich für Ägypten herauszuschlagen. Was mag Caesars Gattin Calpurnia dazu gesagt haben? Wir wissen es nicht.

Während Caesar in Spanien kämpfte, stand die exotische Königin ganz im Mittelpunkt des öffentlichen Interesses. Wer Rang und Namen hatte, drängte sich, ihre Bekanntschaft zu machen. Senatoren machten Kleopatra ihre Aufwartung, und die wiederum mischte sich ganz ungeniert in römische Belange ein. Sie griff tief in ihren Geldbeutel und stattete römische Tempel mit protzigen Weihgeschenken aus. Die Statue der Venus Genetrix im neuen Heiligtum auf Caesars Forum wurde nach ihrem Ebenbild geschaffen. Venus Genetrix war die Mutter des Aeneas und damit die göttliche Ahnherrin nicht nur der römischen Könige, sondern der *gens Iulia*, Caesars Clan, der sich auf den Gründerheros aus Troja zurückführte. Dass die Statue ausgerechnet dieser Göttin das Antlitz Kleopatras trug, hatte eine Bedeutung, die keinem Besucher des Tempels entgangen sein dürfte.

Zu Füßen dieser besonderen Statue nahm Caesar eines schönen Tages irgendwann um die Jahreswende 45/44 v. Chr. neue Ehrungen des Senats entgegen. In der Sitzung, die der Zeremonie vorausgegangen war, hatte das Gremium mit überwältigender Mehrheit für diese Geste devotester Schmeichelei gestimmt. Gaius Cassius Longinus, der designierte Prätor, hatte zu den Wenigen mit Rückgrat gehört und dem Beschluss seine Stimme verweigert. Generell geizten die hohen Herren nicht mit ihren Huldigungen, seit Caesar aus Spanien zurückgekehrt war. Anlässe wie die senatorische Selbsterniedrigung vor dem Venus-Genetrix-Tempel waren also praktisch an der Tagesordnung. Dennoch spielte sich dort an diesem Tag eine selbst für die Begriffe der

Zeit denkwürdige Szene ab. Caesar saß auf dem goldverzierten, lehnenlosen Klappstuhl, auf dem höhere Magistrate Platz nahmen, der *sella curulis*. Der Respekt vor dem Senat gebot es eigentlich, dass Caesar sich erhob, wenn sich die Würdenträger näherten. Doch genau das unterließ er. Er blieb einfach sitzen und machte sogar noch Witze darüber, dass man ihn mit Ehrungen förmlich überhäufte. Denkbar, dass auch die leibhaftige Kleopatra bei der Szene zugegen war. Natürlich nahmen viele dem Diktator seine Missachtung senatorischer Würde übel. Offenbarte sich hier nicht der König, der er im Grunde längst schon war?

Auch Kleopatras Präsenz in Rom stieß keineswegs auf einhelligen Beifall. *Reginam odi*, stellt Cicero seinem Freund Atticus gegenüber klipp und klar fest: «Die Königin hasse ich.» Er nennt Kleopatra in seiner Korrespondenz nicht ein einziges Mal beim Namen, stets ist sie ihm nur *regina*. Auf Cicero machte sie einen denkbar schlechten Eindruck: «Und erst die Arroganz der Königin selbst, als sie in den Gärten jenseits des Tiber residierte!», macht er Atticus gegenüber seinem Ärger Luft, nachdem Caesar tot und die Königin aus Rom abgereist ist. «Die Flucht der Königin ist mir keineswegs unangenehm», bemerkt er an anderer Stelle.[52]

Für Aufsehen sorgte außer Kleopatra auch der junge Kaisarion. Viele fanden, er sei Caesar wie aus dem Gesicht geschnitten. Andere versuchten, Zweifel an der Vaterschaft des Diktators zu säen. Antonius erklärte vor dem Senat, Caesar habe Kaisarion als Sohn angenommen. Kleopatra kam aus einem Land, das seit fast 300 Jahren von ihrer Familie beherrscht wurde. Dynastisches Denken war in Ägypten tief verwurzelt. Kein Wunder also, dass sie jetzt versuchte, den gemeinsamen Sohn in eine günstige Position für die Caesar-Nachfolge zu manövrieren. Dass in Rom andere Gesetze galten, war der Königin entweder nicht bewusst – oder es war ihr gleichgültig.

Deshalb schossen vermutlich Verschwörungstheorien ins Kraut, noch während Caesar in Spanien weilte: Er plane die Errichtung einer Dynastie mit Kaisarion als Nachfolger, hieß es. Womöglich hatte sogar Kleopatra den Diktator in ihr willfähriges Instrument verwandelt und betrieb jetzt von ihrer Villa in Trastevere aus die Unterwerfung Roms durch Ägypten. Drohte Rom eine orientalische Despotie? War Caesar die Marionette einer fremden Macht geworden? Oder war die Ägypterin umgekehrt Mittel zum Zweck für den Diktator, damit er sich endlich das ersehnte Königsdiadem aufs kahl werdende Haupt setzen konnte? Wie immer man die Sache drehte und wendete, für traditionsbewusste Römer und in der Wolle gefärbte Republikaner waren die Aussichten trübe. Und auch wer bisher dank Caesar zügig die Ämterleiter emporgeklettert war, konnte die Gerüchte um Kleopatra und Kaisarion nicht einfach beiseitewischen. Gesetzt den Fall, die beiden arbeiteten tatsächlich auf die Gründung einer neuen Dynastie hin: Wie würde sich das auf die eigenen Karrierechancen auswirken? Die hochmütige Königin vom Nil war ein warnendes Zeichen mehr, dass mit Caesar das Verhängnis drohte.

Rex

Zu einer Dynastie gehört ein König, und zu einem König gehört nach antiker Vorstellung ein Diadem. Solch eine Binde aus weißem Stoff spielte die Hauptrolle in der Episode, die sich am Rand des Latinerfests im Januar 44 zutrug. Das Fest wurde wenige Wochen, nachdem die Konsuln am 1. des Monats ihr Amt angetreten hatten, auf dem Albanerberg gefeiert, rund 20 Kilometer südöstlich von Rom. Auf dem Gipfel des Berges, dort, wo heute in Castel Gandolfo die Päpste ihre Sommerfrische genießen, befand sich das Heiligtum des latinischen Gottes Jupiter Latiaris. Die Feierlichkeiten hatten ihren Ursprung im Bundesfest der Latiner, denen sich die Römer stammverwandt fühlten. Sämtliche römischen Magistrate und Vertreter aller latinischen Gemeinden waren auf dem Albanerberg anwesend. Höhepunkt des Festes war ein Stieropfer für Jupiter Latiaris. 44 v. Chr. fiel das Fest auf den 26. Januar. Selbstverständlich nahm auch Caesar an den Feierlichkeiten auf dem Albanerberg teil.

Als der Diktator nach der Zeremonie an der Spitze der Würdenträger hoch zu Ross wieder in die Hauptstadt einzog, wurde er dort von den Schaulustigen mit lauten Zurufen als *rex* begrüßt. Caesar erwiderte: «Mein Name ist Caesar, nicht Rex.» Die Antwort, wenn sie denn historisch ist, war schlagfertig: Rex war tatsächlich ein in römischen Aristokratenkreisen häufiger Beiname. Damit hätte es genug sein können. Doch zwei Volkstribune namens Marullus und Flavus ließen aus der Menge diejenigen festnehmen, die mit dem Rufen begonnen hatten. Außerdem hatte jemand die Caesar-Statue auf der Rostra mit einem Lorbeerkranz ausgestattet. Das wäre nichts Ungewöhnliches gewesen, wäre in den Kranz nicht ein Diadem eingeflochten gewesen. Das Diadem ließen die beiden Tribune entfernen und entsorgen. Die Quellen berichten übereinstimmend, Caesar habe sich schrecklich über Marullus und Flavus geärgert, obwohl die Magistrate eigentlich nur ihrer republikanischen Pflicht nachgekommen waren. Er habe den Senat zu einer Sondersitzung zusammengerufen und den beiden vorgeworfen, die Statue in einem Akt der Provokation selbst bekränzt zu haben. In seiner unbändigen Wut unterstellte er ihnen, sie wollten eine Verschwörung anzetteln. Die Tribune hätten vorgehabt, ihn beim Volk anzuschwärzen und so den Umsturz auszulösen. Natürlich gab es Senatoren, die mit Feuereifer ihre Treue zum Diktator unter Beweis stellen wollten und sogleich die Todesstrafe forderten. So weit ließ Caesar es nicht kommen. Er ließ die beiden unbotmäßigen Tribune durch einen Kollegen absetzen und in die Verbannung schicken.[53]

AKTENVERMERK DES HISTORIKERS: *Wie immer bei symbolträchtigen Ereignissen zählt das Vorkommnis an sich weniger als seine anschließende Bewertung in der Öffentlichkeit. Die meisten Quellen, am deutlichsten Cassius Dio und Sueton, ordnen die Episode am Rand des Latinerfests in die Serie von Vorfällen ein, mit denen Caesar sich Feinde machte und so seiner eigenen Ermordung den Weg bereitete.*

Republikaner von altem Schrot und Korn werden die Zeichen zu deuten gewusst haben. Sie zählten eins und eins zusammen: ein Diadem und eine ägyptische Königin, *rex*-Rufe und Kleopatra, die aus der Stadt stammte, in der angeblich Alexander der Große begraben war. Die Republikaner fanden ihre Befürchtungen bestätigt, dass Caesar nach der Monarchie strebe. Vermutlich hegten sie auch den Verdacht, der Diktator könne die Rufe und die Diademe inszeniert haben, um zu testen, ob Rom reif für einen König war. Doch wie viele überzeugte Republikaner gab es eigentlich noch? Nicht wenige Menschen auf Roms Straßen werden das Spektakel im öffentlichen Raum ganz anders wahrgenommen haben als die senatorische Elite. Sie hatten auch ein positiveres Bild von der flamboyanten Ägypterin als sittenstrenge Matronen aus altadligen Häusern. Eine zeitgenössische Quelle berichtet, nach der Verbannung der Volkstribune habe das Volk geschrien, Caesar solle König werden, «und sie riefen, man solle nicht länger warten, ihn zu krönen, denn Fortuna habe ihn schon gekrönt.» Der Verfasser, Nikolaos von Damaskus, schrieb um 20 v. Chr. eine stark hagiographisch gefärbte Biographie des Augustus. Der Philosoph und Geschichtsschreiber war zur Zeit Caesars selbst nicht in Rom, aber gut über das informiert, was dort vor sich ging.[54]

Für manche in Rom war der Diktator längst ihr König der Herzen. Sie forderten lautstark, er solle es auch dem Namen nach werden. Wenn die Indizien nicht täuschen, war das Volk in der Frage der Monarchie gespalten. Die römische Gesellschaft war tief in ihren Traditionen verwurzelt. Auch für viele einfache Menschen haftete deshalb dem Spiel mit dem Königtum etwas Anrüchiges an. Aber für eine lautstarke und vor allem stetig wachsende Minderheit galten die Restriktionen des *mos maiorum* in dieser Hinsicht nicht mehr. Waren die, die einen König – und womöglich eine Königin – wollten, eventuell schon in der Mehrheit? Die Glücksgöttin hatte Caesar verwöhnt, das war offensichtlich. Konnte man so jemandem das Diadem abschlagen? Die Stimmung war an einem Kipppunkt angelangt, und das nahmen natürlich auch die Senatoren aufmerksam wahr. Sie zogen daraus ihre Schlüsse: Viele, wie Marullus und Flavus, waren fest entschlossen, einen König Caesar zu verhindern. Für Antonius aber mochte gerade dieser König die Lösung all seiner Probleme sein – dann nämlich, wenn er selbst es war, der ihm die Krone aufs Haupt setzte.

DRITTER TEIL

VERSCHWÖRUNG

Cassius, oder:
Er ist viel zu blass
(Ende Januar 44 v. Chr.)

Das Landgut in den Albanerbergen ist seit Ewigkeiten in Familienbesitz. Man sieht ihm sein Alter an. Kein Palast aus Stuck und Marmor, sondern ein praktischer Ziegelbau. Hier wird gearbeitet. Doch heute geben sich in dem alten Gemäuer vornehme Herren ein Stelldichein. Sänften werden vor dem Haus abgesetzt, Reisewagen fahren vor. Die Männer, alles Senatoren und römische Ritter, werden von Sklaven ins Arbeitszimmer des Hausherrn geleitet. Der Raum füllt sich zügig. Zusätzliche Stühle müssen hereingetragen werden. Wasser wird ausgeschenkt, der Gastgeber, groß und hager, trinkt keinen Alkohol. Er reicht jedem Neuankömmling förmlich die Hand, auf die übliche Umarmung verzichtet er. «Willkommen, meine Freunde», sagt Cassius schließlich. Sofort verstummt das Getuschel. «Ich habe euch herrufen lassen, weil es Wichtiges zu besprechen gibt. Wie ihr wisst, hält Caesar den Staat als Geisel.» Zustimmendes Raunen. «Er hat sich die Königin nach Rom geholt und bereitet seine eigene Krönung vor. Er treibt seine unverschämten Späße mit dem Senat. Er lässt sich mit Ehrungen überhäufen. Und wir dürfen nach seiner Pfeife tanzen.» Wieder erhebt sich beifälliges Gemurmel. «So ist es, beim Jupiter», ruft einer der Anwesenden. «Es wird Zeit», sagt Cassius bestimmt, «dass wir das ändern. Reden reicht nicht, wir müssen endlich etwas tun. Die Zeit läuft uns davon. Caesar muss weg!»[1]

Ein guter Freund

Die Volkstribunen Marullus und Flavus waren nicht die einzigen, die mit Unbehagen verfolgten, was Caesar tat und plante. Alle Quellen berichten übereinstimmend, dass Gegner des Diktators im Untergrund aktiv waren, lange bevor Brutus zum Verschwörerkreis stieß und dessen Führung übernahm. Flugblätter wurden verteilt, Graffiti an Wände geschmiert, Parolen geflüstert. Immer wieder war von «Brutus» die Rede. In den meisten Quellen bleiben die Aktivisten anonym, Plutarch und Appian hingegen lassen Cassius betonen, dass er ganz genau wusste, wer sie waren: jedenfalls keine «Weber und Händler» (Plutarch) und keine «Handwerker und Krämer» (Appian), sondern «vornehme, einflussreiche Bürger». Diese Bürger, das darf man gerne glauben, gingen mit ihren geheimen Machenschaften ein nicht unerhebliches Risiko ein. Wären sie aufgeflogen, Caesar hätte die Hinweise auf den frührömischen Freiheitshelden Lucius Brutus fraglos zu deuten gewusst. Die Aktivisten hatten also, zumindest nach dieser Darstellung, bereits einiges in den Widerstand gegen Caesar investiert, als Marcus Brutus zur Gruppe der Unzufriedenen stieß.[2]

Wer waren diese Leute? Namen nennt keine Quelle, aber Plutarch spricht an einer Stelle von der *hetairía* des Cassius, die Brutus daran gehindert habe, sein Schicksal weiter mit dem Caesars zu verbinden, an anderer Stelle nennt er sie *phíloi*, «Freunde». *Hetaíroi* sind in Plutarchs Muttersprache «Gefährten», politische Wegbegleiter. Eine Hetairie war im archaischen und klassischen Griechenland ein Klüngel: Leute, die sich zusammentaten, um gemeinsam politische Ziele zu erreichen. In Extremfällen konnten Hetairien auch gewaltsam auf den Sturz der herrschenden Ordnung hinarbeiten, so in Athen während des Peloponnesischen Krieges, als oligarchische Gruppen versuchten, die Demokratie zu beseitigen. Die Wühlarbeit mündete schließlich in die Herrschaft der sogenannten Dreißig Tyrannen. Etwas Ähnliches dürfte Plutarch gemeint haben, als er den Begriff auf die Verhältnisse des Jahres 44 bezog: eine Gruppe von Senatoren, die sich um Cassius geschart hatten und auf Caesars Sturz hinarbeiteten.[3]

Bei dieser Hetairie könnte es sich natürlich um eine spontan entstandene, locker gefügte und kurzlebige Verbindung gehandelt haben. Dagegen spricht jedoch Appians Zeugnis, der immer wieder von den «Leuten um Cassius» spricht, griechisch *hoi amphì tòn Kássion*. Die Formulierung taucht mehrfach in seinem Bericht zu den Ereignissen des Jahres 44 auf und scheint sich stets auf dieselben Leute zu beziehen. Das suggeriert, trotz der vagen Formulierung, ein gewisses Maß an Konstanz und Geschlossenheit. Die «Leute um Cassius» sind bei Appian von der Expansionsphase des Verschwörerrings – also von etwa Ende Februar 44 – bis zum 16. März präsent. Zu diesem Zeitpunkt haben sich die Caesarmörder nach vollbrachter Tat auf das Kapitol zurückgezogen und verhandeln mit der Gegenseite.[4]

AKTENVERMERK DES HISTORIKERS: *Die Gruppe muss sich noch vor dem oder allerspätestens im Februar 44 konstituiert haben. Sie werden nicht unbedingt durch ihre Gegnerschaft zu Caesar zusammengebracht worden sein. Der Kreis kann, wenigstens in Teilen, auch schon vorher bestanden haben.*

Gewiss missfiel den Freunden, was der Diktator unternahm, um die Republik zu einem neuen, ganz auf ihn zugeschnittenen Staatswesen umzuformen. Zu Teilnehmern an einem Mordkomplott macht sie die Gegnerschaft zu Caesar noch nicht. Das wurden sie erst durch Cassius' beharrliches Wirken. Plutarch sagt es deutlich:

> Als Cassius seine Freunde zu einer Verschwörung gegen Caesar bewegen wollte, erklärten sich alle bereit, dies zu tun, wenn Brutus die Führung übernähme, mit der Begründung, dass das Unternehmen weder Gewalt noch Kühnheit, sondern das Ansehen von einem Mann wie ihm erfordere.[5]

Das heißt im Klartext: Die Männer haben über ihre Gegnerschaft zu Caesar bereits Einigkeit erzielt, nur noch nicht über die Konsequenzen daraus. Cassius ist in Plutarchs Darstellung der Kristallisationspunkt der Hetairie. Er ist auch die treibende Kraft, die aus Gegnern des Diktators die Spießgesellen eines Mordplans macht. Die Freunde sind bereit, diesen Weg mit Cassius zu gehen. Sie stellen ihre Teilnahme nur unter einen einzigen Vorbehalt: Brutus muss die Gemeinschaft stiftende Galionsfigur des Unternehmens sein.

Damit lässt sich eine grobe Chronologie der Verschwörung und ihrer Vorgeschichte rekonstruieren: Cassius unterhielt einen Freundeskreis, dessen Mitglieder sich in der Ablehnung Caesars weitgehend einig waren. Die Männer trafen sich regelmäßig und tauschten sich über politische Fragen aus. Die Gegnerschaft zu Caesar muss spätestens zum Jahreswechsel 45/44 v. Chr. Konsens unter den Freunden gewesen sein, nachdem offenbar geworden war, dass der Diktator eine andere Republik wollte. Später, vermutlich noch im Januar, enthüllte Cassius ihnen seinen Mordplan. Die Freunde stimmten unter der Bedingung zu, dass Brutus für das Attentat gewonnen würde, was Cassius irgendwann im Februar gelang. Die Cassius-Hetairie spielte innerhalb der Verschwörung weiterhin eine Sonderrolle, auch als das Komplott immer mehr Zulauf erhielt. Sie blieb noch nach vollbrachter Tat handlungsfähig, mindestens für ein paar Tage, bis zur Besetzung des Kapitols.

Plutarchs Version der Geschichte ist in sich stimmig und vor allem kompatibel mit der Mentalität der römischen Elite. *Hetairía* ist schlicht die Übersetzung des lateinischen Begriffs *amicitia*, die von Appian genannten *hoi amphì tòn Kássion* sind im römischen Sinne die «Freunde» des Cassius. *Amicitia* begründete ein Netzwerk von Leuten, die politisch am selben Strang zogen. Zusammengehalten wurde es nicht nur durch politische Interessen, sondern auch durch Geschäftsverbindungen, Blutsverwandtschaft und – in besonderem Maße – Eheschließungen, emotionalisiert wurde es durch die Empfindung freundschaftlicher Gefühle.[6]

Wer die Geschäftspartner des Cassius waren, lässt sich natürlich nicht ermitteln. Auch über seine Verwandtschaft sind wir nur höchst unzureichend informiert. Über seine Frau Junia Tertia war er mit deren Halbbruder Brutus verschwägert, doch der gehörte, wie wir wissen, gerade nicht zur Hetairie. Über Cassius' Vater ist nichts Gesichertes bekannt. Vielleicht handelte es sich um den Konsul des Jahres 73, ebenfalls einen Gaius Cassius Longinus. Die Identität seiner Mutter ist gänzlich unbekannt. Gaius' jüngerer Bruder Lucius hatte im Bürgerkrieg auf Caesars Seite gekämpft, war nicht Teilnehmer der Verschwörung und hielt sich später aus allen Kämpfen zwischen Antonius und den Caesarmördern heraus. Eine schwache Spur führt vielleicht zu Cassius' Sohn unbekannten Vornamens. Von ihm weiß die Brutus-Vita Plutarchs zu berichten, dass er an den Iden des März 44 die purpurgesäumte Knabentoga ab- und die Erwachsenentoga, die *toga virilis*, anlegen sollte. Die Zeremonie markierte den Eintritt ins Erwachsenenalter. Cassius junior war zu diesem Zeitpunkt mindestens 14 Jahre alt. Wenn er noch nicht verheiratet war, dann war eine Ehe zweifellos bereits arrangiert worden. Die Wahl der Familie war auf Sulpicia gefallen, die aus alter patrizischer Familie stammte.

Sulpicias Vater war Servius Sulpicius Rufus, ein berühmter Jurist, der gemeinsam mit Cicero bei Apollonius Molon auf Rhodos studiert hatte. Rufus hielt zeitlebens engen Kontakt zu Cicero. Er war 51 v. Chr. gemeinsam mit Marcus Claudius Marcellus Konsul. Im Bürgerkrieg verhielt sich der Jurist neutral, indem er sich, angeblich zu Studienzwecken, nach Samos zurückzog. Aus Caesars Sicht unbelastet, qualifizierte er sich 46 v. Chr. für die Statthalterschaft der Provinz Achaea. Auch nach Caesars Tod vermied er jede klare Parteinahme, versuchte vielmehr zwischen dem Senat und Antonius zu vermitteln. Cicero nennt ihn in einem Brief an Atticus spöttelnd einen «Friedensapostel», *pacificator*. Er starb Mitte Januar 43 auf einer Gesandtschaftsreise zu dem in Mutina belagerten Antonius eines natürlichen Todes und wurde auf Antrag Ciceros durch den Senat geehrt.[7]

Es fällt schwer, sich den stets achtsam agierenden Rufus in einem Mordkomplott gegen den allmächtigen Caesar vorzustellen. Dennoch ist die Ehe zwischen dem jungen Cassius und Servilia nicht im politischen Vakuum arrangiert worden. Die Allianz mit der einflussreichen Patrizierfamilie eröffnete Cassius in den entscheidenden Jahren zwischen Pharsalos und den Iden des März Verbindungen zu Gruppen jenseits des harten Kerns der Pompejaner, zu dem er selbst gehörte. Rufus' gleichnamiger Sohn war mit einer Valeria verheiratet, deren Bruder Marcus Valerius Messalla Corvinus 43 v. Chr. von den Triumvirn proskribiert wurde, aber zu Brutus und Cassius entkam und an der Schlacht von Philippi teilnahm. Messalla Corvinus lief später zu Antonius und schließlich zu Augustus über, aber er blieb im Herzen zeitlebens überzeugter Republikaner. Er war Verfasser einer Geschichte des Bürgerkriegs, die von Sueton und auch von Plutarch benutzt wurde und Cassius offenbar in ein äußerst positives Licht rückte. Eventuell bahnte Rufus seinem Schwiegersohn aber auch den Weg zu Kreisen der Caesar-Anhänger. Auffällig ist, dass Cicero in einem Brief an Trebonius Rufus' Tod als großen Verlust beklagt und dabei das Einverständnis seines Briefpartners stillschweigend voraussetzt. Solche Nachrichten machen es vorstellbar, dass Freunde des Rufus oder vielleicht auch er selbst im Kreis um Cassius hospitierten. Möglicherweise war er sogar das Bindeglied zwischen Cassius und den in die Verschwörung verstrickten Caesarianern.[8]

Nägel mit Köpfen

Was machte Cassius zum Mörder? Warum stand gerade ihm Caesar so sehr im Weg, dass er ihm an den Kragen wollte? Plutarch tischt uns als Begründung für den Hass eine hanebüchene Geschichte auf, die damals im Umlauf gewesen sein soll:

> Cassius hasste den Diktator und warf ihm unter anderem vor, ihm ein paar Löwen weggenommen zu haben, die er selbst für die Spiele angeschafft hatte, als er im Begriff war, Ädil zu werden. Die Tiere waren in Megara zurückgelassen worden, und als die Stadt von [Fufius] Calenus eingenommen wurde, nahm Caesar sie an sich. Und die Tiere sollen großes Unheil über die Megarer gebracht haben. Denn diese zogen, als ihre Stadt eingenommen wurde, die Riegel von den Käfigen zurück und lösten die Fesseln, mit denen die Tiere gefangen gehalten wurden, damit sie den herannahenden Feind aufhielten. Sie stürzten sich stattdessen auf

die unbewaffneten, in Panik hin und her laufenden Bürger und fraßen sie auf, so dass der Anblick selbst für den Feind jämmerlich war.[9]

So sei es aber nicht gewesen, verwirft der Biograph die Löwengeschichte gleich selbst: Vermutlich erzählt er sie sowieso nur deshalb, weil sie für ihn von lokalhistorischem Interesse ist. In Wahrheit habe Cassius schon von klein auf Tyrannen inbrünstig gehasst. Plutarch illustriert auch dies mit einer Geschichte: Als Kind habe sich Cassius mit seinem Schulkameraden Faustus, dem Sohn des Diktators Sulla geprügelt, als der mit der großen Macht seines Vaters angegeben habe.[10]

Tatsächlich ist über Jugend und frühe Laufbahn des wohl um oder kurz vor 85 v. Chr. geborenen Cassius kaum etwas bekannt. Sein mutmaßlicher Vater, der Konsul des Jahres 73, gehörte mit Cicero 66 v. Chr. zu den Unterstützern des Gesetzes, mit dem Pompeius die Kriegführung gegen Mithradates übertragen wurde. 53 v. Chr. bekleidete der junge Cassius die Quästur. Er versah sie in Syria im Stab des Crassus, an dessen Partherkrieg er teilnahm. Dort soll er sich mit klugem Rat hervorgetan haben. Die Überlieferung rechnet es ihm als Verdienst an, dass die Reste des geschlagenen Heeres sicher römischen Boden erreichten und Syria gegen die Parther verteidigt werden konnte. Er schlug 52 v. Chr. als Proquästor einen Angriff auf die Provinz zurück und besiegte im Jahr darauf ein großes, sich nach Mesopotamien zurückziehendes Heer der Parther. Kurz nach diesen Ereignissen beglückwünschte Cicero höchstpersönlich Cassius «zu den großen Heldentaten, die Du vollbracht hast».[11]

Im Bürgerkriegsjahr 49 war er Volkstribun und verließ mit den übrigen Pompejanern Rom Richtung Osten. Dann übernahm er das Kommando über eine Flotte, die 48 v. Chr. in den Gewässern um Sizilien operierte und siegreich Gefechte gegen zwei kleine Geschwader Caesars führte. Bei Vibo in Kalabrien wäre er um ein Haar in Gefangenschaft geraten. Caesar selbst findet in seiner Geschichte des Bürgerkriegs lobende Worte für Cassius' Kriegführung: Er habe die örtlichen Befehlshaber Pomponius und Sulpicius völlig überrumpelt und entschlossen das Überraschungsmoment genutzt.[12]

Nach der republikanischen Niederlage bei Pharsalos reiste Cassius zunächst zu Pharnakes nach Pontos, um den König zu überreden, sich am Krieg gegen Caesar zu beteiligen. Dann sah er jedoch ein, dass es sinnlos war, weiterzukämpfen, und überließ sich Caesars Gnade. Er erhielt sie ebenso wie den Posten eines Legaten. In dieser Funktion nahm er im Frühjahr 47 v. Chr. am Krieg gegen Pharnakes teil, den er eigenhändig ausgelöst hatte. Cicero behauptet in der zweiten Philippica, Cassius habe schon bei dieser Gelegenheit Mordpläne gegen Caesar geschmiedet: Bei der Landung in Kilikien, an der Mündung des Flusses Kydnos, hätte er «ohne diese berühmten Männer Nägel mit Köpfen gemacht», wäre nicht Caesar am falschen Flussufer an Land gegangen.[13]

Anfang 45 v. Chr. befand sich Cassius «auf Wanderschaft», wie er an Cicero schreibt, im apulischen Brundisium. Möglicherweise hielt er sich bei der dortigen Flotte auf. Er bittet Cicero um Nachricht, wie es mit dem Krieg in Spanien stehe:

> Schreib mir zurück, was in Spanien passiert. Ich will zugrunde gehen, wenn ich nicht besorgt bin und lieber den alten, milden Herrn haben will als mein Glück mit einem neuen, grausamen zu versuchen. Du weißt, wie dämlich Gnaeus [Pompeius junior] ist, weißt, wie er Grausamkeit für eine Tugend hält, weißt, wie er sich immer von uns verspottet glaubt. Ich fürchte, er will uns nach Bauernart den Spott mit dem Schwerte heimzahlen![14]

Wenn Cassius zu diesem Zeitpunkt noch immer Mordpläne gegen den Diktator hegte, dann gab er sie in dem Brief nicht zu erkennen. Das muss nicht heißen, dass er seine Meinung geändert hatte: Von einem Postgeheimnis weiß die Antike nichts, und ein allzu offenherziger Briefschreiber konnte, eher er sich's versah, vor dem Richter stehen. Cicero selbst spielt in einem Brief an Cassius darauf an: «Tacheles reden» – Cicero benutzt eine griechische Vokabel –, könne man ja in einem Brief nicht ohne Gefahr. An dem Tag, als Caesar die Ehrungen des Senats entgegennahm und ungerührt vor dem Venus-Genetrix-Tempel einfach sitzen blieb, gehörte Cassius zu den wenigen Senatoren, die dagegen gestimmt hatten, den Diktator so umfassend zu ehren.[15]

Caesar muss Cassius respektiert haben. Wenn er ihn für würdiger als Brutus befand, die Stadtprätur zu bekleiden, aber aus politischen Gründen den Jüngeren vorzog, dann steckt darin auch ein gewisser Vertrauensbeweis. Er hielt Cassius offenbar für reif genug, mit der Zurücksetzung umzugehen. Der freilich sah das anders. Er fühlte sich übergangen und nahm das Caesar ebenso übel wie Brutus. Nach der Magistratur hatte Caesar Syria als Provinz für Cassius reserviert. Die Entscheidung ist doppelt bedeutsam: als Geste der Anerkennung für die großen Erfolge, die Cassius dort zehn Jahre zuvor gefeiert hatte, und als Zeichen, dass Caesar sich im Partherkrieg die Expertise des militärisch versierten Ex-Pompejaners zunutze machen wollte. Von dessen einschlägigen Qualitäten war der Diktator offensichtlich überzeugt. Andererseits soll er seinen Freunden gegenüber geäußert haben: «Was, denkt ihr, will Cassius? Ich mag ihn nicht allzu sehr, denn er ist viel zu blass.» Was von solchen Äußerungen zu halten ist, bleibt Plutarchs Geheimnis – oder das seiner Quellen.[16]

Mit dem Geist in die Zukunft

Über Cassius' Motive haben auch die anderen Quellen wenig genug zu berichten. Velleius Paterculus immerhin nennt einen Konsulat, den Caesar Cassius in Aussicht gestellt, dann aber anderweitig vergeben habe. Appian lässt Cassius vor der Schlacht von Philippi eine Rede an die Soldaten halten, in der er den Mord damit begründet, dass Caesar sich an der Republik und ihren geheiligten Institutionen versündigt hatte. Die Rede ist eine Erfindung des Geschichtsschreibers, der Inhalt ist Tyrannenmordrhetorik vom Feinsten. Im Übrigen gehen die Quellen kaum auf die Motive der Caesarmörder ein.[17]

Die große Ausnahme ist Nikolaos von Damaskus. Er bewertet Brutus und Cassius nach Pharsalos als Krypto-Pompejaner, die sich zum Schein Caesar untergeordnet und «einstweilen unauffällig» gelebt, tatsächlich aber auf die Beseitigung des Diktators hingearbeitet hätten.

Brutus allerdings war niemals ein Pompejaner, konnte also auch nicht per Begnadigung zum Krypto-Pompejaner mutieren. Außerdem wandte er sich, wie noch zu sehen sein wird, erst von Caesar ab, nachdem der große Mann aus Spanien zurückgekehrt war. Nikolaos beurteilt ihn hier also falsch. Er stellt aber zutreffend fest, dass die Motivlagen der Verschwörer höchst individuell waren – und dass die Gründe, die sie öffentlich bekannten, nicht unbedingt die Triebkräfte waren, die tief in ihrem Innern wirkten:

> Einige von ihnen hofften, an seiner Stelle selbst die Führung zu übernehmen, wenn er aus dem Weg geräumt würde; andere waren verärgert über das, was ihnen im Krieg widerfahren war, verbittert über den Verlust ihrer Verwandten, ihres Besitzes oder ihrer Staatsämter. Sie verbargen ihre Verärgerung und taten so, als ob sie mit der Herrschaft eines einzelnen Mannes unzufrieden wären und eine republikanische Regierungsform anstrebten. Unterschiedliche Menschen hatten unterschiedliche Gründe, die sie alle unter einem beliebigen Vorwand zusammenbrachten.[18]

Cassius hatte im Bürgerkrieg materiell keine Verluste erlitten, aber er war durch Caesars Gnade gedemütigt worden. Obwohl er von Anfang an Zweifel an den Erfolgsaussichten im Bürgerkrieg gehabt hatte, war er doch loyaler Gefolgsmann des Pompeius gewesen. Als solcher dürfte er sich schwergetan haben, sich den neuen Verhältnissen zu fügen. Vor allem war Cassius ein Mann, für den die Ehre auf dem Schlachtfeld lag. Als noch junger Mann hatte er durch militärische Heldentaten in Syria auf sich aufmerksam gemacht und später auch im Bürgerkrieg mit Mut, Entschlossenheit und Fortüne viel erfahrenere Kommandeure in den Schatten gestellt. Für jemanden wie Cassius, das versteht sich von selbst, konnte *otium cum dignitate* keine Formel sein für ein würdevolles Leben in Zeiten der Diktatur. Sich mit dem neuen Staat zu arrangieren, kam für ihn, anders als für Cicero oder auch Brutus, nicht in Frage. Deshalb ist das Phantombild des Krypto-Pompejaners, wie es Nikolaos zeichnet, Cassius wie aus dem Gesicht geschnitten: Er lebte unauffällig, wandte sich aber innerlich nie von Pompeius ab. Er ärgerte sich darüber, dass Caesar den Daumen über Karrieren heben oder senken konnte. Er empfand die Niederlage als Demütigung. An seinen eigenen Fähigkeiten hegte er keinen Zweifel. Er war deshalb fest davon überzeugt, dass er in einer Republik ohne Diktator, mit freiem Spiel der Kräfte, bessere Chancen haben würde, Ruhm, Ämter und Ehre zu erwerben.

In seiner Korrespondenz mit Cicero macht Cassius aus dieser Haltung im Grunde auch gar keinen Hehl. Kurz nach der Schlacht von Zela, im Juni 47 v. Chr., schreibt Cicero an Cassius, dieser habe nach seiner Begnadigung durch Caesar eine «Rolle angestrebt», die es ihm gestattet habe, «bei Beratungen [mit Caesar] dabei zu sein» und so «mit dem Geist in die Zukunft zu schauen». Cassius nutzte also seine Stellung in Caesars Stab zur Beschaffung von Informationen, und genau so hatte er es Cicero mitgeteilt. Er sah sich als Kundschafter im Lager des Feindes. Wenn es außerdem stimmt, dass er kurz zuvor einen ersten Anlauf zum Attentat unternommen hatte, dann befand sich mit dem talentierten Offizier ein Maulwurf in der engsten Umgebung des Diktators. Viele Monate später, um den Jahreswechsel 46/45 herum, führen Cicero und Cassius einen vermeintlich philosophischen Disput über Epikur und Bilder, *eídola*, in dem der große Redner seinem Briefpartner scherzhaft vorwirft, er habe durch sein Bekenntnis zu den Epikureern «der Tugend Lebewohl gesagt» und sich der Lust an den Hals geworfen. Er teilt Cassius mit, der Prokonsul Gaius Vibius Pansa, von Caesar zum Statthalter der Gallia cisalpina berufen, habe soeben Rom verlassen. In seiner Antwort bemerkt Cassius, Pansa habe, obwohl er sich der «Lust verschrieben» habe, sich dennoch «die Tugend bewahrt». Das gelte für ihn wie für andere auch. All jene, die Cicero als «Freunde der Lust» bezeichne, seien tatsächlich «Freunde des Guten» und «Freunde der Gerechtigkeit». Cassius benutzt griechische Vokabeln: *philhédonoi, philókaloi, philodíkaioi.*[19]

AKTENVERMERK DES HISTORIKERS: *Sinn ergeben diese Andeutungen eigentlich nur, wenn man ihnen eine politische Bedeutung unterlegt, die der Briefschreiber chiffriert übermitteln möchte. Hatten sich der Caesar-Gefolgsmann und die ungenannten anderen also ihre Tugend bewahrt, indem sie sich von Caesar losgesagt hatten und jetzt im Freundeskreis des Cassius verkehrten? Oder ist die Tugend umgekehrt ein Code für ihre Treue dem Diktator gegenüber?*

Cassius kommt als nächstes unvermittelt auf Sulla zu sprechen. Der habe, als er sah, dass die Philosophen sich nicht einigen konnten, nicht lange nach «dem Guten» gefragt, sondern kurzerhand «alle Güter» aufgekauft. Hier spielt der Briefschreiber auf die Proskriptionen an, die Sulla und seinen Getreuen Gelegenheit boten, sich nach Gutdünken zu bereichern. «Dessen [Sullas] Urteil müssen wir uns beugen», fügt er hinzu. Was ist mit «Sullas Urteil» gemeint? Caesar wäre unter seiner Diktatur fast zu Tode gekommen. Spielt Cassius darauf an? Wird hier ein Todesurteil für Caesar wolkig umschrieben, das in Verschwörerkreisen vielleicht längst ergangen ist? Sullas Tod habe ihn «beim Herkules nicht erschüttert», bekennt Cassius. Er war wohlgemerkt, als Sulla 78 v. Chr. das Zeitliche segnete, kaum älter als acht. Ist der alte Diktator womöglich Stellvertreter für den neuen, ist Sulla also Caesar? «Dennoch wird Caesar nicht lange dulden, dass wir uns ihn [Sulla] herbeiwünschen», schreibt Cassius weiter. Duldet Caesar es nicht, weil kein Sulla mehr gebraucht wird, um das Todesurteil zu vollstrecken?[20]

Man kann diese Stelle nur als chiffrierte politische Botschaft lesen, deren Sinn sich Cicero sicher erschloss, so rätselhaft der Text heute auf uns wirken mag. Gerade Cassius' Überleitung im nächsten Absatz – «nun aber zurück zur Politik» – unterstreicht den eminent politischen Charakter auch der Passage davor. Nur dass Cassius eben verschleiern will, dass es im gesamten Brief um nichts anderes als Politik geht. Er bekennt dann im Anschluss, in Unkenntnis der Entwicklung in Spanien, dass er den alten Herrn Caesar einem Gnaeus Pompeius junior vorziehen würde. Aber was heißt das schon? Seine Abneigung gegen den ältesten Sohn des großen Pompeius macht ihn noch nicht zum Anhänger des Diktators.

Cassius teilt Cicero gerade so viel mit, dass sich daraus keine Schlüsse auf konkrete Attentatspläne ziehen lassen. Wiederholt beklagt sich Cicero, Cassius schreibe so selten. Der Kurier des Freundes kommt ohne Brief, fordert aber Cicero auf, in aller Eile etwas zu schreiben, denn er muss sich gleich wieder auf den Weg machen. Immer wieder wartet Cicero vergeblich auf Post von Cassius. Der wird seine Gründe gehabt haben, dass er sich als Briefschreiber derart rarmachte. Offensichtlich hielt er den Mann aus Arpinum für einen unsicheren Kantonisten. Hatte Cicero höchstselbst in der Rede für Marcellus Caesar nicht vor Leuten gewarnt, die bereits ihre Dolche wetzten? Wie sicher also waren Informationen bei dem Mann aufgehoben, der schon einmal eine Verschwörung aufgedeckt hatte?

Cassius zog Cicero also nicht ins Vertrauen. Er dürfte aber zum Jahreswechsel 46/45 v. Chr., als er mit dem großen Redner korrespondierte, längst an ein Attentat gedacht haben. Cassius war ein Freund des Pompeius gewesen, und Pompeius war zu Caesars Feind geworden. Nach römischen Maßstäben machte das Caesar auch zu Cassius' Feind. Er war ein Mann des Krieges, dessen *virtus* sich in Schlachten zu bewähren hatte. Caesar stand seinem Ehrgeiz im Weg. Kränkungen wie die Bevorzugung des Brutus bei der Zuteilung der Präturen oder die Vertagung eines versprochenen Konsulats bestärkten Cassius in seiner Haltung. Der Mordplan war aber so oder so längst gefasst. Cassius war ein Krypto-Pompejaner. Er ordnete sich Caesar nur aus taktischen Erwägungen unter, hielt aber an dem strategischen Ziel fest, den Diktator zu beseitigen.

Er dürfte auch bereits mit Leuten in Kontakt gestanden haben, denen Caesar ebenfalls ein Dorn im Auge war. Möglich, dass er mit Teilen der weiteren Verwandtschaft offen über seine Abneigung gegen Caesar gesprochen hatte, möglich auch, dass zu dem Kreis noch weitere heimliche Pompejaner gehörten, Leute wie der Volkstribun Aquila, der bei Caesars Triumphzug einfach sitzen geblieben war und später zur Gruppe der Mörder gehörte. Denkbar ist sogar, dass dem ein oder anderen aus dem Zirkel schon das Grummeln zu Ohren gekommen war, das in Teilen von Caesars eigener Anhängerschaft zu vernehmen war. In seine Attentatspläne hatte Cassius die Freunde vorläufig nicht eingeweiht.

Wie macht man aus Unzufriedenen Mörder? Über dieser Frage dürfte Cassius 45 v. Chr. so manch schlaflose Nacht zugebracht haben. Wenn Cassius je daran gezweifelt hatte, dass er ehrbare Senatoren dazu bringen konnte, ihren Mitbürger, Konsul und Diktator zu töten, dann nahm ihm Caesar selbst einen Teil der Sorge ab. Kaum war er aus Spanien in die Hauptstadt zurückgekehrt, gab er den Römern zu erkennen, wie er sich den künftigen Staat vorstellte. Und plötzlich dämmerte vielen, dass Gefahr im Verzug war.

Marcus Brutus, oder:
Die Schrift an der Wand
(Anfang Februar 44 v. Chr.)

Eines Morgens Mitte Februar spaziert Marcus Brutus zum Forum herab. Seine wichtigste Aufgabe als Stadtprätor ist die Rechtsprechung. So besteigt er wie gewohnt das Tribunal, von dem aus er die Verhandlungen führt. Sein Sklave ordnet die Wachstafeln und Schreibutensilien vor ihm an. Sind da etwa Schmierereien? Auf die Richterbank hat eine geübte Hand in fetten Buchstaben geschrieben: «Wäre nur Brutus noch am Leben.» Der Prätor wundert sich. Er ist doch Brutus. Was also will der Schreiber ihm sagen? Er kneift die Augen zusammen und entziffert weitere Inschriften: «Hätten wir jetzt bloß einen Brutus!», steht auf seinem Sitz, «Brutus, schläfst Du?» auf dem Tisch vor ihm und «Brutus, hat man dich bestochen?» in dicken Lettern auf der Wand gegenüber. Marcus Brutus versteht: Man misst ihn an jenem Urahn, der vor Hunderten von Jahren Rom von der Herrschaft der Tarquinier befreit hat. Wenn jetzt nach einem neuen Brutus verlangt wird, kann das nur bedeuten, dass ... Er wagt nicht, den Gedanken zu Ende zu denken und wendet seine Aufmerksamkeit dem ersten Prozess zu. Stunden später, nach dem letzten Verfahren des Tages, fühlt sich Brutus müde und abgeschlagen. Er hat es nicht weit zu seinem Haus auf dem Palatin. Noch während er die ersten Stufen nimmt, die zu dem Hügel emporführen, zischt ihm jemand im Gedränge zu: «Brutus, Brutus!» Er denkt an die Graffiti auf der Richterbank und hat das Gefühl, alle würden ihn anstarren. Wird er verfolgt? Plötzlich zupft ihn ein älterer Herr an der Toga und raunt ihm ins Ohr: «Wir brauchen einen Brutus!» Endlich hat er das Haus erreicht. Rasch schlüpft er durch den Eingang, händigt dem Sklaven die Gerichtsakten aus und eilt in sein Arbeitszimmer. Dort wartet schon sein Sekretär mit Neuigkeiten: Auf den Sockel einer Statue des Lucius Brutus hat jemand geschrieben: «Wärst du nur am Leben!» Und auf dem Schreibtisch liegt ein versiegeltes Kuvert. «Von Cassius», flüstert der Sekretär und verlässt den Raum. Neugierig und ein wenig verwundert öffnet Brutus das Siegel.[21]

Praestat nemini imperare

Running Gag der Graffiti und Pamphlete, die in der zweiten Februarhälfte plötzlich überall in Rom auftauchten und die Marcus Brutus zum Ziel hatten, war dessen Abstammung von Lucius Junius Brutus. Auf sie nämlich beriefen sich der Prätor und seine Familie bei jeder Gelegenheit. Über jeden Zweifel erhaben war die Abstammung der plebejischen Junier von dem Gründerheros der Republik keineswegs. Wie viele der großen Sippen, die in der Republik den Ton angaben, und wie im Übrigen auch Caesars Vorfahren, hatten sich die Junier einen Stammbaum gebastelt, mit dem man in der Politik renommieren konnte. Solche Ahnengalerien waren durchaus auch politisches Programm. Die Iunii Bruti jedenfalls hielten sich stets viel darauf zugute, für die republikanische Freiheit einzutreten.

Die Familie hatte auch in jüngerer Zeit etliche Männer hervorgebracht, die im historischen Gedächtnis haften geblieben waren: Decimus Junius Brutus Pera, Konsul 266 v. Chr., und sein Bruder Marcus hatten 264 die ersten Gladiatorenspiele in Rom veranstaltet; Marcus Junius Brutus, Konsul 178, eroberte als Prokonsul ein Jahr später Istrien; zwei Vertreter des gleichen Namens waren im 2. Jahrhundert v. Chr. herausragende Juristen. Marcus' Vater, der ebenfalls Marcus hieß, war 83 v. Chr. Volkstribun gewesen (s. den Stammbaum S. 81). Später geriet er ins Fadenkreuz von Sullas Proskriptionen, überlebte aber wie durch ein Wunder. Nach Sullas Tod schloss er sich Marcus Aemilius Lepidus an, dem Vater von Caesars späterem Bundesgenossen, der für 78 v. Chr. auf einem popularen Ticket zum Konsul gewählt worden war und sich zum Sprecher der Opfer des Sulla-Regimes gemacht hatte. Lepidus und Brutus senior setzten sich an die Spitze einer Rebellion, die in Etrurien ihren Ausgangspunkt hatte und 77 v. Chr. von Quintus Lutatius Catulus, Lepidus' Kollegen im Konsulat, und von Pompeius niedergeschlagen wurde. Lepidus und Brutus senior kamen beide zu Tode.

Die Auseinandersetzung, die den jüngeren Marcus Brutus vaterlos machte, belastete nachhaltig das Verhältnis zwischen seiner Familie und den Sulla-Gefolgsleuten im Allgemeinen sowie Pompeius im Besonderen. Brutus' Onkel Cato, der Halbbruder seiner Mutter Servilia, nahm sich des noch nicht Zehnjährigen an und sorgte dafür, dass er eine ordentliche Erziehung und vor allem eine gründliche rhetorische Ausbildung erhielt. Cato führte den Jungen auch an die Philosophie heran, der stoisch beeinflusste platonische Philosoph Antiochos von Askalon wurde sein Lehrer. Weil Brutus' politischer Karriere wegen der Umstände, unter denen sein Vater zu Tode gekommen war, hohe Hürden im Weg standen, wurde er von einem anderen Bruder seiner Mutter, Quintus Servilius Caepio, adoptiert. Nach dessen frühem Tod 67 v. Chr. erbte Brutus das nicht unerhebliche Vermögen. In erster Ehe heiratete er, vermutlich 54 v. Chr., Claudia, eine Tochter des Appius Claudius Pulcher, der in diesem Jahr Konsul war.

Um dieselbe Zeit wagte Brutus die ersten Schritte auf der politischen Bühne. Er begleitete Cato nach Zypern, als der Führer der Senatsmehrheit durch Clodius mit der Annexion der ehemals ptolemäischen Insel beauftragt wurde. Später wurde er zum Pontifex gewählt und, 54 v. Chr., ins dreiköpfige Kollegium der Münzmeister. Die von Brutus verantworteten Münzen kehren mit ihren suggestiven Bildern die Verdienste der Familie, aber auch das Freiheitspathos der Republik gebührend heraus. Neben seinem Ahnherrn Lucius Brutus stehen andere Symbolfiguren der Freiheit im Vordergrund des Programms: vor allem die Freiheitsgöttin Libertas.[22]

Auf einem zweiten Denar prangt vorne das Porträt des Lucius Brutus, auf der Rückseite das eines weiteren, ebenfalls noch halbmythischen Vorfahren: Gaius Servilius Ahala. Der Patrizier soll 439 v. Chr. als Reiteroberst des Diktators Cincinnatus den Staatsstreich des Spurius Maelius niedergeschlagen haben. Der reiche Plebejer wurde beschuldigt, nach der Königswürde greifen zu wollen. Lucius Brutus, Servius Ahala und Libertas: Sie bildeten aus junischer Perspektive die heilige Dreifaltigkeit republikanischer Freiheit, die zu verteidigen der junge Politiker Brutus angetreten war.

53 v. Chr. erklomm der gut 30-Jährige mit der Quästur dann die erste Sprosse der senatorischen Ämterleiter. Caesar, dessen Affäre mit

Silberdenar des Marcus Junius Brutus, 54 v. Chr.
Avers: Bärtiger Kopf nach rechts. Legende: BRVTVS.
Revers: Bärtiger Kopf nach rechts. Legende: AHALA.

Brutus' Mutter Servilia notorisch war, bot dem hoffnungsvollen Jungpolitiker an, das Amt bei ihm in Gallien zu versehen. Brutus lehnte ab und ging stattdessen nach Kilikien, wo sein Schwiegervater als Prokonsul diente. Mit viel Geld verpflichtete er sich dort lokale Herrscher, darunter auch den galatischen Dynasten Deiotaros, der am Tiber enge Freundschaften – unter anderem zu Cicero, Cato, Pompeius, aber auch zu Caesar – pflegte und immer wieder eine aktive Rolle in der römischen Politik spielte.

52 v. Chr. in die Hauptstadt zurückgekehrt, trat Brutus als Autor verschiedener, lediglich in Fragmenten erhaltener Schriften an die Öffentlichkeit. Er publizierte eine Verteidigungsrede für Milo, den Mörder des Clodius, und teilte in einem Pamphlet über die Diktatur des Pompeius gegen den Großfeldherrn aus. Es sei besser, «wenn gar niemand herrscht, als wenn auch nur ein einziger Sklave ist», *praestat enim nemini imperare quam alicui servire*. Und: «Ohne ihn [Pompeius] kann man anständig leben, mit ihm aber gibt es keine Möglichkeit, überhaupt zu leben.» Cicero, der 51 v. Chr. Claudius Pulcher als Statthalter Kilikiens nachfolgte, gab er gute Ratschläge für die Verwaltung der Provinz. Überhaupt wurden die beiden Männer, vermittelt durch Atti-

cus, schnell enge Freunde: Er schätze «Brutus nicht weniger als Du, ja, beinahe hätte ich gesagt, als Dich», schreibt Cicero am 19. Dezember 51 an Atticus. Kurz vor Ausbruch des Bürgerkrieges schließlich verteidigte er seinen Schwiegervater erfolgreich in einem von Dolabella angestrengten Prozess wegen Wahlbestechung.[23]

Die Entscheidung, im Bürgerkrieg für die Republik Partei zu ergreifen, dürfte Brutus nicht schwergefallen sein. Zwar war das Verhältnis zu Pompeius familiär vorbelastet, und wie Cato hatte auch dessen Neffe lange in dem Sieger über Mithradates die größte Gefahr für den Konsens der Nobilität und damit die republikanische Freiheit gesehen. Doch ebenfalls wie Cato hatte er sich dann in den späten 50er Jahren eines Besseren besonnen und sich mit Pompeius arrangiert, weil der als Einziger Rettung vor Caesar versprach. Plötzlich stellte sich das alte Problem nämlich anders dar: Es war allemal besser, einer herrschte, als dass alle zu Sklaven wurden. Trotzdem ließ sich Brutus Zeit damit, sich förmlich mit Pompeius auszusöhnen. Er begab sich, als die Republikaner aus Italien flüchteten, zunächst in seine alte Provinz Kilikien, um dort Aushebungen vorzunehmen. Erst nach erfüllter Mission reiste er nach Macedonia zu Pompeius. Cato hatte ihn dazu aufgefordert, Pompeius die Hand zu reichen. Bei seinem Eintreffen wurde er von Pompeius freundschaftlich umarmt. So rührselig konnten römische Aristokraten das Ende ihrer Feindseligkeiten inszenieren, wenn das entsprechende Publikum zur Hand war.

Cicero, der an der geballten Arroganz der im Feldlager bei Pompeius versammelten senatorischen Elite verzweifelte, schrieb rund zwei Monate vor der Schlacht von Pharsalos an Atticus nur: *Brutus amicus.* Catos Neffe unterbrach seine philosophischen Studien selbst dann nicht, wenn das Heer Gewaltmärsche zurücklegen musste. Am Vorabend der Schlacht soll er Polybios gelesen haben. Vielleicht war es der griechische Geschichtsschreiber, der ihm nach Pharsalos die Augen dafür öffnete, dass der Drops gelutscht und die republikanische Sache verloren war. Von der thessalischen Stadt Larissa aus, wohin er vom Schlachtfeld entkommen war, schrieb er an Caesar und bat um Gnade. Die gewährte der Sieger nur allzu gern. Er ließ den Sohn seiner Geliebten zu sich kommen, verzieh ihm und nahm ihn in Ehren im Kreis seiner Freunde auf. Fortan war Brutus das Schaustück der *clementia Caesaris*: Wenn jemand Zweifel an der Aufrichtigkeit des nunmehrigen Diktators hegte, brauchte der nur auf Catos intellektuellen Ziehsohn zu deuten. Brutus nahm am Feldzug gegen Pharnakes teil und sekundierte Caesar mit den guten Kontakten, die er zu lokalen Dynasten unterhielt, als machtpolitisch die Karten in der Region neu gemischt wurden. Brutus hielt Kontakt zu Cicero und forderte den Freund auf, es ihm gleichzutun und die Begnadigung durch Caesar zu erwirken. Dass Brutus sich dennoch ein Quantum Unabhängigkeit bewahrte, bewies er, als er auf der Rückreise Caesar allein nach Italien weiterziehen ließ und selbst in Mytilene auf der Insel Lesbos Station machte, wo der von Caesar noch nicht begnadigte Marcus Claudius Marcellus im Exil weilte.

Den Winter 47/46 v. Chr. verbrachte Brutus in Italien. Er hielt sich in jenen Monaten viel auf seinen Landgütern am Golf von Neapel und in Tusculum nahe Rom auf, wo Cicero, der dort ebenfalls Villen besaß, ihm stets nahe war. Der intellektuelle Austausch regte den Vielschreiber zu dem Dialog *Brutus* an: Die Freunde Brutus und Atticus fungieren in der Schrift freilich nur als Stichwortgeber für Cicero, der als Hauptakteur weit ausholt und die Geschichte der Rhetorik seit Solon, Peisistratos und Perikles beleuchtet. Seit dem Frühjahr 46 v. Chr. verwaltete Brutus für Caesar die Provinz Gallia cisalpina und blieb dort bis April 45. In Gallien erreichte ihn die Nachricht von Catos Tod. Sie veranlasste ihn dazu, erst Cicero zu einer Lobrede zu inspirieren und dann, unzufrieden damit, selbst zur Feder zu greifen und ein Enkomion zu verfassen.[24]

Zu Cato bekannte Brutus sich auch, indem er Mitte 45 v. Chr. mit dessen Tochter Porcia den Bund fürs Leben schloss. Dazu trennte er sich von Claudia, mit der er zehn Jahre lang verheiratet gewesen war. Cicero schreibt am 17. Juni an Atticus, die Scheidung werde von der feinen Gesellschaft «nicht gebilligt». In der zweiten Jahreshälfte gehörte er zu denen, die Caesar nach dessen Rückkehr aus Spanien entgegenreisten. Als sich die Männer in Gallien begegneten, zeigte Caesar sich von seiner leutseligen Seite. Er lobte die Verwaltung der Gallia cisalpina durch Brutus und stellte ihm den begehrten Posten des Stadtprätors sowie einen Konsulat für das Jahr 41 in Aussicht. Ein weiterer Kandidat für die Prätur 44 v. Chr. war Cassius – eben jener Cassius, der Brutus irgendwann im Februar desselben Jahres zum Gespräch unter vier Augen aufsuchte.[25]

Kennst du dich selbst nicht?

Die beiden Männer waren miteinander verschwägert. Cassius war der Mann von Brutus' Schwester Junia Tertia. Im Bürgerkrieg hatten sie zunächst auf derselben Seite gekämpft und waren dann beide von Caesar begnadigt worden. Sonst aber hatten sie nicht viel miteinander gemein. Cassius war alter Pompeius-Anhänger, Brutus eingefleischter Republikaner, der sich dem Feldherrn erst in der Stunde höchster Not angeschlossen hatte. Sie waren in unterschiedlichen Lagern der römischen Elite verwurzelt und Rivalen um Ehren und Ämter. Die Rivalität kam zum Ausbruch, als Caesar den Schöngeist dem Haudegen vorzog und Brutus, nicht Cassius, zum Stadtprätor für das Jahr 44 machte. «Cassius erhebt den legitimeren Anspruch, aber Brutus soll die prestigereichere Prätur haben», soll Caesar gesagt haben. Cassius quittierte die als ungerecht empfundene Zurücksetzung mit Verstimmung. Die beiden waren keine Freunde, und es schien unwahrscheinlich, dass aus ihnen jemals welche werden würden.[26]

Dennoch war es Brutus, auf den vor allem Cassius seine Hoffnungen setzte, als der Mordplan so weit herangereift war, dass er die Einbeziehung von Mitverschworenen erzwang. So jedenfalls schildert es Plutarch, der sich für seine Brutus-Vita auf Quellen aus dessen nächster Umgebung stützen kann. Um Brutus für die Verschwörung zu gewinnen, bearbeitet der Prätor seinen Kollegen der Vita zufolge nach allen Regeln der Kunst. Brutus habe alles von Caesar haben können, sogar den Platz als zweiter Mann hinter dem Diktator, doch Cassius' Leute hätten ihn «von diesen Bestrebungen weggezogen». Nicht ohne Erfolg:

> Nicht, dass Brutus sich nach ihrem Zweikampf um die Ehre mit Cassius versöhnt hätte, aber er hörte auf dessen Freunde, die ihn ermahnten, sich nicht von Caesar einnehmen und erweichen zu lassen, sondern vor den Gunstbezeugungen des Tyrannen zurückzuweichen. Sie wurden ihm nicht als Belohnung für seine Tugend erwiesen, sondern um ihm seine Tatkraft und seinen Stolz auszutreiben.[27]

Diesen Gesprächen folgen die Flugblätter und Graffiti, die Brutus mit seiner Familiengeschichte konfrontieren und indirekt zum Handeln gegen den neuen Tyrannen auffordern. Sie kursieren wohl geraume Zeit und verfehlen ihre Wirkung keineswegs auf den Mann, der einst Libertas-Münzen hatte prägen lassen. Schließlich stattet Cassius seinem Schwager und Kollegen einen Hausbesuch ab, den ersten seit ihrem Zerwürfnis wegen der Stadtprätur. Zuerst vertreiben sich die beiden die Zeit mit Smalltalk. Es herrscht gelöste Stimmung, die gegenseitigen Kränkungen sind bald vergessen. Da bringt Cassius das Gespräch auf die Politik – und damit auf Caesar: Ob Brutus an der Senatssitzung am 1. März teilnehmen werde? Ihm sei zu Ohren gekommen, Caesars Freunde hätten geplant, den Diktator dort zum König auszurufen. Brutus entgegnet, er plane nicht, an der Sitzung teilzunehmen. «Und was, wenn wir herbeizitiert werden?», fragt Cassius. «Es wäre dann meine Pflicht», antwortet darauf Brutus, «nicht zu schweigen, sondern mein Vaterland zu verteidigen und für die Freiheit zu sterben.» Damit hat Cassius seinen Schwager dort, wo er ihn haben will. Vom Opfergang zum Attentat ist es nur ein kleiner Schritt, und damit Brutus ihn gehen kann, baut Cassius ihm jetzt eine goldene Brücke:

> Aber welcher Römer wird es zulassen, dass du in solch einem Akt der Verteidigung den Tod erleidest? Kennst du dich selbst nicht, Brutus? Oder glaubst du, dein Tribunal sei von Webern und Händlern mit Inschriften bedeckt worden, und nicht von den besten und einflussreichsten Bürgern? Von ihren anderen Prätoren verlangen sie Geschenke und Spektakel und Gladiatorenkämpfe; von dir aber, als eine Pflicht, die du

> deinem Geschlecht schuldest, die Abschaffung der Tyrannei; und sie sind bereit und willens, alles für dich zu erdulden, wenn du dich als das erweist, was sie erwarten und verlangen.[28]

Cassius weiß also ganz genau, wer die Urheber der Parolen sind, die Brutus zum Handeln auffordern. Das Gespräch ist damit zu Ende. Cassius küsst und umarmt seinen Schwager. Einträchtig machen sich die beiden auf zu den Freunden, Cassius' Freunden, versteht sich. Denn Plutarch nennt auch Cassius' Beweggrund dafür, so viel Zeit und Mühe zu investieren, um Brutus für die Verschwörung zu gewinnen: So sei es der Freundeskreis um Cassius gewesen, der ihn gedrängt, ja geradezu beschworen habe, sich an Brutus zu wenden. All diese Männer hätten zugestimmt, das Attentat zu unterstützen, wenn auch Catos Zieh- und Schwiegersohn mit von der Partie sein würde. Sie tragen sich offenbar mit ethischen Bedenken gegen das Mordkomplott, von denen Brutus sie erlösen soll. Ihr Argument lautet, nur mit Brutus als Galionsfigur sei die Rechtschaffenheit des Unternehmens sichergestellt. Man brauche «das Ansehen von jemandem wie ihm, der das Opfer gleichsam weiht und allein durch seine Teilnahme seine moralische Unanfechtbarkeit gewährleistet».[29]

Damit befinden sich Cassius' Freunde in bester Gesellschaft mit anderen Tyrannenmördern der Geschichte. Denn auch die hadern ja immer wieder mit dem ethischen Dilemma, für die Freiheit einem Menschen das Leben nehmen zu müssen. Indem er Brutus, der in einer Person Erzrepublikaner und persönlicher Freund Caesars war, an die Spitze der Bewegung stellt, lindert Cassius die Gewissensbisse all derer, die gleich ihm den Diktator aus dem Weg schaffen wollen. Nach dem Tod Catos ist Brutus, gleichauf mit Cicero, die moralische Instanz der Republik schlechthin. Er beglaubigt, gerade auch mit seinem Stammbaum, dass die Verschwörer nicht aus Eigensucht, sondern aus staatspolitischer Verantwortung handeln. Mit seiner alle anderen überragenden Autorität gibt er den Männern eine Perspektive über den Tag des Attentats hinaus. Ein besseres Aushängeschild als Brutus hätte Cassius nicht finden können.

Euangelia

Nach Plutarchs Lesart war Cassius also Haupt und Initiator der Verschwörung, Brutus sozusagen ihr republikanisches Gütesiegel. Verhielt es sich tatsächlich so? Oder war alles womöglich ganz anders? Kein Zweifel kann daran bestehen, dass die erste Februarhälfte die entscheidende Phase für das Zustandekommen der Verschwörung war. Denn bei Plutarch und Appian erwarten Brutus und Cassius die Königsproklamation Caesars am 1. März aus Anlass einer für diesen Tag anberaumten Senatssitzung. Ihre Furcht wäre nach der missglückten Krönung Caesars bei den Luperkalien gegenstandslos gewesen. Deshalb muss die Unterredung zwischen den beiden Köpfen der Verschwörung vor dem 15. Februar, dem Tag des Luperkalienfestes, stattgefunden haben. Vermutlich in der ersten Februarhälfte kam es also zu den Begegnungen, bei denen die Weichen auf Mord gestellt wurden. Die Frage ist nur, wer wen traf und von wem der Anstoß ausging. Die Quellen sind sich in diesem entscheidenden Punkt nicht einig.[30]

Am dichtesten bei Plutarch ist Appian. Das ist nicht weiter verwunderlich, denn beide Autoren stützten sich für ihre Schilderung der Verschwörung auf dieselbe Quelle, die Brutus-Biographie des Rhetors Empylos von Rhodos. Teilweise folgen beide Autoren ihrer Vorlage wortwörtlich, so auch bei der Unterredung zwischen Brutus und Cassius. Trotzdem interpretiert Appian deren Bedeutung etwas anders als Plutarch. Zwar eröffnet auch bei ihm Cassius das Gespräch mit der Frage nach Brutus' Plänen für die Senatssitzung am 1. März, doch fehlt jeder Hinweis auf die systematische Vorarbeit durch Cassius. Bei Appian treffen die beiden einander «unmittelbar vor der Senatssitzung». Dann ergreift Cassius Brutus bei der Hand und spricht ihn an. Der nun folgende Dialog wirkt eher wie ein vorsichtiges gegenseitiges Abtasten als wie der Versuch des Cassius, seinen Schwager für das Attentat zu gewinnen. Brutus und Cassius sind bei Appian gemeinsam Anstifter zur Verschwörung.[31]

Wieder anders ist der Eindruck, der sich beim Lesen der anderen Berichte aufdrängt. Sueton, der sonst gerne mit Details aufwartet, erklärt nur knapp, Cassius und Brutus seien die *principes conspirationis* gewesen: die Urheber, aber eben auch die Köpfe des Unternehmens. Bei Cassius Dio fasst ausdrücklich Brutus als Erster den Plan zum Tyrannenmord. Die Schilderung des bithynischen Senators nennt die Brutus-Graffiti und -Pamphlete, aber auch den Einfluss seines Onkels Cato als treibende Faktoren. Brutus habe, als sein Entschluss feststand, Cassius als Partner gewonnen. Eine dritte Version verdanken wir Nikolaos von Damaskus, der – in dieser Reihenfolge – Decimus Brutus, Cassius und Marcus Brutus als «Hauptverantwortliche» der Verschwörung nennt.[32]

Von den fünf Gewährsleuten ist Cassius Dio, der sich hauptsächlich im mehr oder weniger zeitgenössischen Geschichtswerk des Titus Livius bediente, der unzuverlässigste. Plutarch und Appian schöpfen mit Empylos aus einer guten, allerdings Brutus stark zugetanen Quelle. Der Stoiker macht denn auch vor allem bei Plutarch eine tadellose Figur: Er ist nicht der, der sich die Finger schmutzig macht, indem er einen Mordplan ausheckt, sondern ein aufrechter Republikaner, der aus den lautersten Motiven einer guten Sache seine Autorität verleiht. Der Bericht des Nikolaos ist von allen erhaltenen Texten am dichtesten an den Ereignissen, aber er bleibt, was die Urheberschaft der Verschwörung angeht, fast ebenso vage wie Sueton. Allein aufgrund dieser Quellenlage entscheiden zu wollen, wer die treibende Kraft hinter dem Attentat war, ist unmöglich. Klarheit kann nur ein Blick auf die Motivlagen der einzelnen Akteure verschaffen.

Im Fall des Brutus ist das nicht allzu schwer. An der Aufrichtigkeit seiner republikanischen Gesinnung kann kein Zweifel bestehen. Von den Münzprägungen des Jahres 54 führt eine schnurgerade Linie über die widerstrebende Anerkennung des Pompeius als Führer der Republikaner im Bürgerkrieg zum unzweideutigen Bekenntnis zu Cato nach dessen Selbstmord bis hin zur Hochzeit mit dessen Tochter Porcia. Persönlichen Groll gegen Caesar, den er als Intellektuellen schätzte, hegte Brutus nicht. Er suchte selbst um Gnade beim Sieger von Pharsalos nach und erhielt sie ohne Wenn und Aber. Anders als Cato sah er darin keine Kompromittierung seiner ethischen Maßstäbe und auch nicht seiner persönlichen Ehre. Und was Ehre anging: Die Karriere, die sich für ihn dank der Protektion durch Caesar deutlich abzeichnete, konnte sich durchaus sehen lassen. Ein Historiograph des 1. Jahrhunderts n. Chr. behauptet, Caesar habe Brutus verprellt, weil er ihm keinen Konsulat in Aussicht stellte. Das aber ist reiner Unfug. Brutus bekleidete nicht nur die besonders herausgehobene Stadtprätur, sondern war in diesem Amt auch dem älteren und besser qualifizierten Cassius vorgezogen worden. Er hatte die zweite Stufe der Ämterlaufbahn kurzerhand übersprungen und war zudem noch *suo anno* Prätor geworden, wenn man die altrepublikanischen Maßstäbe anlegt: mit 40 Jahren.[33]

AKTENVERMERK DES HISTORIKERS: *All das macht Brutus nicht unbedingt zum Hauptverdächtigen, wenn es darum geht, eine Verschwörung gegen Caesars Leben anzuzetteln.*

Selbst seine republikanischen Überzeugungen konnte Catos Neffe erstaunlich lange mit seiner Teilhaberschaft am System Caesar vereinbaren. Er gab sich nämlich lange, für einen brillanten Kopf wie ihn sogar erstaunlich lange, der Illusion hin, der Diktator werde, ähnlich wie ehedem Sulla, irgendwann seiner Macht entsagen und die alten Verhältnisse wiederherstellen. Noch am 17. August 45 v. Chr., also während Brutus Caesar nach Gallien entgegenritt, schrieb Cicero an Atticus, er habe einen Brief von dem gemeinsamen Freund erhalten, in dem dieser seiner Überzeugung Ausdruck gibt, Caesar werde ins Lager der «guten Männer» einschwenken: *illum ad bonos viros!* Im Jargon der Republikaner sind mit dieser Wendung die Optimaten alter Schule gemeint, also jene Männer, die Caesar seit seinem ersten Konsulat auf das Inbrünstigste bekämpft hatten. Cicero kommentiert denn auch die Zuversicht des Freundes mit einer gehörigen Portion Ironie: *euangélia*, «hurra!», fügt er auf Griechisch hinzu. Und in Anspielung darauf, dass viele seiner politischen Weggefährten ihre Zelte längst in der Unterwelt aufgeschlagen haben: «Wo sind denn all die Optimaten hin? Er müsste sich schon einen ganz festen Strick nehmen.»[34]

Wie konnte Brutus auf den Gedanken verfallen, aus Caesar könne ein Optimat werden, der die Republik in ihrer alten Pracht wiederauferstehen lassen würde? Nun, sein Optimismus und Ciceros Skepsis dürften sich aus einem grundverschiedenen Naturell, vor allem aber aus unterschiedlichen Erfahrungen gespeist haben. Während Cicero die Jahre der Diktatur als eine Zeit erlebte, in der er *otium cum dignitate* genießen durfte, aber von jeder Möglichkeit ausgeschlossen war, Politik mitzugestalten, hatte Brutus' Karriere unter Caesar erst richtig an Fahrt aufgenommen. Und wohingegen Cicero jedes Mal ängstlich mit sich zu Rate ging, welches Quantum Kritik an dem großen Diktator wohl erlaubt war, merkte Brutus, dass Caesar ihm so einiges würde durchgehen lassen. Servilias Sohn beging einen Fehler, den Nutznießer von Diktaturen in vergleichbarer Lage immer wieder machen: Er schloss von den Freiheiten, die man ihm einräumte, auf das System als Ganzes.

Dass die Diktatur mit seinen Vorstellungen von Freiheit inkompatibel war, dass der Sieger des Bürgerkriegs gar nicht daran dachte, die Macht wieder in die Hände von Senat und Volk zurückzulegen und dass es folglich mit Caesar auch keine Restauration der Republik geben würde, all das dämmerte Brutus erst, als Caesar nach dem Sieg von Munda sein Quartier in Rom aufgeschlagen und dort für alle sichtbar kundgetan hatte, wie er sich die politische Ordnung der Zukunft vorstellte. Caesars Brüskierung des Senats, sein Spiel mit dem Diadem, seine Maßnahmen zur Befestigung der Alleinherrschaft über den eigenen Tod hinaus: All das kollidierte auf brutale Weise mit Brutus' naiver Vorstellung, Caesar sei ein zweiter Sulla, nur eben ohne Proskriptionen. Der plötzliche Absturz aus dem Wolkenkuckucksheim des mit Caesar versöhnten Republikaners muss schmerzhaft gewesen sein.

Brutus hatte im Februar 44 unabweisbar ein starkes Motiv, sich der bereits anlaufenden Verschwörung anzuschließen. Es bedurfte vermutlich keiner großen Überredungskünste, ihn zum Mitmachen zu bewegen. Man könnte es hier sein Bewenden haben lassen. Die Frage nach Brutus' möglicher Urheberschaft ist nämlich mit viel größeren Unwägbarkeiten behaftet als die nach den Gründen für seine Mittäterschaft.

Vermutlich fühlte er sich missbraucht. Sicher war er enttäuscht. Wahrscheinlich stellte sich ihm auch die eigene Karriere jetzt in weniger glänzendem Licht dar als noch wenige Monate zuvor.

AKTENVERMERK DES HISTORIKERS: *Sind das Beweggründe, die jemanden, und noch dazu jemanden wie Brutus, zur treibenden Kraft eines Mordkomplotts machen? Gerade sein intellektuelles Dispositiv, das sich ja maßgeblich aus dem Stoizismus speiste, spricht vehement dagegen. Verlangte die Stoa nicht Affektkontrolle? War nicht Unerschütterlichkeit,* ataraxía, *eine ihrer wichtigsten Maximen? Dass Brutus aus Erschütterung über seinen Irrtum zum Initiator der Attentatspläne wurde, erscheint in diesem Licht nicht unmöglich, aber doch eher unwahrscheinlich.*

Antonius, oder:

Nur Jupiter ist König

(15. Februar 44 v. Chr.)

Licinius wird zum ersten Mal mitlaufen. Es ist das Fest der Luperkalien. Ganz Rom ist auf den Beinen. In dichten Trauben stehen die Menschen auf dem Forum, am Tiber und auf dem Viehmarkt. Sie wollen die Läufer sehen. Wie die anderen jungen Aristokraten ist Licinius fast nackt, nur ein paar Bänder wehen von seinen Hüften. Seine Haut glänzt vom Öl. Erst dieses Jahr hat man ihn zum Wolfsbruder gemacht, und er wurde gleich ins neue Kollegium der Iuliani aufgenommen. Welch eine Ehre, im Namen des Diktators um den Palatin zu laufen! Licinius scherzt mit seinen Kameraden, den Jüngeren steht das Lampenfieber ins Gesicht geschrieben. Die Älteren reißen zotige Witze. Da bahnt sich der Chef seinen Weg durch die Meute der jungen Männer: Antonius. Der Konsul ist das Oberhaupt der Iuliani, von allen ehrfürchtig bewundert. Ein Kumpel des großen Caesar, der mit ihm in Gallien durch dick und dünn gegangen ist. Aus der Miene des Konsuls spricht verwegene Entschlossenheit, aber auch eine gewisse Anspannung. Licinius blickt ungläubig, als Antonius ausgerechnet vor ihm stehen bleibt und ihm einen Lorbeerkranz in die Hand drückt. «Junger Mann, du musst etwas für mich erledigen.»[35]

Nummer zwei

Als Marcus Antonius sich am 1. August 30 v. Chr. in Alexandria in sein Schwert stürzte, war der Bürgerkrieg endlich vorbei. Rom hatte fortan nur noch einen Herrscher, und daran sollte sich bis zur endgültigen Teilung des Imperiums in zwei Hälften 395 n. Chr. nur noch dann etwas ändern, wenn ein Kaiser freiwillig seine Macht mit anderen Männern teilte. Antonius hatte seine letzte Schlacht verloren. Der junge Caesar, der spätere Augustus, war nun im Besitz der alleinigen Macht. Er stand an diesem Tag vor dem gleichen Problem, mit dem Caesar im letzten Jahr seines Lebens konfrontiert gewesen und an dessen Lösung der Diktator schließlich gescheitert war: Wie ließ sich Allmacht in dauerhafte Herrschaft umwandeln? Die Geschichte weiß, dass der junge Caesar die Klippe meisterte. Der alte hingegen hatte an ihr Schiffbruch erlitten.

Hätte Antonius und nicht der junge Caesar den Bürgerkrieg für sich entschieden, dann wäre das Imperium, das aus der Asche dieses Konfliktes erstand, ein ganz anderes geworden. Wie hätte es ausgesehen? Die Quellen zeichnen von Antonius ein düsteres Bild. Wachs in den Händen Kleopatras soll er gewesen sein, der Agent einer fremden Macht. Wäre das Imperium wirklich «orientalisch» geworden, wie die von Augustus beeinflusste spätere Geschichtsschreibung uns glauben machen will? Wäre Rom, wäre Italien zur bloßen Peripherie eines Reiches herabgesunken, das von den Scipionen, von Marius, Pompeius und Caesar errichtet worden war? Zweifel daran, dass es so hätte kommen können, sind angebracht. Antonius war zu keinem Zeitpunkt eine Marionette der ägyptischen Königin, auch wenn wohl echte, tiefe Zuneigung die beiden verband. Das Bündnis mit Ägypten war vor allem machtpolitisch unverzichtbar. Für seine Expansionspläne im Osten benötigte Antonius den Rückhalt des Landes am Nil. Er dezentralisierte die römische Herrschaft und verkleinerte Provinzen zugunsten von Klientelkönigen. Sein Partherfeldzug 36 v. Chr. war ein grandioser Fehlschlag, der gelungene Rückzug des Heeres auf den sicheren Boden der römischen Provinzen aber eine militärische Meisterleistung.

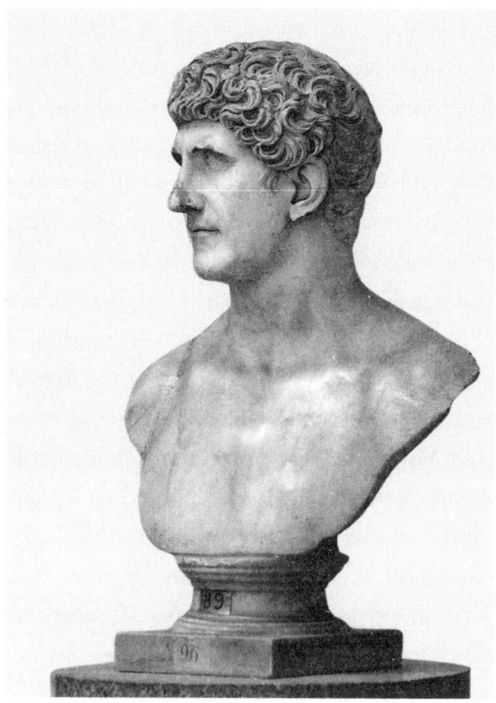

Büste des Marcus Antonius, Vatikanische Museen

Nach den Iden des März hatte Antonius das Machtvakuum gefüllt, und er blieb einige Jahre lang der mächtigste Mann der römischen Welt. Zu keinem Zeitpunkt war es in Stein gemeißelt, dass der junge Caesar und nicht Antonius als Sieger aus dem Bürgerkrieg hervorgehen würde.

Antonius war eine Karriere, die ihn ins Zentrum der römischen Macht führen würde, nicht unbedingt in die Wiege gelegt. Er war der älteste Sohn des Marcus Antonius Creticus. Dieser Mann taucht zum ersten Mal 74 v. Chr. als Prätor in der Überlieferung auf, der ein außerordentliches Kommando gegen die überall im Mittelmeer aktiven Piraten erhielt. Creticus soll 71 v. Chr. eine Niederlage gegen die Kreter erlitten haben, aber möglicherweise, ja nahezu sicher, verdreht die spätere, Antonius-feindliche Überlieferung die Fakten zu Ungunsten seines Vaters. Hätte er Creticus geheißen, wenn der Krieg ein totaler

Fehlschlag gewesen wäre? Kurze Zeit nach diesen Kämpfen starb Antonius senior auf der Mittelmeerinsel. Viel mehr ist zu ihm nicht überliefert, außer, dass er seinem Sohn nichts als Schulden hinterließ. Creticus' Bruder war Gaius Antonius Hybrida, der gemeinsam mit Cicero den Konsulat des Jahres 63 bekleidet und zunächst halbherzig die Catilinarier unterstützt, sie dann aber bekämpft und schließlich die Provinz Macedonia zur Verwaltung erhalten hatte. Er war berüchtigt für seine Raffgier, später machte man ihm aus nicht näher bekannten Gründen den Prozess. Ciceros Verteidigung seines ehemaligen Kollegen blieb erfolglos, und Hybrida musste ins Exil gehen, aus dem ihn erst Caesar irgendwann nach 49 v. Chr. wieder zurückholte. Creticus' und Hybridas Vater und damit Antonius' Großvater war Marcus Antonius, genannt Orator, «der Redner». Wie später sein Sohn Creticus bekämpfte er im Osten die Piraten, doch anders als dieser hatte er 100 v. Chr. einen Triumphzug feiern dürfen. Ein Jahr später wurde er Konsul, 97 v. Chr. sogar Zensor. Orator machte sich einen Namen als Gerichtsredner und prägte die römische Rhetorik der folgenden Jahrzehnte. Cicero setzte dem Anhänger Sullas, der in den Wirren des popularen Terrors unter Marius und Cinna den Tod fand, in seiner Schrift *De oratore* ein Denkmal.

Marcus Antonius, ohne Beinamen, wurde um 83 v. Chr. geboren. Nahezu alles, was wir über seine frühen Jahre wissen, stammt aus Ciceros *Philippica*, einer Serie von 14 Schmähreden gegen Antonius, die der alternde Politiker zwischen September 44 und April 43 v. Chr. hielt. Die vermeintlichen Informationen sind deshalb nur mit äußerster Vorsicht zu genießen: Antonius soll in den späten 60er und frühen 50er Jahren zum Kreis der *barbatuli iuvenes* um Clodius gehört haben. Danach entwich er, um seinen Gläubigern zu entfliehen, ins Exil nach Griechenland, wo er sich rhetorischen Studien widmete. Unter dem Prokonsul Aulus Gabinius diente er in Judäa. In dem notorisch unruhigen Tempelstaat unterstützten die Römer den Hohepriester Johannes Hyrkanos II., der in einer Familienfehde gegen seinen Neffen Alexander kämpfte. Gabinius war ein Gefolgsmann des Pompeius, wechselte aber später ins Lager Caesars. In Judäa bewährte sich Antonius als

Reiterführer. Vermutlich deswegen berief Caesar ihn 54 v. Chr. zu sich nach Gallien, wo er als Legat ebenfalls Kavallerieverbände führte. In Rom für 52 v. Chr. zum Quästor gewählt, kehrte er nach Gallien zurück, um in Belgien ein selbständiges Kommando zu führen. 50 v. Chr. sandte Caesar ihn abermals nach Rom, um ihn zum Augur wählen zu lassen. Das Priesterkollegium der Auguren war für die Beobachtung des Vogelfluges zuständig. Im vorzeichengläubigen Politikbetrieb der Republik konnte das Amt ein wirksamer Hebel sein, um politische Entscheidungen zu verhindern, denn wenn die Omina ungünstig waren, durfte die Volksversammlung nicht zusammentreten. Seine Wahl verdankte er auch der Gewalt, die von Caesars Parteigängern in die Straßen der Hauptstadt getragen wurde. Für 49 v. Chr. wurde Antonius zum Volkstribun gewählt. Gemeinsam mit seinem Kollegen Quintus Cassius ließ er am 1. Januar das letzte Kompromissangebot Caesars im Senat verlesen. Nachdem die Worte ungehört verhallt waren, warf ihn der Konsul Lentulus in hohem Bogen aus der Kurie.

Im Bürgerkrieg war Antonius zunächst unbestritten der zweite Mann hinter Caesar. Er eroberte während des Italienfeldzugs Arretium, vertrat Caesar, als der Diktator in Spanien und Afrika Krieg führte, organisierte von Brundisium aus den Nachschub, während auf dem Balkan gekämpft wurde, und kommandierte bei Pharsalos den linken Flügel von Caesars Streitmacht. Militärisch konnte er mit dieser Bilanz durchaus überzeugen, doch stellte seine Amtsführung in Italien Caesar offenbar weniger zufrieden. Antonius unterdrückte die von Dolabella angefachten popularen Unruhen mit brutaler Gewalt, und Caesar hatte Mühe, das ramponierte Image seiner Herrschaft aufzupolieren, nachdem er von dem Feldzug gegen Pharnakes zurückgekehrt war. Außerdem sagte man Antonius eine Affäre mit der Tänzerin Cytheris nach. Dass der Chef diese Beziehung zu einer stadtbekannten Halbweltdame missbilligte, bekam Antonius sogleich zu spüren. Als Caesar 46 v. Chr. seinen dritten Konsulat bekleidete, wurde nicht Antonius, sondern Lepidus sein Kollege. Lepidus wurde im darauffolgenden Jahr auch Reiteroberst und damit Stellvertreter des Diktators. Auf den Afrikafeldzug begleitete Antonius Caesar nicht, und ebensowenig auf den

Spanienfeldzug. Seine Rolle beschränkte sich darauf, dem Diktator nach dessen Sieg bei Munda entgegenzureiten. Und in den Überlegungen, wer 45 v. Chr. Konsul werden könne, spielte er ebenfalls keine Rolle. Tatsächlich trat Caesar den Konsulat im Januar zunächst alleine an, *sine collega*.

Antonius hatte derweil Zeit, sein chaotisches Privatleben in Ordnung zu bringen. Immerhin das gelang. Er heiratete Fulvia, die zur popularen Hautevolee zählte: In erster Ehe mit Clodius verheiratet, war sie nach dessen Tod für kurze Zeit Curios Frau gewesen. Die doppelte Witwe brachte einen Haufen Geld und Street Credibility in die Ehe ein, zwei Ressourcen, von denen man im Rom jener Jahre gar nicht genug haben konnte. Fulvia war an typisch weiblichem Zeitvertreib nicht interessiert, ihr Metier war die Politik. Später, im ausbrechenden Bürgerkrieg nach Caesars Ermordung, stand sie buchstäblich ihren Mann: Nicht nur versuchte sie mit einem rührseligen Auftritt am Eingang zur Kurie zu verhindern, dass der Senat ihren Gatten zum Staatsfeind erklärte (was dennoch geschah), sie soll auch mit einem Schwert am Gürtel Soldaten Befehle gegeben und die italische Landbevölkerung gegen den Gegner – Oktavian – aufgehetzt haben.

Fulvia gab ihrem Gatten offenbar Maß und Mitte zurück. Dennoch: Der Eindruck drängte sich auf, dass Antonius seinen Platz als Nummer zwei im Staat verloren hatte. Andere schienen ihn in der Gunst des Diktators überholt zu haben. Vor allem Lepidus, der älter war als Antonius und in den 50er Jahren noch nicht zum engeren Kreis um Caesar gehört hatte, spielte eine immer größere Rolle. Der Sohn eines Konsuls hatte in seiner Eigenschaft als Prätor Caesar 49 v. Chr. zum Diktator bestellt und anschließend einen für das neue Regime gefährlichen Konflikt in Spanien entschärft. Er hatte den Weg für eine Verhandlungslösung gewiesen und so sein diplomatisches Geschick unter Beweis gestellt. Dafür hatte er sogar einen Triumph feiern dürfen. Die Spatzen pfiffen es von den Dächern, dass Caesar Lepidus mehr politisches Fingerspitzengefühl zutraute als dem glücklos vor sich hin dilettierenden Antonius.

Luperkalien

Nicht nur Antonius musste sich Sorgen machen. Befürchtungen, die Republik könne eines Tages zur Monarchie werden, schienen sich im noch jungen Jahr 44 v. Chr. auf frappante Weise zu bestätigen. Am 15. Februar feierte man in Rom das Fest der Luperkalien. Um seine Entstehung rankten sich Mythen – wie praktisch um alles, was mit Religion zu tun hatte. Stifter soll der König Euander gewesen sein, der, so will es die Sage, auf dem Palatin eine Vorgängersiedlung der Stadt Rom gegründet hatte. Aber auch Romulus wurde mit dem Fest in Verbindung gebracht. Genaueres wussten die Römer selbst nicht. Die Anfänge der Luperkalien verloren sich im Dunkel der eigenen Frühgeschichte.

Gefeiert wurde an den Luperkalien der Gott Faunus, der als *lupercus* die Herden gegen Wölfe beschützte: *lupi*. Das Fest passt in das Bild, das sich die Römer von den Anfängen ihrer Geschichte machten: Romulus und sein Zwillingsbruder Remus waren als Kinder ausgesetzt und von einer Wölfin gesäugt worden. Dann hatte sie ein Hirte großgezogen, und später hatte Romulus Rom gegründet. Auch die Kumpane, mit denen er seine Stadt zuerst bevölkerte, waren Hirten, raue Gesellen. Das Heiligtum des Faunus befand sich in einer Höhle im Südwestabhang des Palatin, gegenüber dem Forum Boarium. Darin stand die Statue des Gottes. Er war splitternackt. Nicht weit von der Höhle entfernt befanden sich der Tempel für Rumina, die Göttin des Stillens, und ein Feigenbaum. Dort waren der Sage nach Romulus und Remus durch das Wirken des Flussgottes Tiberinus ans Ufer gespült und dann von der Wölfin gesäugt worden.

Die Lupercal genannte Höhle und das Forum waren die Schauplätze der Luperkalien. Das Fest begann mit dem Opfer eines Ziegenbocks für Faunus. Die Aufsicht führte der Oberpriester des Jupiter Optimus Maximus, der *flamen Dialis*. Die vestalischen Jungfrauen assistierten. Durchgeführt wurde das Opfer von einem Mitglied der «Wolfsbruderschaft». Die Luperci bildeten zwei Priesterkollegien, deren Mitglieder jüngere Männer zwischen 20 und 40 Jahren waren. Jedem Kollegium stand ein Magister vor. Am 15. Februar 44 v. Chr.

wurde ein drittes Kollegium geschaffen, das zu Ehren Caesars den Namen «Iuliani» erhielt. Antonius wurde erster Magister des neuen Kollegiums.

Nach dem Opfer traten zwei der Luperci vor den Altar. Man bestrich ihre Stirn mit dem frischen Blut des Ziegenbocks, anschließend säuberte man sie mit in Milch getunkter Wolle. Dann brachen die Luperci in rituelles Gelächter aus. Nach dieser Zeremonie begann das Opfermahl. Während die Anwesenden feierten, schnitten die Mitglieder der Luperci-Kollegien das Ziegenfell in Streifen. Die Riemen band man sich um die nackten Hüften. Derart spärlich bekleidet liefen die Männer entlang der uralten Stadtgrenze um den Palatin, wobei sie

> zum Spaß und Gelächter die Umstehenden mit zotteligen Riemen schlugen. Auch viele Frauen von Rang stellten sich ihnen absichtlich in den Weg und boten wie Kinder in der Schule ihre Hände zum Schlagen an, weil sie glaubten, dass den Schwangeren so zu einer leichten Geburt und den Unfruchtbaren zu einer Schwangerschaft verholfen werde.[36]

Plutarch berichtet, wie Caesar an jenem Februartag den Feierlichkeiten zusah. Er hatte auf der Rostra auf einem goldenen Sessel Platz genommen. Der Diktator trug das purpurne Triumphalgewand, das ihn aus der Masse der weiß gekleideten Senatoren heraushob. Um ihn herum standen im Halbkreis die Männer, auf denen das neue Regime ruhte: der Reiteroberst Lepidus und etliche andere hochrangige Senatoren. Auf der Rostra bei Caesar befanden sich mit dem Prätor Cassius und Publius Servilius Casca auch mindestens zwei der Männer, die seine Mörder werden sollten. Die Rednertribüne auf dem Forum hatte Caesar selbst neu errichten lassen, und sie trug seinen Namen: Rostra Caesaris. Das fast vier Meter hohe Bauwerk am Westende des Forums war noch nicht ganz fertig. Seinen eigentlichen Zweck hatte es ohnehin verloren, denn die Komitien waren unter dem neuen Regime nur noch pro forma das wichtigste Beschlussorgan des römischen Gemeinwesens. Politische Versammlungen, wie sie in der Politik an der Tagesordnung gewesen waren und stets große Menschentrauben angezogen hatten, waren aus der Mode gekommen. Das aber tat dem Effekt keinen Abbruch, den Caesar mit der Zurschaustellung seiner Person an den Luperkalien erzielte. Im Gegenteil. Weithin sichtbar thronte der Diktator über dem in Scharen auf dem Forum zusammengeströmten Volk. Die Inszenierung war eines Königs würdig, und das war wohl auch die Wirkung, die Caesar erzielen wollte.

Sollte die Menge ein großes Spektakel erwartet haben, wurde sie nicht enttäuscht, wenn auch wohl die Wenigsten mit dem gerechnet hatten, dessen Zeugen sie auf dem Forum wurden. Antonius war einer der Läufer. Das war nur natürlich, schließlich stand er dem neu gegründeten Kollegium der Iuliani vor. Doch darin war die Rolle des Konsuls an diesem Tag noch nicht erschöpft. Gemeinsam mit den anderen Luperci hatte er die Runde um den Palatin absolviert und führte dann eine Prozession quer über das Forum an, der sich die Läufer und schließlich auch die Umstehenden anschlossen. Zum Halten kam der Umzug zu Caesars Füßen vor der Rostra. Von dem, was nun geschah, berichten diverse Quellen. Die ausführlichste Darstellung stammt von einem Zeitgenossen, wenn auch von einem, der zum fraglichen Zeitpunkt selbst nicht in Rom war, sondern weit im Osten, in Syria: Nikolaos von Damaskus zufolge nähert sich ein Lupercus namens Licinius der Rednertribüne. In der Hand trägt er einen Lorbeerkranz, durch den etwas Helles schimmert. Wer nahe genug steht, erkennt darin ein golddurchwirktes Band, das hinten zusammengeknotet ist: ein Diadem, wie es seit Alexander dem Großen die Monarchen im Osten tragen.

Diadem

Die Umstehenden hieven Licinius auf ihre Schultern, so dass er Caesar die Binde zu Füßen legen kann. Da rufen erst Einzelne, schließlich die ganze Menge: «Setzt es ihm auf den Kopf!» Caesar am nächsten steht Lepidus. An ihn richten sich die Rufe, doch er zögert. Da ergreift Cassius das Diadem und legt es Caesar auf den Schoß. Mit der Hand macht der Diktator eine abwehrende Geste. Das Forum wird im selben Moment zum Hexenkessel: *Salve-rex*-Rufe werden laut. Die Menge brüllt aus Leibeskräften, und Antonius, noch immer fast nackt, springt auf das Podium. Er ergreift das Diadem und setzt es Caesar auf den kahl werdenden Schädel. Der aber nimmt das Diadem ab und wirft es in die Menge. Die Schaulustigen in der Nähe geben lärmend ihrem Unmut Ausdruck und fordern Caesar auf, dem Volk die Gunst zu gewähren und das Diadem anzunehmen. Doch im weiten Rund des Forums brandet laut Applaus auf. Während die Menge tobt, umarmt Antonius den großen Mann, reicht das Diadem den Umstehenden und trägt ihnen auf, damit eine Statue des Diktators zu bekränzen.[37]

Caesars Ahnungslosigkeit und das Überraschungsmoment werden in den Quellen nirgends so klar herausgearbeitet wie bei Nikolaos. Auch das wichtige Detail, dass Cassius das Diadem auf Caesars Schoß legt, findet nur bei dem griechischen Geschichtsschreiber Erwähnung. Die Geste ist aus Sicht gerade dieses Verschwörers, der als Erster und mit der größten Konsequenz den Plan zu Caesars Ermordung fasste, absolut plausibel: Indem er die Binde auf seinem Schoß platziert, legt Cassius Caesar den Ball sozusagen auf den Elfmeterpunkt. Er steigert die Versuchung zum Äußersten: Caesar muss nur noch nach dem Diadem greifen und es sich auf den Kopf setzen. Nicht mehr als eine Handbewegung trennt ihn vom Königtum. Caesar allein weiß, welche Willensanstrengung es ihn kostet, die Binde dort zu lassen, wo sie liegt. Hätte er der Versuchung nachgegeben, Cassius hätte sich um Zulauf zu seiner Verschwörung keine Sorgen mehr machen müssen.

Die späteren Quellen erzählen die Geschichte in Versionen, die ebenfalls die zentrale Rolle des Antonius und die Zurückweisung des Diadems durch Caesar betonen, aber mit unterschiedlichen Nuancierungen und weniger deutlich als Nikolaos. Livius lässt Antonius Caesar das Diadem aufs Haupt setzen, worauf der Diktator es hinter sich auf den Sessel legt. Velleius Paterculus macht Antonius zum alleinigen Regisseur und hebt den Hass auf Caesar hervor, den er mit seiner Tat ausgelöst habe. Nach Cassius Dio grüßen Antonius und die Luperci Caesar als König, woraufhin der eine Konsul dem anderen das Diadem aufs Haupt gesetzt und gesagt habe: «Das Volk bietet dir dies durch mich dar.» Caesar habe entgegnet: «Nur Jupiter ist König der Römer», und das Diadem in den Tempel des Jupiter Optimus Maximus aufs Kapitol schaffen lassen. Caesar sei nicht zornig gewesen, sondern habe lediglich verlauten lassen, er habe die Königswürde abgelehnt, als sie ihm vom Volk durch den Konsul angetragen worden sei. Von dem Befehl, das Diadem aufs Kapitol zu bringen, weiß auch Sueton, nach dessen Schilderung Antonius zuvor mehrfach vergeblich versucht hat, Caesar die Königsbinde auf den Kopf zu setzen. Plutarch wiederum lässt Antonius mit dem Diadem in der Hand aufs Forum stürmen und es Caesar hinhalten. Darauf habe sich leiser Applaus erhoben. Auf Caesars Zurückweisung sei dann starker Beifall aufgebrandet. Dieses Schauspiel habe sich ein paarmal wiederholt. Caesar habe dann die Königswürde endgültig abgelehnt, worauf die Menge in Jubelstürme ausgebrochen sei. Endlich habe Caesar das Diadem zum Kapitol geschickt und sich erhoben. Außer sich vor Wut habe er die Toga vom Hals gezogen und gebrüllt: «Wer mag, der soll ruhig zustechen!»[38]

Nur ein Jahr nach dem Geschehen hat Cicero die Luperkalien-Episode für seine zweite Philippische Rede verwendet. Er zieht die Geschichte ins Lächerliche, lässt vor dem geistigen Auge seiner Zuhörer den fast nackten Antonius erstehen, wie er Caesar das Diadem aufsetzt. Cicero will überhaupt keinen Beifall gehört haben, sondern nur *gemitus*, unwilliges Raunen, Stöhnen, Buhrufe. Der große Redner reduziert die Szene auf zwei Akteure: Caesar, wie er in der Purpurtoga auf dem goldenen Sessel sitzt, und Antonius, der ihm das Diadem reicht und zum Volk spricht. Ein «Glanzstück aus den Heldentaten» des Antonius nennt der große Redner die verhinderte Krönung. «Du, ja du hast Caesar an den Luperkalien umgebracht», schleudert Cicero Antonius in einer anderen, der 13. Philippischen Rede entgegen.[39]

Was hatte die Szene zu bedeuten, die sich da vor den staunenden, sicher auch überraschten Römern abspielte? Schon unter den Zeitgenossen herrschte keine Einigkeit darüber, wie man die Gesten zu deuten hatte. Nikolaos von Damaskus:

> Einige waren verärgert, weil sie [das Diadem] für das Symbol einer Macht hielten, das in einer Republik fehl am Platz war; andere, die um

seine Gunst buhlen wollten, hießen das Theater gut; wieder andere streuten das Gerücht, Antonius habe nicht ohne Caesars Duldung so gehandelt, wie er es tat.[40]

Überhaupt kochte die Gerüchteküche auf Volldampf. Alles ließ sich in die Szene vom Luperkalienfest hineininterpretieren: Hatte Caesar das Spektakel inszeniert, um auszutesten, wie die Römer auf einen neuen König reagieren würden? Oder steckte Antonius dahinter, der Caesar vor vollendete Tatsachen stellen wollte? Cicero behauptet, der spätere Triumvir habe die Monarchie wiederherstellen und ausprobieren wollen, «was das römische Volk zu ertragen und zu erleiden imstande ist». War es so? Oder wollte Antonius Caesar die Chance geben, für alle sichtbar zu demonstrieren, dass er nicht beabsichtigte, eine Monarchie zu errichten? Steckten am Ende gar Caesars Gegner als Provokateure hinter dem verhinderten Krönungsakt? Durchaus denkbar, dass es Leute gab, die ihn kompromittieren, als machtgierigen Möchtegernkönig an den Pranger stellen wollten. Dazu würde die Rolle passen, die Cassius, glaubt man Nikolaos, an jenem Tag spielte. Oder war in Wahrheit alles doch ganz harmlos und es handelte sich um die spontane Aktion eines weithin unbekannten Lupercus, die dann gründlich aus dem Ruder lief?[41]

AKTENVERMERK DES HISTORIKERS: *Natürlich hat jede Überlieferung der Episode, um überhaupt zu uns dringen zu können, zunächst einen Anti-Antonius-Filter passiert. Dafür sorgte erst Cicero und später Augustus. Nach Cicero kam noch ein zweiter, ein Anti-Caesarmörder-Filter hinzu. Deshalb müssen wir das diesen Personenkreis belastende Material mit größter Vorsicht behandeln.*

Egal, ob Antonius dem Diktator mit der verhinderten Krönung nun schaden oder helfen wollte: Er macht in jeder Fassung der Geschichte die denkbar unglücklichste Figur. Entweder entpuppt er sich als illoyaler Bundesgenosse mit eigener Agenda oder, was vielleicht noch schlimmer ist, als naiver Politnovize, der den Symbolgehalt des Diadems und einer Krönung völlig falsch einschätzt. Politisches Urteilsvermögen kann man Antonius in späteren Situationen kaum absprechen. Deshalb dürften alle Deutungsversuche, die ihn zum Regisseur einer grandiosen, dann aber grandios missglückten Inszenierung machen, ins Leere laufen. Auch dass, wie von Nikolaos behauptet, die Krönung am Luperkalienfest sozusagen aus Versehen passiert sein soll, können wir getrost als Märchen abtun. Am 15. Februar wurde bewusst gehandelt, fragt sich nur von wem und mit welchen Motiven.

Interessant ist der Hinweis in Plutarchs Antonius-Biographie auf den Ärger, den der Vorfall bei Caesar auslöste: Der Diktator ist außer sich. Er hat verstanden, dass die verunglückte Krönungszeremonie Wasser auf die Mühlen all derer ist, die ihm nach dem Leben trachten. Seine Wut richtet sich nicht gegen das versammelte Volk, das unmissverständlich seinen Unmut kundgetan hat, sie richtet sich gegen den Hauptakteur, Antonius. Caesars Wut lässt sich auf zweierlei Weise lesen: Kocht der Diktator, weil Antonius das Stück, das er, Caesar, geschrieben hat, so stümperhaft in Szene gesetzt hat? Oder ist er in Rage, weil er nicht eingeweiht und deshalb von Antonius' Auftritt mit dem Diadem vollständig überrumpelt worden ist?

Verzockt

Um das Geschehen an den Luperkalien zu verstehen, müssen wir noch einmal kurz die Ereignisse der letzten Monate rekapitulieren. Antonius' Loyalität Caesar gegenüber war längst nicht mehr über jeden Zweifel erhaben. Wir erinnern uns: In Narbo war vermutlich er und nicht Trebonius die treibende Kraft hinter den Anschlagsplänen gewesen. Später war er zwar rehabilitiert worden und hatte sich dann eines Besseren besonnen, hatte es aber wohlweislich unterlassen, den Diktator auf das Komplott hinzuweisen. Dann hatte er mit Dolabella die Klingen gekreuzt. Obwohl es ihm gelungen war, dem Rivalen einen Strich durch die Rechnung zu machen, war von dem Streit ein bitterer Nachgeschmack geblieben. Caesar war nicht amüsiert, als im Senat schmutzige Wäsche gewaschen wurde. Ein Umsturzmotiv lässt sich aus den

Ereignissen vom 1. Januar trotzdem nicht konstruieren. Caesars baldiger Tod hätte für Antonius wesentlich mehr Risiken als Chancen bedeutet. Angesichts der ungeklärten Hierarchie müsste der Sturz des Diktators zwangsläufig auf einen Machtkampf zwischen mindestens einem halben Dutzend Protagonisten hinauslaufen, die erst in diesem Moment die Masken würden fallen lassen. Welche Chancen Antonius in einem solchen Kräftemessen haben würde, ließ sich beim besten Willen nicht vorhersagen.

Wie viel mehr Erfolg versprach doch der Versuch, bei dem Diktator Punkte zu sammeln und durch Loyalitätsbeweise die alten Verhältnisse wiederherzustellen! Aus der Position der unangefochtenen Nummer zwei hinter dem Diktator würden sich Rivalen wie Octavius und Dolabella aussichtsreich bekämpfen und Vorsorge für die Nachfolge treffen lassen. Freilich drängte die Zeit. Der Feldzug gegen die Parther stand unmittelbar bevor. Wollte Antonius Pflöcke einrammen, dann musste er sich beeilen. Die ideale Bühne für eine Loyalitätsdarbietung vor großem Publikum boten die Luperkalien, schließlich hatte Caesar selbst dafür gesorgt, dass sein Kollege im Konsulat bei den Feierlichkeiten eine herausgehobene Rolle spielte.

Freilich: Die Krönung Caesars zum König musste jedem, der sich mit der politischen Mentalität der Republik nur halbwegs auskannte, als Tat eines Wahnwitzigen erscheinen. Schließlich war die Monarchie seit dem ersten Tag der Republik mit einem Tabu belegt gewesen, das bisher alle, die auch nur gerüchteweise nach der Krone gestrebt hatten, das Leben gekostet hatte. Allerdings mehrten sich die Anzeichen, dass dieses Tabu ins Wanken geriet. Trat Caesar etwa nicht im purpurnen Triumphalgewand auf? Trug er auf dem Kopf nicht den Lorbeerkranz, das Zeichen Jupiters, und an den Füßen purpurrote Stiefel wie einst die Könige von Alba? Und machte nicht er allein die Gesetze, entschied über die Besetzung der Magistraturen? Das alles quittierten ihm viele mit Beifall, ja mit Begeisterung, andere nahmen es zähneknirschend hin. Entscheidend war, dass das autokratische Gehabe toleriert wurde. Was fehlte also eigentlich noch zur Königsherrschaft als das letzte Symbol, das Diadem, und der Name: König, *rex*?

Selbst diese letzte Hürde schien seit einiger Zeit brüchig zu werden. Dass die Ausrufung Caesars zum König gelingen konnte, drängte sich Antonius auf, nachdem der Vorfall vom Latinerfest im Januar einen Meinungsumschwung in Sachen Monarchie offenbart hatte. Das Theaterstück, das am Luperkalientag vor den Römern aufgeführt wurde, war deshalb keine spontan ersonnene Commedia dell'Arte, sondern ein sorgfältig einstudierter Akt. Regisseur war Antonius, der sich von der Krönung Caesars durch seine Hand die Restauration seiner vorherigen Stellung als Vize des Diktators erhoffte, und er handelte nicht in Verkennung des Symbolwerts, den das Diadem hatte, sondern in dessen völlig korrekter Einschätzung.

Caesar scheint in die Pläne seines Mitkonsuls nicht eingeweiht gewesen zu sein, weshalb er vor aller Augen auf der Rostra thronend nicht aktiv handeln, sondern nur passiv reagieren konnte. Zu Antonius' Bestürzung fiel seine Reaktion aber anders aus als erwartet. Caesar wies das dargereichte Diadem mehrfach brüsk zurück. Die Ablehnung der Königswürde war nicht Teil der Inszenierung, sondern Caesars eigene Improvisationsleistung. Antonius hatte sich verzockt. Statt mit frenetischem Beifall quittierten die Anwesenden die Geste lediglich mit müdem Applaus. Wenn Cicero – was nicht auszuschließen ist – die Episode nicht in seinem Sinne verfälschte, überwogen im Publikum die Gegner der Monarchie. Doch die Geräuschkulisse auf dem Forum dürfte Caesar lediglich eine Entscheidung erleichtert haben, die er auch sonst getroffen hätte. Er lehnte das Diadem ab, so wie er zuvor die *rex*-Rufe mit Humor gekontert hatte. Nur fiel die Zurückweisung diesmal noch unmissverständlicher aus. Anders als Antonius glaubte er nämlich nicht daran, dass Rom zu diesem Zeitpunkt reif war für einen König. Die Widerstände im Volk, vor allem aber in der senatorischen Elite, waren entschieden zu stark – einstweilen jedenfalls. Vorerst war er also gut beraten, die rechtliche Ausgestaltung seiner faktischen Alleinherrschaft in der Schwebe zu halten. Entsprechende Vorkehrungen konnte man treffen, wenn der Partherkrieg gewonnen und ein weiterer Triumph gefeiert war.

Dennoch war es wichtig, die Herrschaft für die Zeit des Parther-

Silberdenar des Publius Sepullius Macer, 44 v. Chr.
Avers: Verhüllter Kopf Caesars nach rechts. Legende: CAESAR / DICT(*ator*) PERPETVO. Revers: Venus mit Szepter, Schild und Victoria.
Legende: [P(*ublius*) SE]PVLLIVS MACER.

kriegs formalrechtlich festzuzurren, wenn auch nur vorläufig. Das Datum des Luperkalienfestes, der 15. Februar, ist zugleich der Tag, an dem Caesar sicher als Träger eines neuen Titels bezeugt ist: *dictator perpetuo*, Diktator auf Lebenszeit. Diese Ehrung war ihm vermutlich Ende 45 v. Chr. vom Senat übertragen und im Februar wirksam geworden. Die letzte, wenn auch nur symbolische, Befristung seiner Herrschaft war damit aufgehoben. Ob die Verleihung der Diktatur auf Lebenszeit überhaupt rechtliche oder praktische Konsequenzen hatte, ist in der Forschung umstritten. Dennoch sandte sie eine unmissverständliche Botschaft aus: Zu Lebzeiten würde Caesar der Herrschaft nicht mehr entsagen. Und des Senats als legitimierender Instanz bedurfte er fortan nicht mehr.

Ähnliche Überlegungen wie Caesar stellten auch alle anderen an, die in Rom Einfluss hatten und politische Interessen verfolgten, und zwar völlig unabhängig davon, ob sie nun alte Weggefährten des Diktators, ehemalige Pompeius-Anhänger oder aufrechte Republikaner waren. Ihre Überlegungen hatten von Tatsachen auszugehen, auf die sie keinerlei Einfluss hatten: erstens vom Partherkrieg, in den Caesar zum Fest der Quatranalia am 19. März ausrücken wollte, zweitens von Caesars Plan, eine Erbmonarchie zu errichten, und drittens vom Kippen der öffentlichen Meinung, die sich mit einer dergestaltigen Monarchie allmählich anzufreunden schien. Daran, dass Caesar die Alleinherrschaft anstrebte und dass er sie auf Dauer wollte, konnte nach den Ereignissen der letzten Monate kaum noch ein begründeter Zweifel bestehen. Auch waren sich alle sicher, dass er beabsichtigte, sie an einen Nachfolger weiterzugeben. Die wiederholte Ablehnung der Krone hatte die Beobachter, wenn überhaupt in etwas, dann in dieser Gewissheit bestärkt. Der Termin für den Partherkrieg stand unverrückbar im Kalender: In der zweiten Märzhälfte würde Caesar Rom verlassen. Dieser Termin und die Tatsache, dass die öffentliche Debatte in Sachen Monarchie dem Kipppunkt zustrebte, setzte alle gleichermaßen in Zugzwang. Wer die Republik retten wollte oder die eigenen Ambitionen durch Caesars Monarchie kompromittiert sah, wer sich ohne Caesar bessere Karrierechancen ausrechnete als mit ihm oder sich durch ihn in seiner Ehre gekränkt sah, wer zudem furchtlos und entschlossen war, der musste jetzt handeln und nicht irgendwann, wenn es zu spät sein würde. Der Punkt ohne Wiederkehr war nahe: Schon bald würde Caesar das Schiff besteigen, das ihn nach Osten bringen würde.

Ligarius, oder:
Was für eine Zeit, krank zu sein
(Ende Februar 44)

Als Ligarius aufwacht, quälen ihn bohrende Kopfschmerzen. Schüttelfrost lässt ihm alle Glieder zittern, der Schweiß perlt ihm von der Stirn. «Vielleicht hätte ich doch in Afrika bleiben sollen?», schießt es ihm durch den Kopf. Nein, das Klima in Rom verträgt er nicht mehr seit jenen warmen Wintern in Utica. Der Sklave tritt ein, sieht die Bescherung und holt aus der Küche einen dampfenden Becher mit heißem Rotwein, gesüßt mit Honig. «O Quintus Ligarius, da ist ein Besucher.» – «Schick ihn raus, ich bin krank!» – «Aber er lässt sich nicht abwimmeln, sagt, es sei dringend.» – «Wer ist es denn?» – «Brutus, Marcus Brutus.» – «In Gottes Namen, lass ihn reinkommen.» Der Sklave verschwindet, kurz darauf tritt Brutus ins Krankenzimmer. «Mach es kurz», sagt Ligarius, «der römische Winter ist mein Grab.» – «Quintus, mein Freund, was für eine Zeit, krank zu sein!» Und Ligarius versteht.[42]

Team Tyrannenmord

Der 15. Februar war die Wasserscheide für die Konsolidierung der Attentätergruppe. Cassius war der Kopf der Verschwörung gewesen. Er hatte den Haufen der Unzufriedenen in eine Mörderbande verwandelt, indem er Brutus überredet hatte, sich ihnen anzuschließen. Die endgültige Rechtfertigung für das Vorhaben hatte die Szene am Luperkalientag geliefert. Erst sie hatte vielen die Augen dafür geöffnet, dass die Republik am Abgrund stand. Brutus als neue Galionsfigur und die Szene von den Luperkalien stießen deshalb die Tür weit auf für die Gewinnung neuer Mitverschworener.

So riskant es war, weitere Männer ins Vertrauen zu ziehen, so wichtig war es doch für den Erfolg des Unternehmens. Die Legitimität des Tyrannenmordes hing entscheidend davon ab, dass er nicht als Tat einer randständigen, egoistisch handelnden Minderheit verleumdet werden konnte. Nicht zum letzten Mal in der Weltgeschichte sollten politische Attentäter von der Furcht umgetrieben sein, als ordinäre Verbrecher abgestempelt zu werden. Wurde die Tat aber von einer kritischen Masse angesehener, im Dienst der Republik ergrauter Männer begangen, die ihre gebündelte Autorität in die Waagschale werfen konnten, dann ließe sich das Argument schwer entkräften, dass Caesar aus staatspolitischer Verantwortung getötet worden war.

Deshalb machten sich Cassius und Brutus unmittelbar nach den Luperkalien an die Arbeit. Sie putzten Klinken und statteten ihren Freunden und deren Freunden Besuche ab. Sie gingen zu allen, die sie für risikofreudig, mutig und todesverachtend genug hielten. Sie schwitzten in privaten Bädern, flanierten in Gärten, dinierten im kleinen Kreis, tranken Wein – vermischt mit Wasser oder pur – oder, im Fall von Cassius, reines Leitungswasser, und fingen unverfängliche Gespräche an. Immer wieder trafen sie sich untereinander und berieten, wen man als nächstes ansprechen sollte. Jeder stellte sich zuerst die Frage: Wer teilt meine Überzeugungen? Wer ist ein Anhänger der Republik, ein Freund der Freiheit? Man sprach alte Pompejaner an und Leute, die von jeher in den Kreisen der Optimaten hospitiert hatten. Cicero gegenüber offenbarte man sich nicht, obwohl man ihn bei jeder Gelegenheit traf. Man schätzte ihn als klugen Ratgeber, fürchtete ihn aber mehr noch als Bedenkenträger, der in der Lage war, jeden Plan zu zerreden. Wenn für andere das Glas halb voll war, dann war es für den großen Redner allerhöchstens halb leer. Und bei jedem Plan fielen ihm hundert Gründe ein, warum er scheitern musste. Deshalb entschloss man sich endgültig, ihn außen vor zu lassen. Manch einer fragte sich wohl auch, ob vertrauliche Informationen bei dem redegewandten Mann gut aufgehoben waren. Schließlich war es ja jedem bekannt, dass Cicero sich immer in alle Richtungen absichern wollte.

Um auf Nummer sicher zu gehen, machten Cassius und Brutus den Männern auf ihrer Liste mit dem immer gleichen, ausgeklügelten Verfahren Avancen. Sie redeten erst über unbedeutende Dinge, alte Zeiten, das Wetter, wie es der werten Frau Gemahlin ging. Dann kamen sie auf philosophische Fragen zu sprechen: Ethik, den Streit zwischen den Schulen, Erkenntnistheorie. Wenn die Konversation eine Weile so dahingeplätschert war, stellten sie ihren Gesprächspartnern die alles entscheidende Frage: Was ist besser, eine gesetzlose Monarchie oder ein rechtmäßig geführter Bürgerkrieg? Wenn die Kandidaten darauf antworteten, sie würden die Monarchie dem Bürgerkrieg vorziehen, strich man sogleich ihren Namen von der Liste. Waren sie bereit, für Recht und Freiheit in den Bürgerkrieg zu ziehen, dann wurde ihnen Sinn und Zweck der Unterredung offenbart. Sie waren dann im Team Tyrannenmord.

Deine Brüder lagen ihm zu Füßen

Einer, der sich ohne Umstände für das Team rekrutieren ließ, war Quintus Ligarius. Ligarius war, wenn man nach den Maßstäben der senatorischen Elite rechnet, sozusagen der personifizierte Durchschnitt. Niemand, der für höchste Ämter in Frage kam, wie Cicero unbedeutender Herkunft und aus dem ländlichen Latium stammend, aber ohne eine Spur vom Ausnahmetalent des großen Redners. So jemand konnte es auf der Karriereleiter bis zu einem gewissen Punkt bringen, weiter aber auch nicht.

Die Familie Ligarius war im Sabinerland beheimatet, dem Hügelland nördlich von Rom. Sie verkehrte dort mit ihresgleichen: römischen Rittern, die es ebenfalls zu Wohlstand gebracht hatten, aber nicht zu Prominenz. In der feinen Gesellschaft waren die Ligarii Nobodys. Von drei Brüdern brachen zwei auf, um politische Karriere in Rom zu machen. Einer, Titus, brachte es in den 50er Jahren zum Quästor, der andere, eben Quintus, wurde 51 v. Chr. Legat des Proprätors Gaius Considius Longus in der Provinz Africa. Als Considius nach Ablauf seiner Amtszeit Nordafrika verließ, übernahm Ligarius als sein Stellvertreter die Verantwortung für die Provinz. Im Bürgerkrieg ergriff er zunächst für keine der beiden Seiten Partei, ordnete sich aber bereitwillig unter, als der Pompejaner Publius Attius Varus 49 v. Chr. aus Italien kommend in Africa landete und sich selbst zum Statthalter der Provinz erklärte. Als im Frühjahr der vom Senat ernannte Proprätor Lucius Aelius Tubero in Utica eintraf, schlug Ligarius ihn im Auftrag von Varus mit militärischer Gewalt zurück. Bis zur Schlacht von Thapsus blieb er in Africa und verhielt sich dort politisch unauffällig.

Nach der Niederlage der Pompejaner geriet Ligarius in Gefangenschaft. Caesar schenkte ihm zwar das Leben, verbot ihm aber zeitlebens die Rückkehr nach Rom. So wartete Ligarius wohl oder übel in Africa. Ihm blieb nichts anderes übrig, als das Netzwerk seiner Verbindungen in Rom spielen zu lassen, damit Caesar doch noch die Verbannung widerrief. Unbedeutend wie seine Familie war, konnte er von Glück sagen, dass es gelang, Cicero für die Sache zu gewinnen. Im Sommer 46 schreibt der große Redner im Abstand von ein paar Monaten zwei Briefe an Ligarius, in denen er versichert, sich der Sache anzunehmen. Im August bestätigt er, er habe sich in der Angelegenheit gemeinsam mit den Brüdern an Vertraute gewandt und sei vorsichtig optimistisch: Caesar werde dem Bitten schließlich nachgeben und Ligarius die Rückkehr gestatten. Cicero schränkt aber ein, auch seine Möglichkeiten seien begrenzt:

> Wenn ich, wie Du bemerkst, so viel Einfluss hätte, wie es in der Republik, um die ich mich so verdient gemacht habe, eigentlich angemessen

wäre, dann würdest auch Du Dich nicht in dieser unglücklichen Lage befinden.[43]

Mit anderen Worten: In Caesars neuem Staat gelten andere Maßstäbe als in einer freien Republik. Die Meritokratie, in der sich Einfluss nach Tüchtigkeit bemisst, ist außer Kraft gesetzt. Auch einem Cicero sind die Hände gebunden, entscheidend sind Caesars Vertraute. Sie muss man gnädig stimmen, dann hat man die Chance, zum Diktator durchzudringen und seine Milde zu ergattern. Ligarius findet sich am unteren Ende einer Patronagekette, in der selbst Cicero nur bei Caesars Günstlingen antichambrieren kann. Und die wiederum sind bloß die Klienten des Einen, auf den es wirklich ankommt. Cicero wählt seine Worte vorsichtig, aber dass er Caesars Staat für ein Willkürregime hält, verbirgt er nur halbherzig. Man stelle sich vor, welche Demütigung die Bittbriefe und -gänge für den Konsular bedeuteten. Selbst die Ligarius-Brüder, kleine Rädchen in der senatorischen Elite, werden sie schwer angekommen sein.

Das aber war noch längst nicht alles. Im – nach altem Kalender – November 46 v. Chr. schreibt Cicero erneut an Ligarius, der noch immer in Africa auf das erlösende Signal aus Rom wartet. In drei Monaten hat sich an der Lage des Exilanten nichts Entscheidendes verändert, und er hat sich abermals an Cicero gewandt, um sich nach dem Stand der Dinge zu erkundigen. Immerhin ist der Redner in der Zwischenzeit zu Caesar höchstpersönlich durchgedrungen:

> Ich bin dennoch heute frühmorgens am 26. November auf Bitten Deiner Brüder zu Caesar gegangen und habe, um vorgelassen zu werden, die empörende Behandlung und den Ärger in Kauf genommen. Deine Brüder und Verwandten lagen ihm zu Füßen.[44]

Cicero übt sich in der Deutung von Caesars Reaktion: Gestik und Mimik nach zu urteilen, habe der Diktator seine Bitte gnädig aufgenommen. Ligarius könne also hoffen, bald nach Rom zurückkehren zu dürfen.

Doch es sollte anders kommen. Anstatt der erwarteten frohen Botschaft erreichte Ligarius die Nachricht, dass Quintus Aelius Tubero, der Sohn des von ihm aus Utica vertriebenen Statthalters, Klage wegen Hochverrats gegen ihn eingereicht hatte. Tubero warf Ligarius vor, mit dem numidischen König Juba gegen Rom konspiriert zu haben. Der Prozess wurde vor Caesar höchstselbst verhandelt, Ligarius von Cicero vertreten. Ciceros Rede ist ein Paradebeispiel für die Rabulistik des Rechtsverdrehers, die der Konsular so gut beherrschte: «Ein neues und bis dato nie gehörtes Verbrechen hat mein Verwandter Quintus Tubero vor dich gebracht, Gaius Caesar», beginnt er seine Rede voller Ironie. Tatsächlich hatte Tuberos Vater eine Cousine Ciceros geheiratet. Worin besteht das Verbrechen? «Ligarius war in Africa.» Mit keinem Wort erwähnt der erfahrene Anwalt den Vorwurf des Hochverrats. Er tut so, als habe Tubero Ligarius zur Last gelegt, ein Pompeius-Anhänger gewesen zu sein. Ciceros Antwort darauf lautet: Aber dann sind wir doch alle schuldig! Er, Cicero, habe sich sogar dem Heer von Caesars Gegner angeschlossen. Na und? Ligarius' Vergehen habe allein darin bestanden, zum falschen Zeitpunkt am falschen Ort gewesen zu sein.[45]

Caesar war zu Beginn des Prozesses fest entschlossen, Ligarius nicht davonkommen zu lassen. «Was hindert uns daran, nach all der Zeit eine Rede von Cicero zu hören, da Ligarius schon lange als Schurke und unser Feind betrachtet wird?», soll Caesar zu seinen Freunden gesagt haben. Dann jedoch war er von Ciceros Vorstellung, vor allem von seinen Bemerkungen zur Schlacht von Pharsalos, so ergriffen, dass er sich eines Besseren besann. Ligarius durfte also nach Rom zurückkehren. Wenn Caesar für seine Gnade Dankbarkeit erwartet hatte, sollte er enttäuscht werden. Als Brutus im Februar 44 Ligarius in seinem Haus besuchte und bemerkte, dass der Hausherr krank war, entgegnete der ihm, in Decken gehüllt und gestützt auf den Ellenbogen: «Nein, Brutus, wenn du ein Ziel verfolgst, das deiner würdig ist, dann bin ich gesund.»[46]

Gewissensprüfung

Nicht immer rannten Brutus und Cassius bei den Männern auf ihrer Liste so offene Türen ein wie bei Ligarius. Es kam auch vor, dass sie sich Absagen einhandelten. Eines Tages saß Brutus mit drei Freunden im vertraulichen Gespräch. Alle hielt er sie für todsichere Kandidaten. Marcus Favonius war ein enger Freund und Weggefährte Catos gewesen. Wie der Prätor des Jahres 54 war er Stoiker und ein überzeugter Gegner des Machtkartells, das Caesar mit Pompeius und Crassus geschmiedet hatte. Mit Catos tätiger Hilfe wurde er 53 v. Chr. Ädil. Nach Ausbruch des Bürgerkriegs auf Seiten des Pompeius, wurde er für 49 zum Prätor gewählt und nahm im Jahr darauf an der Schlacht von Pharsalos teil. Anders als Cato akzeptierte er die Begnadigung durch Caesar und kehrte nach Italien zurück. Im Lager der Caesarianer stieß gerade in seinem Fall die Praxis der *clementia* auf Kritik.

Der zweite Mann war Statilius, ebenfalls ein Freund Catos und von Plutarch «der Epikureer» genannt. Über Statilius wissen wir kaum etwas. Seine Familie kam wohl vom flachen Land in Italien, vermutlich hatte er als Ritter eine senatorische Karriere eingeschlagen. Er war nach Pharsalos mit Cato in Utica und wollte sich dort ebenfalls den Tod geben, woran er jedoch durch Freunde Catos gehindert wurde. Caesar begnadigte auch ihn, worauf er in Italien freundschaftlich mit Brutus verkehrte. Der dritte im Bunde war Pacuvius Antistius Labeo, ein renommierter Jurist. Seine Familie stammte aus Samnium in Süditalien und hatte im 1. Jahrhundert v. Chr. bereits mehrere Senatoren eher der zweiten Garnitur gestellt. Auch er gehörte zum näheren Umfeld des Brutus und hatte im Bürgerkrieg auf Seiten des Pompeius gekämpft.

Die Freunde erörterten eine Zeitlang diverse philosophische Probleme, als Brutus plötzlich seine Gretchenfrage stellte: was besser sei, der Bürgerkrieg oder eine gesetzlose Monarchie. Favonius antwortete, selbst ein Unrechtsregime sei dem Bürgerkrieg allemal vorzuziehen. Mit dieser Reaktion erwischte er Brutus auf dem falschen Fuß, denn der Verschwörer hatte fest damit gerechnet, dass der Stoiker bereit sein würde, monarchische Bestrebungen selbst mit Gewalt zu bekämpfen. War nicht Cato Caesar im Bürgerkrieg entschieden entgegengetreten? Auch Statilius war nicht bereit, für die Republik in den Krieg zu ziehen. Er erklärte, es stehe einem Intellektuellen nicht an, sich für schlechte, unvernünftige Menschen in Gefahr zu begeben. Nach diesen für Brutus enttäuschenden Bekenntnissen richteten sich aller Augen auf ihn selbst: Er bemerkte nur, die Frage sei viel zu kompliziert, um sie vorschnell entscheiden zu können. Da intervenierte Labeo und sagte ganz entschieden, Statilius und Favonius befänden sich beide im Unrecht. Denn nichts sei schlimmer als die ungesetzliche Herrschaft eines Einzelnen. Kaum waren Favonius und Statilius aufgebrochen, offenbarte Brutus Labeo den Attentatsplan. Der Jurist schloss sich den Verschwörern ohne zu zögern an.[47]

An den Reaktionen von Favonius und Statilius lässt sich ablesen, dass es auch in den Reihen der alten, konservativen Republikaner Skeptiker gab, die nicht an den Sinn der Verschwörung glauben mochten. Sie zweifelten, wie Statilius, an den Erfolgsaussichten des Unternehmens und hielten es für zu gefährlich. Oder sie fürchteten, dass auch im Fall des Gelingens die Risiken die Chancen bei weitem überwogen. Favonius hatte mit Cato im Bürgerkrieg gekämpft. Er hielt es also nicht per se für illegitim, gegen römische Mitbürger die Waffe zu erheben. Doch rechtfertigte in seinen Augen der ungewisse Ausgang nicht den immens hohen Einsatz.

Hatten also Teile der senatorischen Elite resigniert? Waren sie im Begriff, sich mit Caesars Alleinherrschaft zu arrangieren, um neuem Blutvergießen aus dem Weg zu gehen? Fast hat es den Anschein. Jedenfalls dürfte die Aussicht auf einen neuen Bürgerkrieg viele davon abgehalten haben, den Weg des offenen Widerstands zu gehen, auch solche, die eigentlich die Diktatur oder den Diktator aus tiefstem Herzen verabscheuten. Die Senatoren waren nach Jahren des Bürgerkriegs eben gebrannte Kinder.

AKTENVERMERK DES HISTORIKERS: *Hüten wir uns davor, voreilige Schlüsse zu ziehen! Der Berichterstatter Plutarch schreibt aus dem Wissen heraus, dass der*

Bürgerkrieg nach Caesars Ermordung Realität geworden war. Die Einsicht, dass der Tod des Diktators ein Machtvakuum aufreißen und dass es erst in langwierigen Konflikten wieder zu füllen sein würde, ist zeitgenössischen Akteuren nicht rundweg abzusprechen. Allerdings drängte sie sich nicht unbedingt auf.

Sueton führt ungenannte Gewährsleute dafür an,

> dass [Caesar] zu erklären pflegte, es liege nicht so sehr in seinem eigenen Interesse als vielmehr in dem des Staates, dass er am Leben bleibe. Er habe schon längst genug Macht und Ruhm erworben; wenn ihm aber etwas zustoße, werde das Gemeinwesen keinen Frieden haben, sondern unter viel schlimmeren Bedingungen in den Bürgerkrieg gestürzt werden.[48]

Caesar ist so viel politisches Gespür zuzutrauen, dass er im Fall seines vorzeitigen Ablebens den Bürgerkrieg für unausweichlich hielt, aber Senatoren aus der zweiten oder dritten Reihe, Leuten wie Favonius? Immerhin: Die Angst vor dem Neuaufflammen des Bürgerkriegs war groß in jenen Jahren. Ciceros Briefe belegen das eindrucksvoll. Immer wieder ist bei ihm von dem Schlimmen die Rede, das der Konflikt Römer gegen Römer anrichtete. An den exilierten Marcellus schreibt er im August 46 v. Chr.: «An einem Bürgerkrieg ist alles erbärmlich. Unsere Vorfahren haben das nicht ein einziges Mal zu spüren bekommen, unsere Generation aber schon oft.» Und bereits am 8. Januar 49, also unmittelbar bevor Caesar den Rubikon überschritt, bekannte Cicero Pompeius gegenüber, dass er den Bürgerkrieg «für ein größeres Übel» hielt als die politischen Missstände, unter denen die Republik litt.[49]

Die traumatischen Erfahrungen der Jahre 49 bis 45 v. Chr. dürften die Furcht vor einem Bürgerkrieg nicht verringert haben. Brutus und Cassius mussten diese Bedenken bei ihrer Anwerbeaktion ernst nehmen. Würden sich genügend Senatoren finden lassen, die ihre Zweifel hintanstellten und dem Vorhaben die nötige Legitimität verliehen? Die Zeit drängte. Caesars Aufbruch in den Orient stand kurz bevor.

Decimus Brutus, oder:

Die Grenzen der Pietas

(Anfang März 44 v. Chr.)

«Tu es im Namen der Freiheit», bittet Brutus. – «Freiheit», Brutus lacht bitter, «was ist schon Freiheit?» – «Alles, was uns heilig ist, nicht wahr?», antwortet Brutus. – Darauf Brutus: «Mir ist die Freundschaft heilig. Caesar ist mein Freund. Was ich bin, bin ich durch ihn. Ich kann mir nicht leisten, dass mir die Freiheit so heilig ist wie die Freundschaft.» – Brutus: «Nein, was du bist, bist du durch deine Tugend. Was ist denn die Ehre wert, die du durch ihn erwirbst, wenn sie nicht durch deine Tugend gedeckt ist?» – «Wer sagt das?», fragt Brutus. – «Ich sage es.» – «Ich frage, weil mir das auch durch den Kopf gegangen ist. Was ist ein Konsul wert, den er gemacht hat?» – «Was ist er wert? Was hätte unser Ahnherr Lucius gesagt?» – «Nichts. Nichts ist er wert. Darüber zermartere ich mir das Gehirn. Nächstes Jahr bin ich Konsul. Und dann?» – «Ja, und dann? Diese Frage haben sich viele bei uns gestellt.» – «Wer hat das Sagen bei euch?» – «Ich, mein Freund.» – Brutus hält ihm die Hand hin. Brutus schlägt ein.

Eine Frage des Vertrauens

Cassius und Brutus wussten, dass sie sich beeilen mussten. Fieberhaft arbeiteten sie ihre Liste ab und ließen sich auch von Rückschlägen nicht entmutigen. Einige Namen hatten sie durchstreichen müssen, doch hinter etlichen stand auch ein Haken. Die Verschwörung krankte allerdings nach wie vor daran, dass in ihren Reihen kaum Caesarianer zu finden waren. Es musste ihnen gelingen, für das Vorhaben Leute zu gewinnen, denen Caesar blind vertraute. Der Erfolg hing entscheidend davon ab, denn auf dem Weg zum Attentat konnten tausend Dinge schiefgehen. Unverzichtbar war, dass die Verschwörer über das, was in der nächsten Umgebung des Diktators getan, geplant und gesprochen wurde, jederzeit genauestens im Bilde waren. Der Informationsfluss aus Caesars Haus in den Kreis der Verschwörer musste sichergestellt sein. Unter Umständen musste man Caesar davon überzeugen, bestimmte Dinge zu tun oder zu lassen, damit das Attentat gelingen konnte. Hierfür kamen nur Männer in Frage, die im Bürgerkrieg auf der richtigen Seite gestanden hatten, idealerweise Gefolgsleute der ersten Stunde, die ein starkes Band gegenseitiger Loyalität mit Caesar geknüpft hatten. Männer wie Antonius.

Kurz nach den Luperkalien berieten die Verschwörer, wen man noch ins Vertrauen ziehen sollte. Es war folgerichtig, dass der Name Antonius als einer der ersten fiel. Hätte nicht Trebonius an den Tag von Narbo erinnert und davor gewarnt, den Konsul anzusprechen, Brutus oder Cassius hätten sich wohl an den Mann gewandt, der Caesar das Diadem gereicht hatte. Plutarchs problematisches Zeugnis dürfte wenigstens in diesem Punkt stichhaltig sein. Auch wenn im September 45 Antonius und nicht Trebonius die Initiative zu dem Gespräch ergriffen hatte, war mittlerweile klar, dass der wankelmütige Konsul ein unsicherer Kantonist war. Deshalb musste Trebonius seine Mitverschworenen davor warnen, Antonius ins Vertrauen zu ziehen. Aus Plutarchs Bericht, der die Luperkalien und die Beratungen über die Gewinnung von Mitverschworenen in einen unmittelbaren zeitlichen Zusammenhang stellt, lassen sich deshalb weitergehende Schlussfolgerungen ziehen: Erstens interpretierte man im Kreis um Cassius und Brutus Antonius' Handeln an den Luperkalien offenbar als Akt der Illoyalität Caesar gegenüber. Man hielt es deshalb für aussichtsreich, ihn in das Komplott verwickeln zu können. Hätte man den Vorfall als Inszenierung Caesars verstanden, in der Antonius die ihm zugedachte Rolle spielte, dann wäre man kaum auf diesen Gedanken verfallen. Zweitens hielt man trotzdem das Vertrauensverhältnis zwischen Antonius und Caesar für ungebrochen. Sonst hätte man an Antonius nicht so großes Interesse gehabt. Drittens wissen wir dank der Passage, dass Trebonius – und mit ihm ein alter Caesarianer – in der zweiten Februarhälfte bereits zum Kreis der Verschwörer zählte. Daraus, dass man auf ihn hörte, er also über Autorität verfügte, könnte man folgern, dass er kein Neuzugang in ihren Reihen war, dass er sich also vor den Luperkalien, vielleicht sogar schon deutlich vor dem Fest dem Komplott angeschlossen hatte.

Der Verschwörerkreis umfasste also spätestens Mitte Februar Männer aus so gut wie allen Lagern, die im Rom der 50er Jahre politisch relevant gewesen waren: Am Tisch saßen alte Pompejaner wie Cassius, Republikaner wie Brutus, die aus Catos Dunstkreis kamen, und alte Weggefährten des Diktators, wenn auch wenige. An der Personalie Trebonius fällt auf, dass er Caesars Freund, aber zugleich ein Gegner des Publius Clodius gewesen war und Cicero stets nahegestanden hatte. Hartgesottene Popularen hospitierten also offensichtlich nicht in den Reihen der Komplotteure.

Weil der Kreis nach Trebonius' eindringlicher Warnung davon Abstand nahm, bei Antonius vorzufühlen, richtete sich der Blick zwangsläufig auf andere Männer aus Caesars nächster Umgebung. Lepidus wäre fraglos ein geeigneter Kandidat gewesen, aber seine Loyalität zu Caesar stand vermutlich außer Zweifel. Hirtius, der 46 v. Chr. Prätor gewesen und danach zum Prokonsul der Gallia transalpina ernannt worden war, und Pansa – er hatte 45 v. Chr. die Statthalterschaft der Gallia cisalpina übernommen – kamen nicht in Frage, weil sie fern von Rom waren. Beide waren für 43 v. Chr. als Konsuln vorgemerkt. Quintus Fufius Calenus, der Konsul des Jahres 47 und ein weiterer alter

Caesarianer, hielt sich als Prokonsul vermutlich ebenfalls außerhalb Italiens auf.

Caducii et Carnyces

Marcus Brutus sprach Decimus Brutus an. Die beiden Iunii Bruti waren um etliche Ecken miteinander verwandt. Decimus' Großvater Decimus Junius Callaicus, Konsul des Jahres 138 v. Chr., war der jüngere Bruder eines Marcus Junius Brutus, der 140 die Prätur bekleidet hatte und der Urgroßvater des Caesarmörders Marcus Brutus war. Decimus' gleichnamiger Vater war 77, also im Jahr nach Sullas Tod, Konsul gewesen, ein Günstling Sullas, dem er maßgeblich seine Karriere verdankte. 63 v. Chr. war seine Gattin Sempronia ohne sein Wissen in die Catilinarische Verschwörung verstrickt gewesen. Sempronia war möglicherweise die Tochter des Volkstribunen Gaius Gracchus. Wesentlich größere Prominenz als sein Vater besaß Decimus' Großvater Callaicus, der seinen Beinamen einem Sieg über den hispanischen Stamm der Callaici verdankte. In den durch die Reformbestrebungen der Gracchen ausgelösten Konflikten gehörte Callaicus zum harten Kern der konservativen Senatsmehrheit.

Der spätere Caesarmörder Decimus Brutus kam 81 v. Chr. oder kurz davor zur Welt. Als junger Mann wurde er von einem Postumius Albinus adoptiert, möglicherweise dem Konsul des Jahres 99. Dadurch zum Patrizier geworden, scheint er zu den Caesar-Anhängern der ersten Stunde gehört zu haben. Möglicherweise nahm er schon 61 v. Chr. am Spanienfeldzug teil, ganz sicher aber ab 58 am Gallischen Krieg, wo er sich vielfach auszeichnete. Als junger Mann, der noch kein senatorisches Amt bekleidet hatte, rüstete er 56 v. Chr., als Caesar in der Bretagne einen Feldzug gegen die Veneter führte, die in der Loiremündung liegende Flotte aus. Decimus nahm am Kampf gegen Vercingetorix und an der Belagerung von Alesia teil, wo er möglicherweise die Reiterei kommandierte. Vermutlich Ende 49 v. Chr. reiste er zurück nach Rom, um dort die Quästur anzutreten. Wenig später heiratete er Paulla Valeria, die Tochter des Gaius Valerius Triarius, der 78 v. Chr. Prätor ge-

Silberdenar des Decimus Junius Brutus, 48 v. Chr.
Avers: Behelmter Kopf des Mars nach rechts. Revers: zwei gekreuzte Carnyces, je ein ovaler und ein runder Schild im oberen bzw. unteren Zwickel. Legende: ALBINVS BRVTI F(*ilius*).

wesen war. Einflussreiche Verbindungen erschlossen sich ihm durch diese Ehe aber nicht.

Im Bürgerkrieg ergriff Decimus ohne zu zögern für Caesar Partei. Gemeinsam mit Trebonius trug er im Rang eines Legaten Verantwortung für die Belagerung des von dem überzeugten Caesar-Gegner Ahenobarbus verteidigten Massilia, wobei er abermals für die Seekriegführung zuständig war. Seine Aufgabe bestand darin, die Blockade über Massilia aufrechtzuerhalten, das selbst über eine starke Flotte verfügte. In einer Seeschlacht setzte er sich gegen die Massilioten durch und besiegelte so das Schicksal der griechischen Kolonie in Südgallien.

Nach erfolgreichem Abschluss der Belagerung kehrte er nach Rom zurück und versah dort, gemeinsam mit Pansa, vermutlich Ende 49 v. Chr. das Amt des Münzmeisters. In dieser Funktion gab er eine ganze Serie interessanter Nominale aus, die er mit ALBINVS BRVTI F(*ilius*) signierte: Albinus, Sohn des Brutus. Ein Silberdenar zeigt auf der Vorderseite den Helm tragenden Kriegsgott Mars, auf der Rückseite zwei gekreuzte Carnyces, mit zwei Schilden, einem ovalen im oberen und einem runden, im unteren Zwickel. Das ovale *scutum* war

Silberdenar des Decimus Junius Brutus, 48 v. Chr.
Avers: Kopf der Pietas mit Ohrringen nach rechts. Legende: PIETAS.
Revers: *dextrarum iunctio* vor Caduceus. Legende: ALBINVS BRVTI F(*ilius*).

in der späten Republik der Standardschild der römischen Legionäre, der Rundschild wurde von keltischen Kriegern getragen. Mit der Carnyx bliesen die gallischen Krieger zum Kampf. Sie sah aus wie eine Trompete mit Wildschweinkopf. Caesar beschreibt das Instrument in seinen Kommentaren zum Gallischen Krieg. Die Münze erinnert mit ihrem Großaufgebot an Symbolik an den zwei Jahre zuvor errungenen Sieg über die Gallier, ebenso aber an Decimus' eigenen Erfolg gegen Massilia.

Auf die unmittelbare Vergangenheit nimmt auch ein anderer Denar Bezug: Auf der Vorderseite ist der Kopf der Pietas zu sehen, der göttlichen Personifikation von Pflichtgefühl und Loyalität. Soll sie den Römern demonstrieren, dass Caesar sich den Traditionen der Republik verpflichtet fühlt – im Gegensatz zu den Pompejanern? Oder ist sie eine Mahnung zu Loyalität dem neuen starken Mann gegenüber? Zu einer Loyalität, wie sie Decimus Caesar selbstverständlich entgegenbringt? Die Interpretationen müssen einander nicht ausschließen, die Doppeldeutigkeit kann sehr wohl im Kalkül von Decimus als verantwortlichem Münzmeister liegen. Keinen Spielraum für Interpretationen

Silberdenar des Decimus Junius Brutus, 48 v. Chr.
Avers: Kopf eines alten Mannes nach rechts. Legende: A(*ulus*) POSTVMIVS CO(*n*)S(*ul*). Revers: Kornährenkranz. Legende: ALBINVS BRVTI F(*ilius*).

bietet die Rückseite. Auf ihr sind zwei im Handschlag verbundene Hände vor einem Caduceus dargestellt, dem Hermesstab, bei den Römern Symbol des Gottes Merkur. Der Handschlag, *dextrarum iunctio*, ist das universelle Zeichen für Eintracht, das auf römischen Münzen immer wieder abgebildet ist – vor allem dann, wenn Harmonie Mangelware ist. Der Stab war ein Symbol des Handels und der Herolde, somit auch ein Zeichen für den Frieden. Auf diesem Nominal steht er für den nach Pharsalos zumindest zum Teil wiedergewonnen Frieden. Frieden und Eintracht sind Verpflichtung: Pietas ruft alle dazu auf – ein versöhnliches Bild in unruhigen Zeiten.

Mit dem dritten Denar setzte Decimus der Familie ein Denkmal, in die er hineinadoptiert worden war. Die schmucklose Rückseite zeigt nur einen Kornährenkranz um die Signatur des Münzmeisters: ALBINVS BRVTI F. Auf der Vorderseite ist der Kopf eines älteren Mannes abgebildet. Das Gesicht ist faltig, der Mund zahnlos, die Haare fallen strähnig vom Scheitel. Wir sehen einen vom Leben gezeichneten Mann. Die Legende verrät uns, wer er ist: Aulus Postumius. Nur welcher? Träger dieses Namens gab es in der republikanischen Geschichte, wieder einmal, Dutzende. Aulus Postumius hieß auch Decimus' Adoptivvater, bei dem es sich vermutlich um den Konsul des Jahres 99 handelt. Doch der kann der zahnlose Greis unmöglich sein: Die Postumii waren in seiner Generation, wenn nicht in der Obskurität verschwunden, so doch unabweisbar im Niedergang begriffen. Decimus' mutmaßlicher Adoptivvater war der letzte Konsul, den die Familie gestellt hat, und Großtaten sind von ihm nicht überliefert. Zweifelsfrei ein Held hingegen war Aulus Postumius Albus Regillensis, eine schon halbmythische Figur: Konsul und Diktator 496 v. Chr., soll er in der Schlacht am Regillus die Latiner besiegt haben, die sich kurz nach Gründung der Republik gegen Rom gewandt hatten. In der Schlacht sollen ihm Castor und Pollux erschienen sein, denen er nach dem Triumph den Tempel auf dem Forum errichten ließ.

Decimus war nicht der Erste aus der Familie, der den höchst verdienten Ahnen mit einer Münze würdigte. Doch was wollte er in der spezifischen Situation des Jahres 48 dem geneigten Publikum mit seinem Silberdenar sagen? Dass der Regillensis als Diktator die Republik gerettet hatte und dass auch in der Gegenwart ein Diktator als Retter bereitstand? Man sollte solche Assoziationen nicht von vornherein als abwegig abtun. Dennoch muss es eine tiefere Bedeutung haben, wenn ein Münzmeister seinen zum Mythos gewordenen Ahnherrn per Münzbild in Erinnerung ruft. Die Zurschaustellung diktatorischer Segnungen hätte sich schließlich auch mit jedem beliebigen anderen historischen Diktator bewerkstelligen lassen, Fabius Maximus etwa, dem Cunctator. Dafür hätte Decimus nicht in seiner eigenen Genealogie kramen müssen. Die Lösung des Rätsels kann nur lauten, dass die Familiengeschichte der eigentliche Kern des Münzbildes ist. Ein selbstbewusster Vertreter der Elite macht darauf aufmerksam, dass er mit anderen *nobiles* auf Augenhöhe operiert. Sein Ahnherr mag nicht an Aeneas heranreichen, auf den sich die Julier berufen, und schon gar nicht an Venus, dessen Mutter, aber er kann sich durchaus sehen lassen. Bis in die Anfänge der Republik reicht der Stammbaum zurück, und mit dem Regillensis haben wir zwar keinen Gründer, wohl aber einen großen Sieger vor Augen. Einen Sieger zumal, der die für Rom existentielle Krise des Latinerkrieges entschärft und so die Republik vor ihrem vorzeitigen Ende bewahrt hat. So gesehen war der Triumphator des Jahres 496 v. Chr. denen, die in der Gegenwart Triumphe erst noch feiern wollten, sogar eine Nasenlänge voraus.

Dextrarum iunctio

Aus den Prägungen des Münzmeisters sprechen also gleichermaßen Loyalität Caesar gegenüber und persönliches Selbstbewusstsein eines römischen Aristokraten. Nachdem Caesar im Winter nach Griechenland aufgebrochen war, erhielt Decimus ab 48 v. Chr. die Statthalterschaft über die Gallia comata, wo er in der Normandie einen Aufstand der Bellovaker niederkämpfte und, vielleicht mit Unterbrechungen, bis 45 v. Chr. blieb. Er gehörte zu denen, die sich Caesar nach Munda auf dessen Rückweg nach Italien anschlossen. Auf der Reise fuhr er im selben Wagen wie Octavius. Wenig später wurde er in Caesars Testament bedacht: als Nacherbe für den Fall, dass sämtliche anderen Erben vor Caesar das Zeitliche segneten. Aus dem Freundeskreis des Diktators war Decimus der einzige, der in dieser Form im Testament berücksichtigt wurde, alle anderen Begünstigten waren mit Caesar verwandt. Außerdem wurde er – wie im Übrigen auch andere, namentlich nicht genannte Verschwörer – zum Vormund für einen unter Umständen nachgeborenen legitimen Sohn bestimmt. Nach Rom zurückgekehrt, bekleidete Decimus für den Rest des Jahres 45 vermutlich eine Prätur, mit Mitte 30 vor dem gesetzlichen Mindestalter. Auch diese Extrawurst ist als eindeutiger Gunstbeweis Caesars zu verstehen.[50]

AKTENVERMERK DES HISTORIKERS: *Auffällig ist die große Nähe zu Caesar einer- und zu Trebonius, mit dem er die Belagerung Massilias befehligte, andererseits. Könnte Decimus mit den ersten Anfängen der Verschwörung im Caesar-Lager schon im Sommer 45 in Berührung gekommen sein, an jenem denkwürdigen Tag in Narbo?*

Wie Trebonius hatte er eigentlich wenig Grund, sich über die Behandlung durch den Diktator zu beschweren. Er war einer derjenigen auf der Überholspur zu höchsten Ämtern, über die sich alte Haudegen wie Antonius so ärgerten: 44 v. Chr. sollte er als Prokonsul die wichtige Gallia cisalpina verwalten, und für 43 v. Chr. war er sogar für einen Konsulat ausersehen, mit dann knapp 40 Jahren in noch immer quasijugendlichem Alter. Caesar schenkte ihm Vertrauen und gab ihm Verantwortung, auch darin glich seine Stellung der des rund zehn Jahre älteren Trebonius. Der Herkunft nach stand Decimus allerdings haushoch über dem Suffektkonsul des Jahres 45. Trebonius kam nach senatorischen Maßstäben aus dem sozialen Nichts, während Decimus ein standesbewusster *nobilis* war, der mit der *gens Iunia* und der *gens Postumia* sogar gleich zwei Geschlechter repräsentierte, die der Republik einen Leistungsträger nach dem anderen geschenkt hatten.

Deshalb dürften die beiden Männer aus ganz verschiedenen Perspektiven auf Caesar und die Diktatur geblickt haben. Auch die Folgen, die aus den neuen Realitäten für die Angehörigen der Elite erwuchsen, werden sie unterschiedlich beurteilt haben. Vermutlich nahm Decimus die Karrierechancen, die sich ihm durch Caesars Vertrauen eröffneten, selbstverständlicher hin als Trebonius. Man könnte deshalb meinen, dass Trebonius sie deshalb mehr zu schätzen wusste. Doch das muss nicht unbedingt der Fall gewesen sein. Cicero ist das beste Beispiel dafür, dass ein sozialer Aufsteiger das Rahmenwerk der Republik mit ihrer Leistungsethik und dem – innerhalb der Parameter der Nobilität – relativ freien Spiel der Kräfte besonders glaubwürdig verkörperte, während aristokratische Platzhirsche wie Clodius oder Caesar souveräner mit den Regeln umgingen, sie also auch freizügiger interpretierten. Für Cicero war die Republik mit ihrer Freiheit, ihrer Hierarchie sowie ihrem Ehr- und Prestigehaushalt ein Gradmesser dafür, dass er es geschafft hatte, und zwar aus eigener Kraft, nicht durch die Hilfe Dritter. Die Protektion durch Caesar könnte also gerade jemandem wie Trebonius ein Dorn im Auge gewesen sein, wohingegen sie für den jüngeren Decimus weniger Probleme aufwarf. Aus dem gleichen Grund nahm möglicherweise Trebonius Anstoß an dem politisch im Grunde irrelevanten Suffektkonsulat, während Decimus sich vermutlich nicht an der ebenfalls verkürzten Prätur des Jahres 45 störte. Manches spricht dafür, dass deshalb Trebonius einige Zeit vor Decimus ins Grübeln darüber kam, was Caesars Alleinherrschaft für ihn persönlich, aber auch für die Nobilität insgesamt bedeutete.

Nachdem der Plan ad acta gelegt worden war, Antonius einzuweihen, war Decimus der logische Nächste im Tableau der Ansprechpartner für die Verschwörer. Er hatte in ihren Augen eine Reihe wichtiger Vorzüge: außer Caesars Vertrauen und dem Prokonsulat in der Gallia cisalpina besaß er Gladiatoren. Decimus sei nicht draufgängerisch gewesen, nicht einmal besonders mutig, «aber die große Zahl von Gladiatoren, die er für die römischen Spiele unterhielt, machte ihn mächtig», urteilt Plutarch. Tatsächlich waren die Gladiatoren in den Kämpfen, die sogleich nach Caesars Ermordung ausbrachen, alles andere als eine Quantité négligeable.[51]

In ihrer Entscheidung, Decimus anzusprechen, folgten die Verschwörer vermutlich erneut Trebonius. Er kannte Decimus von der gemeinsamen Zeit in Gallien, erst unter Caesars Oberkommando, dann während der Belagerung Massilias. Und der *homo novus* unterhielt von den Verschwörern die besten Kontakte ins Lager der Caesarianer. Er allein konnte ermessen, wer für Einflüsterungen empfänglich war – und wer nicht. Cassius Dio und Velleius Paterculus nennen Trebonius und Decimus Brutus an herausgehobener Stelle unter den in die Verschwörung verwickelten Caesarianern. Das kann kein Zufall sein: Zwischen den beiden bestand eine enge Verbindung.

Dennoch waren es nicht Trebonius und die Galionsfigur der Verschwörung, Marcus Brutus, die sich zuerst an Decimus wandten, sondern Cassius und der Jurist Labeo. Mit den beiden debattierte der designierte Konsul die Angelegenheit, gab aber weder seine Zustimmung, noch lehnte er das Ansinnen ab. Plutarch zufolge war es schließlich Marcus Brutus, der seinen entfernten Verwandten von den Attentatsplänen überzeugte. Die beiden hätten unter vier Augen über die Angelegenheit gesprochen. Als er erfuhr, dass Marcus Brutus an der Spitze der Verschwörer stand, habe er bereitwillig sein Einverständnis gegeben.

War es also die Person Marcus Brutus, die Decimus, wie so viele andere, für den Plan begeisterte? War er, den alle Quellen übereinstimmend einen engen Freund Caesars nennen, so beeindruckt von der Lauterkeit und Überredungskunst des Stoikers, dass er mit wehenden Fahnen ins Lager der Verschwörer überlief? Die Frage, ob Decimus wie Marcus Brutus die Sorge um die Freiheit und die Republik umtrieb, ist nicht leicht zu beantworten. Allerdings ist er wohl der Einzige aus der Gruppe der Verschwörer, den man mit Fug und Recht einen Verräter nennen kann: Niemand missbrauchte das Vertrauen Caesars auf ähnlich eklatante Weise, niemand von den Verschwörern verdankte dem Diktator so viel und hatte zugleich durch ihn so wenig zu erdulden gehabt.

———— AKTENVERMERK DES HISTORIKERS: *Deshalb ist die Erklärung ein wenig dünn, dass sich Decimus nach dem Gespräch mit Marcus Brutus und der Enthüllung, sein Verwandter stehe an der Spitze des Komplotts, plötzlich alter republikanischer Ideale besann. Warum hätte er nach ein paar Tagen Bedenkzeit ausgerechnet den Mann, der gerade seine Laufbahn befördert hatte wie keine andere, ins Jenseits wünschen sollen?*

Hinter dem jähen Frontwechsel muss mehr gesteckt haben als plötzlich aufkeimender Freiheitsdrang, er muss mit persönlichen Interessen zu tun haben. Dass Caesar nach Gutdünken Prätoren und Konsuln ernennen konnte, hatte Decimus am eigenen Leib erlebt. Je näher er dem vermeintlichen Gipfelpunkt seiner Karriere kam, desto mehr bohrte die Frage in ihm, was diese Ämter in Zeiten der Diktatur eigentlich noch wert waren. Decimus brauchte länger als Trebonius, um zu begreifen, dass die Ehren, die in Zeiten der freien Republik alles bedeuteten, auf einmal schal und abgestanden schmeckten. Als römischer *nobilis,* der er mit jeder Faser seines Körpers war, verstand er, dass er sogar als Konsul nur ein kläglicher Schatten dessen sein würde, was Ahnen wie der Regillensis oder Gaius Gracchus einst dargestellt hatten.

Trotzdem war Decimus hin- und hergerissen. Schließlich war *pietas*, loyales Pflichtbewusstsein, eine urrömische Tugend. Hatte er nicht vor wenigen Jahren selbst Münzen mit ihrem Porträt prägen lassen? Caesar war nie undankbar gewesen. Durfte man sein Vertrauen mit Verrat vergelten? Decimus entschied nach reiflichem Überlegen, dass er es durfte, ja musste. Für einen *nobilis* und Patrizier waren die Kompromisse, zu denen Caesar ihn nötigte, in letzter Konsequenz inakzeptabel. Den Zwang zur dauerhaften Unterordnung wollte sich Decimus Junius Brutus Albinus nicht auferlegen. Deshalb schlug er ein, als Marcus Brutus ihm die Hand hinhielt.

Dem Schmerz standhalten

Zu denen, die Marcus Brutus zunächst nicht eingeweiht hatte, gehörte auch seine Frau Porcia. Und das obwohl sie seine republikanische Gesinnung und die Ablehnung jeder Form tyrannischer Herrschaft teilte. Schließlich war sie Catos Tochter, und wie Cato war sie gebildet und prinzipientreu.

Porcia war jetzt Mitte 20. Als junges Mädchen war sie eine glänzende Partie gewesen. Senatoren aus den ersten Kreisen der Nobilität hatten um ihre Hand angehalten, selbst Pompeius, doch Cato hatte sie allen verweigert. Porcia hatte dann Bibulus geheiratet, Caesars Kollegen im Konsulat des Jahres 59. Der berühmte Redner Hortensius, der seine Position im Senat durch die Verbindung zu Catos Familie verbessern wollte, schlug Bibulus einen merkwürdigen Deal vor: Er wolle sich Porcia ausleihen, bis sie ihm ein Kind gebären würde. Dann würde er sie an Bibulus zurückgeben. Der lehnte dankend ab. 48 v. Chr. fand der auf Seiten des Pompeius kämpfende Bibulus dann im Bürgerkrieg den Tod, Porcia wurde Witwe. Und 46 v. Chr. nahm ihr Vater sich in Utica das Leben.

Bald schon begann sich Marcus Brutus für sie zu interessieren, ihr Cousin, mit dem sie zusammen aufgewachsen war. Er ließ sich von Claudia scheiden und heiratete Porcia. Ein Sohn und eine Tochter kamen zur Welt. Als die Verschwörung in die entscheidende Phase trat, brauchte Marcus ihr nichts zu sagen. Sie bekam auch so mit, was gespielt wurde. Warum ihr Mann sie nicht einweihte, konnte Porcia sich denken: Sie war eine Frau, und Frauen waren schwach. Was, wenn man sie folterte? Sie würde dann die Namen der Mitverschwörer preisgeben und den Plan verraten. Köpfe würden rollen. Das jedenfalls dachte Marcus.

Sie wollte es ihm und sich selbst zeigen. Sie fand das kleine, scharfe Messer, das ihre Zofe für die Maniküre benutzte, und schickte alle Dienstboten hinaus. Dann nahm sie das Messer und schnitt sich eine tiefe Wunde in den Oberschenkel. Es floss reichlich Blut, und bald setzte auch der Schmerz ein. Es dauerte nicht lange, und die Wunde entzündete sich. Von Fieberanfällen geschüttelt, lag Porcia im Bett, wo Marcus seine bessere Hälfte fand. Bestürzt fragte er, was passiert sei. Sie biss die Zähne zusammen und sagte:

> Brutus, ich bin Catos Tochter, und ich wurde in dein Haus gebracht, nicht als Mätresse, damit ich dein Bett und deine Kost teile, sondern um an deinen Freuden und an deinen Sorgen teilzuhaben. Du bist in der Tat ein tadelloser Ehemann; aber wie kann ich dir irgendeinen dankbaren Dienst erweisen, wenn ich weder dein geheimes Leid noch die Sorge teilen soll, die sich nach einem treuen Vertrauten sehnt? Ich weiß, dass man die Natur der Frau für zu schwach hält, um ein Geheimnis zu ertragen; aber gute Erziehung und vortreffliche Kameradschaft tragen viel zur Stärkung des Charakters bei, und es ist mein glückliches Los, sowohl Catos Tochter als auch die Frau des Brutus zu sein. Zuvor hatte ich weniger Vertrauen in diese Vorzüge, jetzt aber weiß ich, dass ich sogar dem Schmerz standhalten kann.[52]

Porcia zeigte ihrem Mann die Wunde und erklärte, was es mit ihrem Selbstversuch auf sich hatte. Da weihte Brutus sie ein und betete zu den Göttern, dass das Unternehmen gelingen und er sich seiner Frau würdig erweisen möge. Dann kümmerte er sich um Porcia.

Calpurnia, oder:
Wenn Giebel stürzen
(14./15. März, nachts)

Wie üblich hat er viel gegessen an diesem Abend. Und wie üblich hat er alles erbrochen. Er hat einen schweren Schlaf, doch er fühlt sich seltsam leicht. Im Traum sieht er sich fliegen. Hoch und immer höher, bis er über den Wolken schwebt. Da kommt Jupiter heran und reicht ihm die Hand. Mitten aus diesem Traum erwacht Caesar. Eine heftige Windböe hat die Fenster des Schlafzimmers weit aufgestoßen. Der helle Mond scheint herein. Im fahlen Licht sieht er Calpurnia. Die Frau, mit der er seit 15 Jahren verheiratet ist, liegt neben ihm. Sie stöhnt und schluchzt. Zärtlich deckt Caesar sie zu. Er dreht sich um und schläft wieder ein.[53]

Welcher Tod ist der beste?

Am Abend des 14. März gibt Lepidus eine große Dinnerparty. Der Reiteroberst des Diktators, nominell der zweite Mann, sieht sich selbst als aufsteigenden Stern am Firmament des neuen Staates. Er bekleidet das hohe Amt schon zum dritten Mal. Außerdem hat ihm Caesar für das laufende Jahr gleich zwei Provinzen übertragen: Gallia Narbonensis und Hispania citerior. Vorerst ist er aber in Rom geblieben. Es wird früh genug sein, sich in die Provinzen aufzumachen, wenn Caesar unterwegs zu seinem Partherfeldzug ist.

Lepidus hat die Erfahrung gemacht, dass sich Loyalität im Staat des Diktators auszahlt. Als Stadtprätor hatte er 49 v. Chr. Caesar, während der noch in Massilia weilte, durch die Volksversammlung zum Diktator ausrufen lassen. Das war zwar gegen alle Regeln, denn die Ernennung durften nur die Konsuln vornehmen, doch störte sich Caesar nicht weiter an dem unkonventionellen Procedere. Lepidus wurde zum Prokonsul von Hispania citerior befördert und erhielt sogar einen Triumphzug, weil es ihm gelang, die Provinz durch kluge Diplomatie halbwegs zu befrieden. 46 durfte er als Konsul und wie auch im Jahr darauf als Reiteroberst amtieren. Während des Feldzugs in Spanien vertrat er Caesar in Rom, wobei er den Anweisungen des Diktators strikt Folge leistete.

Jetzt ist Lepidus jemand, auf den sich der Neid vieler in Caesars Umgebung richtet. Es gibt etliche, die meinen, der Reiteroberst verdanke seine Bevorzugung nur seinem Reichtum, seiner vornehmen Herkunft und seiner geistigen Beschränktheit. Trotzdem fühlt sich der Konsular geschmeichelt, er hat nichts dagegen, beneidet zu werden. Ohnehin kommt ja zur Soirée im Hause Lepidus alles, was in der Diktatur Rang und Namen hat. Caesar höchstpersönlich ist der Ehrengast. In der Begleitung des großen Mannes befindet sich sein Intimus, Decimus Brutus. Der Gastgeber lässt sich nicht lumpen. Erlesene Vorspeisen werden gereicht, und erlesen ist auch die Konversation.

Gerade hat man sich zu Tische gelegt. Caesar unterschreibt, wie es seine Gewohnheit ist, nebenbei Briefe, die sein Sekretär neben ihm aufgestapelt hat. Mit halbem Ohr hört er hin, was gesprochen wird. «Welcher Tod ist der beste?», fragt gerade ein Gast. Caesar überlegt nicht lange und brüllt: «Der, der unerwartet kommt.» Viele widersprechen, jeder hat seine eigene Vorstellung von einem guten Tod. Das Gespräch plätschert noch ein wenig vor sich hin, doch Caesar hört nicht mehr richtig zu. Er ist müde und macht sich früh auf den Heimweg. Allein, denn eine Leibwache besitzt der Diktator ja nicht.[54]

AKTENVERMERK DES HISTORIKERS: *Ist die Diskussion darüber, welche Todesart vorzuziehen ist, eine Erfindung der Quellen, die Plutarch und Appian herangezogen haben? Das ist gut möglich, denn der Tod als Spiegel des Lebens ist ein großes philosophisches Thema der Antike. Die Versuchung war also groß für die Chronisten, Caesar am Vorabend seines Todes ausgerechnet über das Sterben Reflexionen anstellen zu lassen.*

Natürlich waren die Römer wunder- und vorzeichengläubig. Nichts Großes konnte in der Welt geschehen, ohne dass es durch Omina angekündigt wurde. Sueton zählt sie akribisch auf: Schon Monate vor den Iden des März soll man in Capua neue Häuser auf den Fundamenten alter Gräber gebaut und dabei im vermeintlichen Grab des Stadtgründers Kapys eine Bronzetafel mit den Worten gefunden haben: «Wann immer die Gebeine des Kapys bewegt werden, wird es geschehen, dass ein Sohn von Ilion durch die Hand seiner Verwandten erschlagen wird, und bald wird er gerächt werden, wofür Italien einen hohen Preis zu zahlen hat.» Wer in dieser dunklen Prophezeiung der «Sohn von Ilion» war, ließ sich nicht schwer erraten: Caesars Ahnherr war Aeneas, und der wiederum stammte aus Troja, das die Griechen Ilion nannten. Die Pferde, die Caesar bei seiner Überquerung des Rubikon dem Flussgott geweiht hatte, weigerten sich plötzlich, zu fressen. Der Seher Spurinna warnte, Caesar solle sich vor Unheil in Acht nehmen, das ihn spätestens an den Iden des März treffen werde. Am 14. März wurde ein Zaunkönig beobachtet, wie er sich, einen Lorbeerzweig im Schnabel, in die Kurie des Pompeius flüchtete und dort von anderen Vögeln zerrissen wurde. Und in der Nacht, als Caesar träumte, ging von den Waffen des Mars ein unheimliches Klirren aus. Die Waffen wurden stets im Privathaus des Pontifex Maximus aufbewahrt, hatten also seit fast 20 Jahren Logis bei Caesar gefunden.[55]

Besonders grausig aber ist der Albtraum, der Calpurnia in jener Nacht vor dem 15. März plagt. Calpurnia träumt, dass der Giebel ihres Hauses herabstürzt und Caesar in ihren Armen erdolcht wird. Der Ziergiebel ist als besondere Ehrung für den Diktator auf das Haus gesetzt worden. Wenn er stürzt, und sei es im Traum, dann kann das nichts Gutes bedeuten. Vielleicht ist sogar das ganze Haus in sich zusammengefallen. Jedenfalls sieht Calpurnia, wie ihr Mann blutüberströmt daliegt.

Sechzig Männer

Auch Cassius hat eine unruhige Nacht verbracht. Er hat im Geiste noch einmal alle Details des Plans rekapituliert. Hat alle Möglichkeiten durchgespielt. Lange haben die Verschwörer über das Wo und vor allem das Wie beraten. Haben sich immer wieder im kleinen Kreis in unterschiedlichen Konstellationen getroffen. Sollten sie ihm auf der Via Sacra auflauern, auf dem täglichen Gang zum Forum? Oder sollten ihn ein paar starke Männer, wenn die Komitien zur Wahl schreiten, von der Brücke des Wahlleiters stoßen, andere ihn unten im Empfang nehmen und erdolchen? Doch Cassius ist sich sicher, dass die Senatssitzung, die der Diktator für den nächsten Morgen angesetzt hat, die beste Gelegenheit bietet. Nur dort könnten sie sich in großer Zahl um den Diktator versammeln, ohne Verdacht zu erregen. Und der Senat würde auch der ideale Ort sein, um nach vollbrachter Tat die neue Freiheit zu verkünden. Das hat schließlich auch allen anderen in der Gruppe eingeleuchtet. Hundertprozentig sicher sein kann man sich nicht, aber nach menschlichem Ermessen haben die Verschwörer an alles gedacht. Gegen seinen Rat, weil Brutus ethische Bedenken geltend gemacht hat, haben sie beschlossen, Antonius und Lepidus kein

Haar zu krümmen. Cassius hat sonst keinen Fehler in dem Plan gefunden. Dann ist er, Mann für Mann, Senator für Senator, die Liste der Mitverschworenen durchgegangen. Sechzig Männer. Etliche Hinterbänkler, die über wenig Gewicht und kaum Autorität im Senat verfügen. Ehemalige Pompejaner wie Caecilius und sein Adoptivbruder Bucilianus, die zwar einen berühmten Namen tragen, aber nicht durch große Taten auf sich aufmerksam gemacht haben. Rubrius Ruga und Marcus Spurius, die er eigentlich kaum kennt. Sextius Naso, der irgendwie mit Cicero befreundet ist, warum, das mag Jupiter wissen.

Manche Leute, von denen niemand so recht eine Ahnung hat, wo sie politisch stehen, die aber trotz allem die Gewissensprüfung bestanden und ihre Bereitschaft zum Mitmachen signalisiert haben: der Epikureer Gaius Cassius Parmensis, ein entfernter Verwandter, Petronius, dieser Angsthase, und Publius Turullius. Dann sind da die mit dem persönlichen Groll. Sie hassen den Diktator, nicht die Diktatur: Pontius Aquila, ein alter Pompeius-Anhänger, der als Volkstribun mutig sitzen geblieben ist, als Caesar im Triumph vorbeizog. Ligarius, dieser Hochverräter, der in Africa mit Juba gemeinsame Sache gemacht hat. Er hat Caesar nicht verziehen, dass seine Brüder vor ihm auf den Knien rutschen mussten, damit er aus dem Exil zurückkehren durfte. Die enttäuschten Caesarianer: Lucius Minucius Basilus, Stadtprätor des Vorjahres. Ihm hat Caesar für die Zeit nach dem Amt Geld angeboten statt einer Provinz. Für Basilus eine Kriegserklärung. Publius Servilius Casca, auch er ein Caesarianer, der mit ansehen musste, wie andere Parteigänger plötzlich Ämter überspringen und die Taschen voller Geld haben. Er ist nicht auf der Überholspur und so arm wie eh und je. Sein kleiner Bruder Gaius, der stets das tut, was der große Casca will. Lucius Tillius Cimber, auch er jemand, der mit Caesar durch dick und dünn gegangen ist. Caesar hat ihn für dieses Jahr zum Statthalter von Bithynia et Pontus befördert. Geistreich, aber krankhaft ehrgeizig. Servius Sulpicius Galba, aus einer großen patrizischen Familie. Er hat lange zwischen Caesar und Pompeius laviert, sich dann aber Caesar angeschlossen. Dabei hat der ihm bei seiner Bewerbung um den Konsulat einen Strich durch die Rechnung gemacht.

Konsul ist er nie geworden, und das hat er Caesar mächtig übel genommen.

Und dann natürlich: Gaius Trebonius. Decimus Brutus. Marcus Brutus. Und er selbst, Gaius Cassius. Der starke Arm der Verschwörung. Ihre Faust. Ihr Herz. Und ihr Kopf. Sechzig Männer. Ein Plan.

VIERTER TEIL

ATTENTAT

Pompeius, oder:
Das ist ja Gewalt!
(15. März 44 v. Chr.)

Pompeius steht unbewegt. Um ihn herum Stille. Sein Haar ist zerzaust. Eine widerspenstige Locke über der Stirn ragt gen Himmel. Der Kopf ist leicht nach oben gereckt, der Blick nach innen gerichtet. Unter der wilden Mähne das Dutzendgesicht eines Römers. Oben Alexander der Große, unten Pompeius. Dass er hier stehen darf, verdankt er Caesar, der Gnade und Milde des Diktators. Hätte er selbst und nicht Caesar den Bürgerkrieg gewonnen: Was hätte er wohl getan? Pompeius ist Realist. In seiner Umgebung hätte es genug Männer gegeben, die verlangt hätten, dass er alles auslöscht, was an Caesar erinnert. Männer wie Cato und Marcellus, sein Sohn Gnaeus junior. Keine Freunde von Kompromissen. Wäre er stark genug gewesen, ihnen zu widerstehen? Vielleicht wären Caesars Statuen gestürzt, seine Anhänger ermordet worden. Dann wäre ein Sieg schlimmer gewesen als die Niederlage, denkt Pompeius. Doch halt! Er kann ja gar nicht denken, denn er ist nicht aus Fleisch und Blut, sondern aus Marmor. Eine Statue auf ihrem Sockel. Von oben herab blickt sie in die Kurie, die er gebaut hat und die seinen Namen trägt: Curia Pompeia. Die Tür öffnet sich. Caesar tritt ein.

Die erste Stunde

Caesar ist nicht abergläubisch. Im Gegensatz zu vielen seiner Landsleute gibt er nicht viel auf Traumgesichter und Vorzeichen. Doch als Calpurnia ihm frühmorgens von dem Traum berichtet, der sie des Nachts gequält hat, da läuft es ihm eiskalt den Rücken hinunter. Heute tagt der Senat. Es ist die letzte Zusammenkunft vor dem Aufbruch nach Osten. Die Sitzung ist wichtig, sein Fernbleiben könnte einige von den hohen Herren noch mehr in Rage versetzen. Er spürt, dass die Gegner Auftrieb haben. Dass die Stimmung kippt.

Es ist die erste Stunde, kurz nach Sonnenaufgang. Calpurnia bekniet ihn, doch zu Hause zu bleiben. So aufgeregt hat er sie noch nie erlebt. Gestern das Gespräch über den Tod und jetzt, in der Nacht, ihr Traum, sein Traum. Will ihn jemand warnen? Will Jupiter persönlich ihn zur Vorsicht mahnen? Unsinn! Aber kann man so viele Vorzeichen einfach zu den Akten legen? Calpurnia ist doch sonst nicht so schreckhaft. Außerdem geht es ihm gar nicht gut. Seine Frau dringt auf ihn ein, er möge doch andere Vorzeichen befragen, wenn er schon nichts auf ihren Traum gebe. Caesar beschließt, ein Lamm opfern und die Eingeweide lesen zu lassen. Inzwischen bricht die dritte Stunde an, es ist heller Tag.

Man schickt nach einem Priester und einem Opferschauer. Zäh vergehen die Minuten. Endlich kommen die beiden, ein Sklave hat zwei Lämmer besorgt. Der Priester und der Haruspex ziehen sich zum Hausaltar zurück. Caesar läuft im Garten auf und ab. Seine Gedanken bewegen sich im Kreis. Bald erscheint es ihm besser, zu Hause zu bleiben und die Senatoren allein tagen zu lassen. Dann wieder kommt ihm genau das wie ein fataler Fehler vor. Nein, er muss zum Pompeius-Theater, muss an der Sitzung teilnehmen! Dort wird er den Kritikern schon die Meinung sagen. Zum Schweigen bringen wird er diese Miesmacher nicht, aber er kann Leuten Rückhalt geben, die seine Sache vertreten. Er wird sie brauchen, während er im Osten ist.

Der Priester kommt heraus und wechselt ein paar Worte mit dem Sklaven. Der verlässt das Haus und kommt wenig später zurück. Bei

Porträt des Pompeius, Ny Carlsberg Glyptotek, Kopenhagen

sich hat er noch drei Lämmer und einen stattlichen Hammel. Er verschwindet im Atrium. Dann passiert – nichts. Aus der Küche dringt Bratenduft. Das kann nur bedeuten, dass die Vorzeichen ungünstig sind. Sonst wäre der Opferschauer sofort vor ihm erschienen und hätte ihm grünes Licht für die Senatssitzung gegeben. Caesar beschließt, erst einmal abzuwarten. Er setzt sich an den Schreibtisch und geht noch einmal die Rede durch, die er heute halten will. Konzentrieren kann er sich nicht.

Nach langem Warten, Caesar kommt es vor wie Stunden, öffnet sich der Vorhang, und der Sklave führt einen beleibten Schürzenträger herein. Die Hände des Mannes sind blutverschmiert. «Nicht ein Opfertier mit intakter Leber», sagt der Opferschauer. «Die Omina könnten ungünstiger nicht sein.» – «Bist du dir sicher?», fragt Caesar. – «Kein Zweifel möglich.» Der Mann sieht zu, dass er fortkommt.

«Hokuspokus!», denkt Caesar. «Meine Vorzeichen mache ich mir immer noch selbst.» Doch dann überkommen ihn Zweifel. Was ist, wenn etwas dran ist an den Gerüchten? Das gestrige Gespräch: Kann er sich sicher sein, dass die philosophische Disputation über den Tod keine versteckte Warnung war? Dass ihm Leute an den Kragen wollen, daran hat er keinen Zweifel. Aber ausgerechnet heute? Doch, fällt es ihm siedend heiß ein. Wenn sie ihn wegschaffen wollen, dann müssen sie es heute tun. Sie können nicht länger warten. Die Senatssitzung ist die letzte Gelegenheit, in drei Tagen ist er fort. Caesar ist beunruhigt. Er beschließt, zum ersten Mal in seinem Leben, die Vorzeichen ernst zu nehmen. Er wird nicht zur Sitzung gehen. Antonius soll den Senatoren sagen, dass er nicht kommt.

Es ist die fünfte Stunde. Ein Besucher wird gemeldet.

Die vierte Stunde

Am Morgen des großen Tages verbirgt Decimus Brutus sein kurzes Schwert in der Tasche, die er unmittelbar am Körper trägt. Er macht sich auf den Weg zu Cassius. Dessen Sohn wird heute die Männertoga anlegen. Man wird ihn zum Forum geleiten. Dort wird er der Öffentlichkeit vorgestellt werden. Für die Verschwörer ist das eine gute Gelegenheit, sich beim Haus des Cassius zu versammeln, ohne dass es auffällt. Gemeinsam schlendert man über das Forum und biegt dann ins Velabrum ein.

Das hohe Haus tagt nicht in der Kurie auf dem Forum. Die ist bereits seit Jahren eine Baustelle. Die Senatoren treten heute in der Curia Pompeia zusammen, ausgerechnet. Decimus Brutus und seine Begleiter streben dem Marsfeld zu. Auf der großen Freifläche im Norden hat Pompeius vor zehn Jahren einen großen Komplex mit Theater und viel Platz für Freizeitaktivitäten bauen lassen. Einen passenderen Ort könnte es kaum geben für das, was sie vorhaben. In den weitläufigen Säulenhallen haben sich Decimus' Gladiatoren verteilt. Sie räkeln sich wie Müßiggänger und halten sich für den Fall der Fälle bereit.

Cassius und Marcus Brutus sind Prätoren. Vor der Senatssitzung ruft sie ihre Pflicht als Richter. Bittgesuche sind entgegenzunehmen, Prozessparteien anzuhören. Ein paar Verfahren werden gleich an Ort und Stelle entschieden. Cassius und Brutus machen ihre Sache gut. Niemand merkt ihnen die Anspannung an. Als einer der Beklagten an

Brutus' Urteil herummäkelt und sich auf Caesar beruft, der ihm dies und das zugesagt habe, fährt Brutus ihn an: «Caesar hindert mich nicht daran, nach den Gesetzen zu handeln, und er wird mich auch in Zukunft nicht daran hindern.» Der Mann hat Nerven![1]

Apropos Caesar: Wo bleibt er nur? Decimus sieht verstohlen auf die Sonnenuhr im Hof. Der Diktator hat sein Kommen für die dritte Stunde angekündigt. Inzwischen ist schon die vierte angebrochen. Die ersten Senatoren treten ungeduldig von einem Bein aufs andere. Das Gerücht macht die Runde, Caesar habe seine Teilnahme an der Sitzung abgesagt. Wenn der Diktator nicht kommt, ist ihr schöner Plan Makulatur, denkt Decimus. Das Attentat können sie dann vergessen, solch eine Chance kommt nicht wieder. In drei Tagen ist Aufbruch, und selbst wenn sich bis dahin noch eine Gelegenheit bieten sollte, wie sollen sie in so kurzer Zeit einen neuen Plan zusammenschustern? Ganz abgesehen von dem Risiko, dass die Verschwörung auffliegt. Es wird mit jedem Tag größer. Auch Cassius scheint nervös zu werden. Wie zufällig stellt er sich neben Marcus Brutus, die beiden wechseln ein paar Worte und winken ihn heran. «Wir dürfen nichts dem Zufall überlassen. Du musst zu Caesar gehen und ihn überzeugen, dass er kommt. Wem soll er vertrauen, wenn nicht dir?»

Das sieht Decimus ein. Schnellen Schrittes macht er sich auf den Weg zu Caesars Haus. Er klopft an die Tür und verlangt, zum Diktator vorgelassen zu werden. Caesar sitzt im Arbeitszimmer. Der große Mann kritzelt gerade etwas auf die Wachstafel, die vor ihm liegt. So hat er seinen Freund noch nie gesehen: Caesar ist blass, in sich zusammengesunken, er wirkt, als sei er plötzlich zehn Jahre älter geworden. «Decimus, mein Freund», sagt er, «du kommst wie gerufen. Gerade wollte ich Antonius Bescheid sagen. Jemand muss die Senatssitzung absagen.» Auf Decimus' fragenden Blick antwortet er: «Mir geht es schlecht, und die Omina sind grausig. Das darf man nicht auf die leichte Schulter nehmen. Ich werde alle Staatsangelegenheiten auf unbestimmte Zeit verschieben.»

Da haben wir die Bescherung, denkt Decimus. Angriff ist die beste Verteidigung. Ein großer Redner ist er ja nicht, aber in der höchsten

Not sprudeln die Worte nur so aus seinem Mund. Die Omina bedeuten nichts, wendet er ein. Wie war es doch damals in Africa? Eine schlagfertige Bemerkung, und vergessen war das Stolpern. Vermutlich ist der Opferschauer sowieso bestochen worden, von Leuten, die Caesar übelwollen. Denn so viel ist sicher: Wenn er sich nicht im Senat sehen lässt, dann gibt es Stunk. Viele Senatoren werfen ihm jetzt schon vor, er habe keinen Respekt vor ihnen. Die würden doch glauben, Caesar treibe ein böses Spiel mit ihnen. Dabei wollen sie ihn unbedingt sehen. Die Senatoren hätten sogar beschlossen, ihn zum König über alle Provinzen auszurufen. Er darf dann ein Diadem tragen. Damit möchten sie ihn ehren, bevor er gegen das Partherreich zieht. Wie sähe es jetzt aus, wenn er die hohen Herren einfach sitzen lässt? Und alles nur, weil seine Frau einen bösen Traum gehabt hat. Alles, was recht ist! Will er ihnen ausrichten, sie sollen wieder zusammenkommen, wenn Calpurnia besser geschlafen hat? Grüße an die werte Gattin, aber so kennt er Caesar nicht, dass er sich vor Weiberträumen fürchtet. Und selbst wenn er tatsächlich überzeugt ist, dass der Tag nur Unglück verheißt, sollte er das dann nicht wenigstens persönlich den Senatoren sagen?

Damit überzeugt er Caesar, der nie recht an die düsteren Vorzeichen hat glauben wollen. Der Diktator zieht sich die purpurne, goldbestickte Toga des Triumphators über und schenkt Decimus ein zuversichtliches Lächeln. «Gehen wir!», sagt er.

Die fünfte Stunde

Der ältere der beiden Casca-Brüder vertreibt sich die Zeit mit Smalltalk. Irgendetwas stimmt nicht. Dass Caesar sich so verspätet, ist merkwürdig. Neben ihm hat jemand gesagt, der Diktator komme nicht. Ist etwas dazwischengekommen? Hat ihn jemand gewarnt? Decimus Brutus eilt plötzlich davon. Casca bleibt nach außen hin ruhig und scherzt mit den Kollegen. Die Senatoren stehen in kleinen Grüppchen unter den Säulenhallen.

Da, plötzlich, zupft ein Senator Casca an der Toga. Der Mann ist ein stadtbekannter Spaßvogel. «Du hast die Sache vor mir geheim gehalten, Casca, aber Brutus hat mir alles gesagt.» Verdammt! Also ist das Komplott aufgeflogen! Casca wird blass und hat das Gefühl, der Erdboden tue sich unter ihm auf. Da schüttelt sich sein Gesprächspartner vor Lachen und platzt heraus: «Wie bist du plötzlich so reich geworden, mein Lieber, dass du es dir leisten kannst, dich für das Ädilenamt zu bewerben?» – «Klar», sagt Casca, «die Ädilität ist teuer, die Spiele und die Bauwerke, die ich jetzt sponsern muss, sind mein Ruin.» Im Stillen schickt er einen Stoßseufzer gen Himmel.[2]

Den Griechen quält sein Gewissen. Er selbst hat den Diktator auf Knidos in sein Haus aufgenommen. Caesar hat seiner Heimatstadt nach dem Sieg von Pharsalos die Freiheit geschenkt. So etwas vergisst ein stolzer Bürger nicht. Artemidoros, so heißt der Mann, lehrt in Rom Philosophie und griechische Literatur. Seine Schüler sind die Söhne betuchter Senatoren. So kennt er viele aus dem Freundeskreis um Brutus persönlich. Man redet, über Literatur, Philosophie, Politik. Artemidoros ist ein kluger Mann und aufmerksamer Beobachter. Er kann eins und eins zusammenzählen. So ahnt er, dass Brutus und die anderen ein Mordkomplott aushecken. Was ist mehr wert, fragt er sich: die Loyalität zu Brutus, seinem Freund und Gönner, oder zu Caesar, dem Freund und Gönner seiner Stadt, dem Herrn der Welt? Die Antwort macht ihn traurig, aber es hilft nichts. Am verwundbarsten, kombiniert Artemidoros, wird Caesar im Senat sein, wenn die Verschwörer unter ihresgleichen sind. Heute.

Artemidoros stellt sich an die Straße, die Caesar auf dem Weg zur Curia Pompeia passieren muss. Die Minuten dehnen sich zu Stunden, doch Artemidoros kann warten. Da, endlich, werden in der Ferne Caesars Liktoren sichtbar, dahinter die Sänfte. Wie immer hat der Diktator auf eine bewaffnete Eskorte verzichtet. Artemidoros setzt alles auf eine Karte. Er hat aufgeschrieben, was er beobachtet hat. Die Wachstafel mit seinen Notizen steckt er durch den Vorhang der Sänfte zu

Caesar. «Lies es sofort, um Himmels willen», ruft er Caesar noch zu. Da biegt die Sänfte auch schon auf den Vorplatz des Pompeius-Theaters ein und wird von der Menschenmenge verschluckt.

Artemidoros sieht noch, wie ein Mann aus der Menge auf Caesar zutritt. Der Diktator steigt eben aus der Sänfte. Er kennt ihn. Das ist Spurinna, der seltsame Seher. «Siehst du, mein falscher Prophet», ruft Caesar ihm zu, «die Iden des März sind da, und mir ist kein Unglück widerfahren.» Der Seher entgegnet: «Noch nicht, Caesar, aber die Iden des März sind auch noch nicht vorbei.» Caesar hält die Wachstafel mit seinen Notizen in der Hand, das sieht Artemidoros ganz deutlich. Hat er sie gelesen?[3]

Brutus und Cassius stehen herum. Sie tauschen Blicke, tuscheln miteinander, fragen sich, wo Decimus bleibt. Auf einmal stürzt ein Senator auf sie zu. Es ist Popillius Laenas. Er ist aus vornehmer Familie, seine Vorfahren haben Großes für die Republik geleistet. Einer aus der Reihe seiner Ahnen hat, nur mit einem Stock bewaffnet, Antiochos, den Herrscher des mächtigen Seleukidenreiches, in die Schranken gewiesen. Dieser Laenas ist aus anderem Holz geschnitzt, ein Duckmäuser und Denunziant. Deshalb zucken sie zusammen, als er sagt: «Ich wünsche euch von Herzen, dass ihr das fertigbringt, was ihr angefangen habt, und ich rate euch: zögert nicht, denn die Sache ist kein Geheimnis mehr.»[4]

Im nächsten Moment sieht Brutus einen ihm unbekannten Sklaven, der ihm zuwinkt. Als er nähertritt, berichtet der Sklave atemlos, Porcia liege im Sterben. Sie hat sich fürchterlich aufgeregt und ständig nach ihm gefragt. Plötzlich ist sie weiß wie Kreide geworden und dann in Ohnmacht gefallen. Das laute Klagen der Dienerinnen hat die Nachbarn alarmiert, die deshalb nach ihm haben schicken lassen. Was soll Brutus tun? Sein erster Gedanke: so schnell wie möglich nach Hause gehen und Porcia beistehen. Doch was dann? Die meisten der Sechzig machen mit, weil er das Aushängeschild der Verschwörung ist. Ihre Augen ruhen jetzt auf ihm. Wenn er wegläuft, werden sie nichts unternehmen. Schon sind in der Ferne die Liktoren zu sehen, dahinter Caesars Sänfte. Er kommt also. So schwer es ihm fällt, Brutus bleibt.

Inzwischen hat sich der Platz vor der Kurie mit Schaulustigen gefüllt. Unter den Säulenhallen erklingt vielstimmiges Geplauder. Urplötzlich ist es totenstill. Man könnte eine Stecknadel fallen hören. Die Liktoren sind da, Caesar steigt aus seiner Sänfte. Die fast 600 Senatoren in ihren weißen, purpurgesäumten Togen wenden sich ihm zu. Auf einmal tritt einer aus der Gruppe heraus und läuft zu Caesar. Es ist Popillius Laenas. Ausgerechnet! Er spricht den Diktator an. Der hält inne, und die beiden Männer unterhalten sich lange. Brutus, der in der Nähe steht, trifft zum dritten Mal an diesem Tag fast der Schlag. Er sieht, dass die anderen Verschwörer wie versteinert dastehen. Was hat Laenas so lange mit Caesar zu besprechen? Brutus tastet nach seinem Schwert. Besser ist es, man stirbt hier, an Ort und Stelle, als verhaftet, vernommen und womöglich gefoltert zu werden. Doch da hört er, dass Laenas nur eine Bitte vorträgt. Der Senator gibt Caesar die Hand und bedankt sich überschwänglich. Brutus atmet hörbar aus. Seine Haltung entkrampft sich, er lächelt. Jetzt haben auch die Mitverschworenen verstanden.

Caesar betritt als Erster die Kurie.

Die sechste Stunde

Eine breite Freitreppe führt zur Curia Pompeia empor. Antonius nimmt drei Stufen auf einmal. Der Konsul hat es eilig, er kommt zu spät zur Sitzung, und Caesar hasst nichts mehr als Unpünktlichkeit. Unter der Säulenhalle steht Trebonius. Der Kamerad aus den Tagen des Gallischen Krieges spricht ihn an. Ob das nicht warten könne, herrscht Antonius ihn an. Doch Trebonius reist bald nach Asia, in seine Provinz. Er braucht dringend Anweisungen des Konsuls für die Verwaltung dieses immens reichen, wichtigen Landstrichs. Das leuchtet Antonius ein. Er fühlt sich geschmeichelt. Die beiden setzen sich auf eine Bank in der Sonne. Antonius, noch etwas kurzatmig, kramt in seinen Notizen. «Also Trebonius, hör zu ...»

Im Saal geht Caesar schnellen Schrittes auf das Podium am Kopfende zu. Die Tafel, die ihm der Grieche zugesteckt hat, ist noch in seiner Hand. Er wird sie gleich lesen, wenn irgendein unbedeutender Konsular sein dümmliches Gewäsch von sich gibt. Das Hufeisen der Sitzbänke ist gut gefüllt. Nur wenige bekannte Gesichter fehlen. Antonius und Lepidus sucht er vergebens. Trebonius fehlt ebenfalls. Auch Cicero scheint nicht da zu sein. Auch gut! Dann droht wenigstens keine Dauerrede. In respektvollem Abstand stehen um den Amtsstuhl Senatoren. Andere kommen ihm schon entgegen. Einige halten Wachstafeln. Natürlich! Sie alle wollen etwas von ihm. Es ist jedes Mal dieselbe Leier. Seit er Diktator ist, wird er mit Bittgesuchen überhäuft. Es geschieht ihm recht, denkt er. Ganz Rom, seine Klienten.

Er hat gerade die halbe Wegstrecke zurückgelegt, da spricht ihn Tillius Cimber an, der alte Halunke. Sicher wird er Caesar noch einmal um Gnade für seinen verbannten Bruder bitten. Wann verschwindet der Mann endlich in seine Provinz? Während Cimber brabbelt, denkt Caesar, es war doch ein Fehler, ihn zum Prätor zu machen. Alter Weggefährte hin oder her, der Mann ist eine Nervensäge. Diesmal wird er das Gesuch bewilligen, dann ist er ihn wenigstens los. Caesar betritt das Podium. Jetzt ist er beim Sessel, Cimber wirft sich vor ihm auf den Boden. Caesar setzt sich, Cimber steht wieder auf. Doch was ist das? Der Bittsteller tritt auf ihn zu, ergreift mit beiden Händen seine Toga und reißt sie ihm vom Hals. Ist der Kerl von Sinnen? Unvermittelt fährt eine Klinge in seinen Arm. «Das ist ja Gewalt!»[5]

Auf dieses Zeichen hat der kleine Casca gewartet. Er sieht, wie Caesar aufzustehen versucht, zieht den Dolch und folgt seinem Bruder, der sich schon auf den Diktator stürzt. Er wird gewahr, wie Publius seinen Dolch in Caesars Arm rammt. Der schreit auf: «Das ist ja Gewalt!», hält den Bruder am Arm fest und bohrt ihm den Schreibgriffel durch die Hand. Jetzt ist er an der Reihe. Er zielt mit dem Schwert auf Caesars Brust und stößt zu. In Sekundenbruchteilen sind die Mitverschworenen zur Stelle. Sie zücken ihre Dolche, ihre Schwerter und stechen zu. Caesar versucht zu entkommen, doch die Mörder sind überall. Er schlägt um sich, er schreit, er windet sich. Schließlich sticht auch Brutus zu. Als Caesar ihn sieht, stöhnt er: «Auch du, mein Kind?» Dann geht der Diktator zu Boden. Bevor er zu Füßen der Pompeius-Statue verblutet, wirft Brutus die purpurne Toga des Triumphators über den geschundenen Körper.[6]

Divus Iulius, oder:
Mit dem Mut von Männern
(15.–20. März 44 v. Chr.)

Die Sklaven tragen die Bahre durch die schmale Tür. Sie passieren einen Gang und treten dann ins Atrium. Dort steht Calpurnia. Auf der Bahre liegt Caesar, über ihn gebreitet ist die purpurne, von Dolchhieben zerstochene Toga. Ein Triumphator noch im Tod. Seine Arme hängen zu den Seiten herab. Die Haut ist unnatürlich fahl, überall klebt Blut. Calpurnia hat alles so kommen sehen. Er lag in ihren Armen, genau so, wie er jetzt daliegt. Caesars Witwe ist gefasst, erschüttert ist sie nicht. Sie steht lange da in ihrer dunklen Tunika und betrachtet den Toten, der 15 lange Jahre ihr Mann war. «Schick nach Antonius!», sagt sie zu einem Sklaven, dem sie vertraut.

Corpus delicti

Caesar ist tot. Die Mörder stehen um den Leichnam und wissen nicht recht, was sie tun sollen. Einige von ihnen fuchteln mit ihren Dolchen herum und verletzen die Umstehenden, ohne es zu wollen. Auch Brutus hat eine Wunde am Arm davongetragen. Mühsam bahnt er sich seinen Weg durch die Männer und stellt sich in die Mitte des Rundes. Er hebt beide Arme, um sich Ruhe zu verschaffen. Doch die will nicht einkehren. Der Senat ist ein Haufen aufgescheuchter Hühner. Die hohen Herren laufen und brüllen wild durcheinander: «Nichts wie weg!», rufen die einen, «Verriegelt das Tor!», die anderen. Antonius, der den Lärm gehört hat, braucht nicht lange, um zu begreifen, was da los ist. Um nicht aufzufallen, zieht er sich die Tunika seines Sklaven über und läuft nach Hause, so schnell es eben geht. Viele Senatoren tun es ihm nach. Sie stürzen aus der Kurie und suchen Unterschlupf in Läden und Tavernen, wo immer sich ihnen ein Versteck bietet.[7]

Es ist nicht so, dass die Verschwörer keinen Plan für die Stunden nach dem Attentat gehabt hätten. Sie haben damit gerechnet, dass im Senat spontaner Beifall für ihre Tat aufbranden würde. Brutus hat zu den Senatoren sprechen und ihnen erklären wollen, dass mit Caesars Tod die Freiheit zurückgekehrt sei. Dann wollten sie gemeinsam den Leichnam in den Tiber werfen. So macht man das mit Staatsfeinden, wenn sie tot sind. Schließlich wollten sie in feierlicher Prozession vom Pompeius-Theater über das Forum bis zum Kapitol ziehen. Der Zug soll eine Machtdemonstration an die Adresse der Bürger sein, vor allem der Caesar-Anhänger: Seht her, wir haben uns die Republik zurückgeholt. Tatsächlich verlassen die Caesarmörder schließlich den Saal und schreiten, mit gezückten Dolchen, Richtung Kapitol. Immer wieder rufen sie Ciceros Namen. Auf dem Kopf haben viele von ihnen die Kopfbedeckung, die Sklaven am Tag ihrer Freilassung tragen: die phrygische Mütze oder, wie die Römer sagen, den *pileus*. Als sie auf dem Kapitol angekommen sind, trifft eine Delegation des Senats ein. Die Herren bitten darum, man möge das Kapitol doch wieder verlassen. Gemeinsam zieht man zum Forum, zur Rednertribüne, wo Brutus jetzt endlich die Gelegenheit erhält, seine große Rede zu halten.

Doch der Plan geht schief. Die erste Überraschung ist, dass der erwartete Begeisterungssturm nach der Bluttat einfach ausbleibt. Die Anwesenden haben den Eindruck, dass etwas Großes geschehen ist, aber das Ereignis verpufft einfach. Viele Senatoren und noch mehr Bürger haben Angst, dass jetzt Unruhen ausbrechen, vielleicht Bürgerkrieg droht. Sie mögen Caesar gefürchtet, die Tyrannis gehasst haben, aber sie denken an die Veteranen, an die Volksmassen und an Caesars Gefolgsleute. Wie werden sie auf den Mord an ihrem Idol reagieren? Was werden sie tun? Bald wird man es wissen. Als Brutus die Rednertribüne besteigt und zu reden anhebt, quittiert die Menge seine Ansprache mit eisigem Schweigen. Dann spricht der Prätor Cinna und gibt seine Sympathien für die Mörder zu erkennen. Die versammelte Volksmasse buht ihn aus. Die Stimmung ist bald so aufgeheizt, dass die Caesarmörder den Rückzug auf das Kapitol antreten müssen.

Weil sich bereits unmittelbar nach dem Mord in der Kurie Panik breitgemacht hat, können Brutus und Cassius die Teile eins und zwei ihres Planes nicht ausführen. Brutus kann nicht zu den Senatoren sprechen, weil alle davonrennen. Die Panik vereitelt auch das Vorhaben, die Leiche in den Tiber zu werfen. So gibt es, im Wortsinn, ein Corpus Delicti. Es schwebt in den folgenden Tagen wie ein Verhängnis über den Mördern. Auch die Wirkung nach außen schätzen die Caesarmörder falsch ein. Mit ihren gezückten Dolchen und blutigen Händen bieten sie, wie sie von Gladiatoren begleitet über das Forum zum Kapitol ziehen, einen martialischen Anblick. Wer sie so sieht, muss den Eindruck gewinnen, dass nicht der Republik durch Caesar Gewalt widerfahren, sondern dass er selbst zum Opfer von Tyrannen geworden ist. In der Tat ist genau diese Erzählung der Spin, den Antonius der Tat gibt, kaum hat er sich von dem Schock erholt und begriffen, dass Brutus nicht Herr der Lage ist. Man hat den Konsul am Leben gelassen, und bester Gesundheit erfreut sich auch Lepidus. Caesars Reiteroberst, der von der Bluttat auf dem Markt erfährt, kommandiert ein Truppenkontingent direkt vor der Stadt. Diese Soldaten sind die einzige Militäreinheit, die sich in Reichweite Roms befindet. Lepidus verliert keine Zeit. Er reitet zu den Soldaten, führt sie ins Herz der Hauptstadt, besetzt das Forum und belagert die Caesarmörder auf dem Kapitol. Brutus und Cassius haben die Initiative verloren, bevor sie überhaupt begreifen, wie ihnen geschieht. In richtiger Einschätzung der Lage schreibt Cicero knapp zwei Monate später an Atticus, die Tat sei *animo virili, consilio puerili* begangen worden: «mit dem Mut von Männern und dem Verstand von Kindern».[8]

Während es auf Roms Straßen drunter und drüber geht, bleibt der tote Diktator in der verlassenen Kurie liegen. Später heben ihn zwei Sklaven hoch und bringen den Leichnam auf einer Bahre liegend nach Hause. Der Arzt Antistius, ein Könner seines Faches, untersucht ihn und stellt fest, dass von allen Stichen nur der zweite, vom jüngeren Casca geführte, tödlich gewesen ist. Im Streit über den toten Caesar verdichtet sich symbolisch der Kampf um die Deutungshoheit, der zwei Tage nach dem Mord ausbricht. Antonius schlägt im Senat, der am 17. März ohne die Caesarmörder tagt, versöhnliche Töne an, macht aber deutlich, dass man Caesar nicht zum Tyrannen erklären dürfe. Täte man es, so würden alle Entscheidungen des Diktators aufgehoben, sämtliche Ämter, die er vergeben hatte, vakant werden. Das will niemand, denn jeder hat irgendeinen Posten, den er dem Diktator verdankt. Deshalb wird beschlossen, dass Caesars Entscheidungen, seine *acta*, in Kraft bleiben sollen.

Nach längeren Verhandlungen räumen die Caesarmörder noch am selben Tag das Kapitol. Sie söhnen sich öffentlichkeitswirksam mit Antonius und Lepidus aus. Der neue Frieden wird mit Umarmungen und gemeinsamem Essen bei den Führern der Caesar-Partei besiegelt. Am 18. März tagt der Senat erneut, diesmal mit den Caesarmördern. Gegen den entschiedenen Widerspruch des Cassius, aber mit Marcus Brutus' Zustimmung, bestimmt der Senat, Caesar solle ein ehrenvolles Begräbnis auf Staatskosten erhalten. Auf Antrag seines Schwiegervaters Piso wird beschlossen, das Testament im Haus des Antonius zu eröffnen und sogleich zu verlesen. So wird nicht nur bekannt, dass Octavius Caesars Erbe und jetzt außerdem sein Sohn ist. In Windeseile spricht sich auch herum, welch kolossale Summe Caesar dem römischen Volk vermacht hat. Die 75 Denare, die für jeden Bürger aus der Erbmasse abfallen, sind in aller Munde.

Zwei Tage später ist es so weit: Man bringt Caesars Leichnam auf das Forum, wo man auf der Rednertribüne ein vergoldetes Modell des Venus-Genetrix-Tempels aufgestellt hat. Darauf wird die Leiche aufgebahrt. Von der Rostra spricht Antonius zu den Massen. Wie bei solchen Gelegenheiten üblich, erinnert er an die Leistungen und Ehrenämter des Toten. Er würdigt seine Tugenden und seinen Charakter. Besonders hebt er die Milde und Großzügigkeit hervor, mit der Caesar alle bedachte. Seine Rede klingt mit den Worten aus:

> Du hast zwar viele Gesetze erlassen, damit die Menschen nicht von ihren persönlichen Feinden getötet werden, aber wie erbarmungslos wurdest du selbst von deinen Freunden totgeschlagen! Und nun liegst du, das Opfer eines Mordanschlags, gemeuchelt auf dem Forum, durch das du oft bekränzt den Triumphzug angeführt hast; zu Tode verwundet liegst du nun auf der Tribüne, von der aus du oft zum Volk gesprochen hast. Wehe den blutbespritzten grauen Locken, wehe dem zerrissenen Gewand, das du, so scheint es, nur angezogen hast, um darin erschlagen zu werden![9]

Nachdem Antonius geendet hat, hält er Caesars blutiges, von Dolchstichen durchbohrtes Gewand in die Höhe. Die Menge ist außer Rand und Band. «Tod den Mördern!», schallt es über das Forum. Dann setzt sich der Trauerzug zum Marsfeld in Bewegung, wo Caesars Leichnam neben dem Grab seiner Tochter Julia verbrannt werden soll. Unterwegs holt die empörte Menge Bänke und Tische aus Tavernen, Werkstätten, Läden. Daraus wird ein gewaltiger Scheiterhaufen aufgetürmt und angezündet. Bald brennt er lichterloh. Zwischen den Tempeln des Marsfeldes steigt Caesar zu den Göttern auf.

Framing

So weit der Bericht des Ermittlers. Wenige Tage nach diesen Geschehnissen sprach an der Stelle, wo Caesars Leichnam verbrannt worden war, ein Mann namens Amatius zu den Menschen. Er war wohl ein freigelassener Sklave, behauptete aber von sich, der Sohn des Marius zu sein. Schon während Caesars Abwesenheit in Spanien hatte er in Rom von sich reden gemacht. Viele, auch Octavius, hatten ihm geglaubt, aber Caesar hatte ihn, kaum war er zurück, aus Rom verbannt. Jetzt war er wieder da und hielt Reden gegen die Caesarmörder. Die fühlten sich ihres Lebens nicht mehr sicher. Schon am Tag der Bestattung hatten Männer brennende Holzlatten vom Scheiterhaufen genommen und versucht, damit ihre Häuser anzuzünden.

Amatius, der stets eine Eskorte von starken Männern um sich hatte, errichtete an der Stelle, wo der Scheiterhaufen gestanden hatte, einen Altar und opferte dort vor seinen Anhängern dem vergöttlichten Caesar. Antonius ließ den Freigelassenen verhaften, hinrichten und den Kult mit militärischer Gewalt unterdrücken. Divus Iulius war trotzdem in der Welt. Die einfachen Menschen, vor allem Caesars Veteranen, hatten ihre Entscheidung längst getroffen. Für viele von ihnen hatte Caesar schon zu Lebzeiten etwas Göttliches angehaftet. Dass er wirklich zu den Göttern aufgefahren war, hatte sich in der machtvollen Inszenierung seines Leichenbegängnisses bestätigt.

Caesars Adoptivsohn Octavius traf, aus Apollonia in Epeiros kommend, Anfang Mai in Rom ein. Wenige Tage später veranstaltete er zur Erinnerung an den Diktator Spiele für die Stammmutter des Clans, Venus Genetrix. Als es Nacht wurde, stand am Himmel über Rom ein strahlend heller Komet. Das *sidus Iulium*, wie der Himmelskörper getauft wurde, war für alle Anwesenden der unwiderlegbare Beweis dafür, dass der Diktator jetzt ein Gott war. Caesars mit dem Tod erworbene Qualität der Göttlichkeit wurde für Octavius zur unüberbietbaren Machtressource. Er nannte sich nunmehr Gaius Julius Caesar und konnte seinem Namen bald noch ein *Divi filius* hinzufügen: Sohn des Vergöttlichten.

Antonius hatte den Kampf um die Deutungshoheit gewonnen, aber er zahlte einen hohen Preis dafür. Spätestens am 18. März hatte sich entschieden, dass Caesar nicht als Tyrann ins kollektive Gedächtnis Roms eingehen würde. Die Caesarmörder, und das war Antonius' Ziel gewesen, waren damit politisch erledigt. Die Prämisse ihres Handelns war durch den Senat in offizieller Beschlussfassung für falsch erklärt worden. Doch die Vergöttlichung Caesars, die der Senat 42 v. Chr. schließlich auch offiziell per *consecratio* beschloss, war die einzige Alternative zu seiner Verdammung als Tyrann. Die Dividende aus dem Kapital, das Caesars Göttlichkeit bedeutete, wurde aber nicht auf Antonius' Konto eingezahlt, sondern auf das seines – wie bald offenbar wurde – Rivalen um die Macht: Octavius, des *Divi filius*. Mit den Entscheidungen, die am 17. und 18. März fielen, waren auch die Weichen dafür gestellt, wie Caesar in die Geschichte eingehen würde: Von den Senatsbeschlüssen über das Caesar-Bild, das die meisten antiken Quellen, von Nikolaos bis Cassius Dio, vermitteln, bis hin zu Theodor Mommsen führt eine schnurgerade Linie. Caesar ist in dieser Tradition das einsame Genie, das die Zeichen der Zeit früher als alle anderen erkannt und die Konsequenzen daraus gezogen hat. Die Republik hatte abgedankt, Caesar formte aus ihr etwas Neues, der Zukunft Zugewandtes. Doch nicht nur das: Dem Diktator war es beschieden, zum Retter der Zivilisation zu werden. Mommsen:

> Von früher Jugend an war denn auch Caesar ein Staatsmann im tiefsten Sinne des Wortes und sein Ziel das höchste, das dem Menschen gestattet ist sich zu stecken: die politische, militärische, geistige und sittliche Wiedergeburt der tiefgesunkenen eigenen und der noch tiefer gesunkenen, mit der seinigen innig verschwisterten hellenischen Nation.[10]

Ein geradezu diametral entgegengesetztes Caesar-Bild hatten seine Mörder. Für sie war er kein Staatsmann, sondern ein Tyrann, für sie betrieb er nicht die Wiedergeburt, sondern die Zertrümmerung der «Nation», der römischen Republik. Ihre Beweggründe sind durch die Ereignisse kurz nach dem Mord förmlich weggewischt worden. Zwar erkennt mit Nikolaos von Damaskus der erste Autor, dessen Darstellung der Ereignisse erhalten ist, durchaus an, dass die Verschwörer unterschiedliche Motive umtrieben. Er stellt dann aber auch kategorisch fest, dass das Ziel, durch den Mord am Alleinherrscher Caesar die republikanische Ordnung zu restaurieren, nur vorgeblich das Motiv gewesen sei. «Unterschiedliche Menschen hatten unterschiedliche Gründe, die alle unter einem bestimmten Vorwand zusammenkamen.»[11]

Tatsächlich waren die Beweggründe der Caesarmörder, wie zu sehen war, höchst individuell. Es gab jene, wie Marcus Brutus, die das System verabscheuten, das Caesar errichtet hatte, weil sie es für eine Tyrannis hielten. Sie glaubten, das Rad der Geschichte zurückdrehen und den offenen politischen Wettbewerb der Republik wiederbeleben zu können. Brutus ist freilich auch der Einzige, dem wir diese Haltung mit Sicherheit attestieren können. Wesentlich mehr Verschwörer hatten durch Caesar persönliche Kränkungen erfahren und sannen auf Rache. Das Motiv der Rache tritt am reinsten bei Ligarius zutage, der sich an Caesar für die Demütigung revanchierte, die seine Brüder erlitten hatten. Auch andere hatten mit ihrem Opfer eine Rechnung zu begleichen: Der Volkstribun Aquila wurde von Caesars Groll verfolgt, nachdem er bei dessen Triumphzug sitzen geblieben war. Und Basilus, der Prätor des Jahres 45, war beleidigt, weil der Diktator ihm Geld statt eines ehrenvollen Postens angeboten hatte. Zumindest bei Aquila scheint sich aber die persönliche Bitterkeit mit einem prinzipiellen Unbehagen an Caesars Alleinherrschaft gepaart zu haben. Viele, die wie Basilus alte Caesarianer waren, fühlten sich durch die Begnadigung der Pompeius-Anhänger brüskiert und stellten fassungslos fest, dass sich ihre Karrierewünsche nun, da der Pool der Anwärter größer geworden war, später oder gar nicht mehr erfüllen würden. Dieses Kalkül mag bei einigen der alten Caesar-Freunde eine Rolle gespielt haben. Für jemanden wie Decimus Brutus waren vermutlich eher prinzipielle Erwägungen handlungsleitend: Indem Caesar den republikanischen Wettbewerb außer Kraft setzte und das Personalkarussell nach Gunst und Laune drehte, entwertete er die Ehrenämter als Schlüsselressource für senatorische *dignitas*. Selbst wer, wie Decimus, eine glänzende Kar-

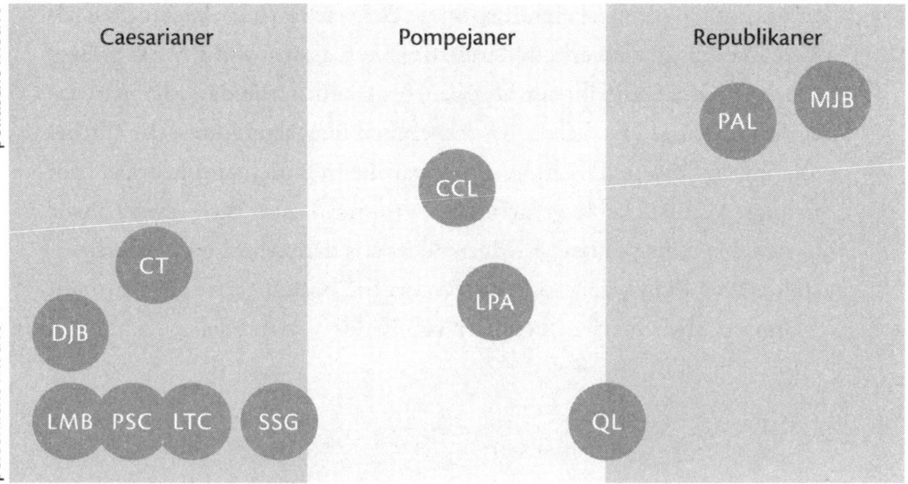

Die Verschwörer nach politischem Lager und Motiv: Gaius Cassius Longinus (CCL), Marcus Junius Brutus (MJB), Decimus Junius Brutus (DJB), Gaius Trebonius (CT), Publius Servilius Casca (PSC), Lucius Minucius Basilus (LMB), Lucius Tillius Cimber (LTC), Servius Sulpicius Galba (SSG), Lucius Pontius Aquila (LPA), Quintus Ligarius (QL), Pacuvius Antistius Labeo (PAL).

riere hinlegte, musste sich eingestehen, dass er sie in der caesarischen Günstlingswirtschaft nicht eigener Leistung verdankte. Das römischste aller Motive trieb vielleicht Cassius um: Er war Freund des Pompeius, der zum Feind, *inimicus*, Caesars geworden war. *Amicitia* und *inimicitia* waren keine Leerformeln für einen römischen Aristokraten. Cassius lehnte es aus tiefster Überzeugung ab, sich darüber hinwegzusetzen, nur weil der Diktator ihn begnadigt hatte.

Am Ende hatte jeder der Verschwörer gute, aber eben individuelle Gründe, Caesar ins Jenseits zu wünschen. Sie wurden von persönlichen und von politischen, von opportunistischen und von prinzipiellen Erwägungen geleitet. Sortiert man die prominenten Verschwörer nach ihren Motiven und ihrer Zugehörigkeit zu politischen Lagern in ein Koordinatenkreuz ein, dann ergibt sich ein Bild, wie es die Grafik oben zeigt.

In der Uneinheitlichkeit der Verschwörergruppe lag ihre große

Stärke, zugleich aber auch ihre fatale Schwäche. Stark machte sie die Verschwörung, weil erst dadurch, dass es Cassius und Brutus gelang, Männer unterschiedlicher Überzeugungen aus allen Lagern für das Komplott zu gewinnen, das Unternehmen überhaupt Aussicht auf Erfolg haben konnte. Doch der Preis war die Schwäche im Moment des Erfolgs: Weil sie keine gemeinsame Vision für eine Welt ohne Caesar hatten, blieb die politische Konsequenz aus dem Mord die große Leerstelle ihres Plans. Cicero hatte Recht: Sie hatten mit dem Mut von Männern, aber mit dem Verstand von Kindern gehandelt.

Post scriptum des Historikers

Die beiden Bruti, Cassius, Trebonius und die übrigen Caesarmörder blieben nicht lange in Rom. Der falsche Marius-Sohn hatte ihnen gezeigt, dass sie ihres Lebens in der Hauptstadt nicht sicher waren. So reisten sie in die ihnen noch von Caesar verliehenen Provinzen oder begaben sich auf ihre Landgüter in Latium und Kampanien, in der Hoffnung, dass sich der Wind früher oder später drehen würde. Brutus und Cassius benötigten als amtierende Prätoren für ihr Fernbleiben von Rom die Erlaubnis des Konsuls Antonius. Er gab sie ihnen nur allzu gerne. Schließlich ermöglichte ihm jeder Tag, den sich die Mörder nicht in Rom aufhielten, seine Macht dort weiter zu festigen. Wann immer Entscheidungen in der Volksversammlung anstanden, trommelte Antonius die Veteranen zusammen. Was Brutus, Cassius und die anderen durch Cicero und weitere Informanten regelmäßig aus der Hauptstadt vernahmen, hörte sich nicht so an, als sei der Zeitpunkt zur Rückkehr schon gekommen.

Der Senat hatte noch im April zusammen mit den *acta* des Diktators die Statthalterschaft des Trebonius in Asia bestätigt. Auf Umwegen machte sich Caesars ehemaliger Parteigänger Anfang April auf den Weg und reiste vornehmlich nachts, weil er sich am helllichten Tag nicht auf die Straße traute. Am 22. Mai erreichte er Athen. Aus der griechischen Metropole schrieb er Cicero einen Brief, dem er ein selbstverfasstes Gedicht beilegte. Dann reiste Trebonius weiter nach Asia, wo er im Auftrag von Brutus und Cassius Truppen aushob und Geld sammelte. Gegen Ende des Jahres erschien Dolabella dort auf der Bildfläche. Er befand sich mit einem Teil des für den Partherkrieg bestimmten Heeres auf der Durchreise in seine eigene Provinz Syria. Trebonius sagte ihm zu, dass er mit seinem Heer durch Asia ziehen könne. Auch für Einquartierung und Verpflegung werde er sorgen. Die befestigten Städte sollten Dolabella aber verschlossen bleiben, Trebonius wollte ihn in Ephesos empfangen. Dolabella ging zum Schein darauf ein, bemächtigte sich dann aber überfallartig doch der Festung Smyrna. Trebonius ließ er in seinem Schlafzimmer festnehmen und – unter dem Vorwand, man suche veruntreute Gelder – foltern. Schließlich wurde der Konsular getötet und sein Kopf auf eine Lanze gespießt. Den Leichnam schändete man und warf ihn anschließend ins Meer. So berichtet es Cicero voll Abscheu in der 11. Philippischen Rede.[1]

Auch Decimus Brutus wurde mit Caesars *acta* die Statthalterschaft in der Gallia cisalpina bestätigt, und er machte sich Mitte April ungehindert auf den Weg dorthin. In der Provinz befanden sich zwei Legionen, die ihn freundlich aufnahmen. Für Antonius war Decimus, weil er Soldaten befehligte und das unweit von Rom, der gefährlichste unter den Caesarmördern. Am 1. Juni erreichte der Konsul, dass die Volksversammlung ihm selbst ab Januar anstelle von Macedonia die Gallia cisalpina übertrug – für volle fünf Jahre. Während Cassius und Marcus Brutus ihn zum Widerstand gegen Antonius aufforderten, gab sich Decimus konziliant. Er ließ seine Soldaten Krieg gegen ein paar Alpenstämme führen, unternahm aber nichts, um Antonius zu provozieren. Das änderte sich in der zweiten Jahreshälfte. Decimus hob zusätzlich zu seinen beiden Legionen noch eine dritte aus und erklärte seine Weigerung, die Provinz an den nunmehrigen Prokonsul zu übergeben. Er fälschte sogar einen Senatsbeschluss, um dessen Ansprüche abzuwehren. Als Antonius mit fünf Legionen in die Gallia cisalpina einrückte, marschierte Decimus ihm Richtung Süden entgegen. Er kam bis Mutina, wo Antonius ihn einschloss. In den ersten Monaten des Jahres 43 spitzte sich die Situation in der belagerten Stadt immer mehr zu. Anfang April drohte der Zusammenbruch, als plötzlich aus Italien zwei Heere heranrückten, geführt von dem Konsul Hirtius und dem jungen Oktavian. Als unter dem zweiten Konsul Pansa noch ein drittes Senatsheer vor der Stadt erschien, konnte der Belagerungsring um Mutina am 21. April gesprengt werden. Hirtius war ebenso unter den Toten wie Aquila, der im Jahr zuvor als Volkstribun vor dem Triumphator Caesar sitzen geblieben war, Pansa erlag kurz nach der Schlacht seinen Wunden. Trotz seiner Niederlage gelang es Antonius, seine Streitmacht über die Alpen zu führen und im heutigen Südfrankreich mit den Truppen des Lepidus zu vereinigen. Lange unentschieden, ob er mit seinem unterlegenen Heer dennoch die Verfolgung aufnehmen sollte, entschied Decimus sich schließlich dazu, über den Balkan nach Macedonia auszuweichen. Doch erwies sich auch dieser Plan als undurchführbar. Eine nach der anderen desertierten seine Legionen zu Antonius. Im September wurde er von einem keltischen Häuptling gefangen genommen und getötet. Der Kopf wurde Antonius zugestellt, der ihn bestatten ließ. Die Quellen überbieten einander mit fragwürdigen Details über Decimus' angebliche Feigheit im Angesicht des Todes.

Caesars Tod machte den 62-jährigen Cicero noch einmal zum bestimmenden Faktor im römischen Senat. Er musste aber bald einsehen, dass das ehrwürdige Gremium nicht mehr das Kraftzentrum der römischen Politik war, sondern dass diese Rolle nunmehr die Legionen spielten. Zwar gelang es ihm zunächst, Oktavian gegen Antonius auszuspielen und so das Lager der Caesarianer zu spalten. Doch beging er den tödlichen Fehler, den 18-Jährigen zu unterschätzen. Sein witzig gemeinter Satz, der junge Mann sei zu «belobigen, auszuzeichnen und [ins Jenseits] zu befördern», ging gründlich nach hinten los. Unter Ciceros Führung wollte der Senat Caesars Großneffen ausbooten, nachdem er bei Mutina seine Schuldigkeit getan hatte. Doch der revanchierte sich, indem er erst mit militärischer Gewalt nach der Macht in Rom griff und sich dann mit Antonius und Lepidus über die Köpfe der Senatoren hinweg einigte. Gemeinsam begründeten sie das Triumvirat und ließen sich außerordentliche Vollmachten übertragen, durch welche die Republik vollends zur Farce verkam. Die erste Maßnahme, auf die sich die drei Machthaber verständigten, war eine Neuauflage der sullanischen Proskriptionen. Und zu deren ersten Opfern gehörte, am 7. Dezember 43 v. Chr., Cicero. Der Kopf und die Hände, mit deren Gestik Cicero so viele seiner Reden untermalt hatte, wurden auf der Rostra zur Schau gestellt.[2]

Cassius verließ Rom einen Monat nach dem Mord an Caesar und

zog sich auf seine Güter im ländlichen Latium zurück. Seine Provinz Syria war ihm entzogen und Dolabella übertragen worden, dafür erhielt er die wenig bedeutende Cyrenaica in Nordafrika. Im September verließ Cassius Italien Richtung Osten mit dem Ziel Syria. Durch geschickte Verhandlungen erreichte er, dass sich ihm die meisten im Osten stehenden Legionen unterstellten. Mit diesem Heer erwartete er Dolabella, der im Mai 43 in Syria einrückte. Cassius schloss den Statthalter in der Hafenstadt Laodikeia ein, die er belagerte und schließlich eroberte. Dolabella entzog sich der Gefangennahme durch Freitod. Inzwischen war auch Marcus Brutus im Osten eingetroffen. Die beiden Caesarmörder trafen einander im kleinasiatischen Smyrna und beschlossen, zuerst jeden Widerstand in Asia zu brechen und dann nach Macedonia aufzubrechen.

Brutus war Mitte April 44 ebenfalls auf seine Landgüter nach Kampanien ausgewichen. Von dort begab er sich im Oktober nach Athen, wo er die Nerven hatte, sich philosophischen Studien zu widmen. Vor allem aber warb er Truppen an. Auch ihm war seine Provinz Macedonia entzogen worden, doch nach dem Bruch zwischen dem Senat und Antonius erhielt er sie fürs Erste zurück. Im Sommer 43 erreichte ihn in Griechenland die Nachricht vom Tod Porcias, zu dem Cicero kondolierte. Wenig später erfuhr Brutus auch von Oktavians Militärputsch und davon, dass die Caesarmörder per Gesetz zu Staatsfeinden erklärt worden waren. Brutus verstärkte deshalb seine Rüstungsanstrengungen und wandte sich an Cassius, um das gemeinsame Vorgehen mit ihm abzustimmen. Die zweite Jahreshälfte 43 und die ersten Monate des folgenden Jahres führte er Krieg an der kleinasiatischen Küste. Viele Städte dort hatten mit Dolabella paktiert. Eine nach der anderen fiel jetzt Brutus zum Opfer. Die Beute war immens und kam direkt seinen Kriegsvorbereitungen zugute.

Mitte 42 v. Chr. trafen Brutus und Cassius erneut zusammen, diesmal in Sardes. Bei der Unterredung flogen die Fetzen: Brutus wollte endlich die Republik befreien, Cassius riet zur Vorsicht. Er hielt das Heer noch nicht für kampfbereit. Schließlich einigte man sich darauf, das Hauptquartier in Macedonia aufzuschlagen. Im August überquerte das Heer – alles in allem 17 Legionen und 20 000 Reiter – den Hellespont und erreichte schließlich die makedonische Stadt Philippi. Dorthin waren inzwischen auch Antonius und Oktavian mit dem Hauptheer der Triumvirn marschiert: 19 Legionen und 13 000 Mann Kavallerie. Die Heere belauerten einander längere Zeit, bis schließlich am 3. Oktober die Schlacht entbrannte. Cassius stand Antonius gegenüber, Brutus hatte Oktavian zum Gegner. Auf dem rechten Flügel siegte Brutus, auf dem linken kassierte Cassius eine Niederlage. Zur Tragödie wurde die erste Schlacht von Philippi für Cassius, weil seine Offiziere es versäumten, ihn über den Erfolg des Brutus in Kenntnis zu setzen: Er stürzte sich in sein Schwert.

Daraufhin übernahm Brutus das Kommando über die Gesamtarmee. Er fürchtete Desertionen und gab deshalb seine Taktik auf, das gegnerische Heer auszuhungern. Am Nachmittag des 23. Oktober prallten die Heere zur zweiten Schlacht bei Philippi aufeinander. Im Nahkampf massakrierten sich die Römer gegenseitig. Am Ende siegten Antonius und Oktavian auf ganzer Linie. Brutus entkam mit vier Legionen, doch die Lage war aussichtslos. Nachdem er sich von seinen Freunden verabschiedet hatte, nahm er sich das Leben. In Philippi waren die Caesarmörder untergegangen, doch die Schlacht war zugleich ein ungeheurer Aderlass für die alte republikanische Elite. Sie wurde mit Brutus begraben.

Die drei überlebenden Caesarianer teilten nach der Schlacht die römische Welt unter sich auf. Antonius erhielt den Osten, Lepidus Nordafrika und Oktavian die undankbare Aufgabe, die Veteranen der vergangenen Kriege in Italien anzusiedeln. Er meisterte sie mit Härte und Geschick, und es gelang ihm, Sextus Pompeius zu besiegen, der noch immer im Besitz Siziliens war. Die Gewichte in der fragilen Dreierallianz verschoben sich immer mehr von Lepidus zu den beiden anderen Triumvirn. 36 v. Chr. wurde der Schwächste der Drei dann ganz entmachtet. 40 v. Chr. hatte Oktavian Antonius seine Schwester Octavia zur Frau gegeben, doch auch die enge dynastische Verbindung der beiden Männer konnte das Zerbrechen ihrer Allianz nur hinauszögern, nicht verhindern. 32 v. Chr. scheiterte die Ehe. Die einzige Frau in

Antonius' Leben war jetzt Kleopatra. Der Riss zwischen den beiden übrig gebliebenen Triumvirn war nicht mehr zu kitten. Der Krieg der Worte, den Oktavian mit einer Schmutzkampagne gegen Antonius eröffnete, eskalierte zum heißen Konflikt, dessen Höhepunkt die Seeschlacht bei Actium am 2. September 31 v. Chr. war. Dank seines Heerführers Marcus Agrippa siegte Caesars Adoptivsohn über den ehemaligen Reiteroberst des Diktators. Antonius und Kleopatra flüchteten in die Cyrenaica und nach Ägypten. Vor Alexandria wollte sich Antonius ein letztes Mal zur Schlacht stellen, doch sein Heer ließ ihn im Stich, bevor die Trompeten zum Angriff blasen konnten. Im Glauben, Kleopatra sei bereits tot, stürzte er sich am 1. August 30 v. Chr. in sein Schwert. Die Königin folgte ihm wenige Tage später in den Tod, nachdem ihr Versuch gescheitert war, nach Caesar und Antonius auch Oktavian zu verführen.

Als am Abend des 1. August die Sonne über Ägypten unterging, war nur noch einer der Männer übrig, die 14 Jahre zuvor ins große Spiel um die Macht in Rom eingestiegen waren. Der Einsatz war das eigene Leben, und alle bis auf Oktavian und Lepidus hatten das Mitspielen mit dem Tod bezahlt. Gaius Octavius, der junge Caesar, *Divi filius:* Er konnte jetzt den Preis in Empfang nehmen. Er hatte von den Gegenspielern einen nach dem anderen vom Brett genommen. Freilich: Am Abend des 1. August befand sich der junge Caesar im gleichen Dilemma, in dem auch der alte exakt 15 Jahre zuvor gesteckt hatte. Was bleibt zu tun, wenn man allein auf dem Spielfeld steht? Wie verwandelte man persönliche Allmacht in etwas, das es nicht gibt in Rom? Wie verwandelt man sie in langfristige Alleinherrschaft?

Der alte Caesar hatte vorgemacht, wie es nicht geht. Er hatte an alles gedacht, nur nicht an die Ehre der Senatoren. Er hatte vergessen, wie gefährlich beleidigte Männer sind. Der junge Caesar war skrupellos und kaltschnäuzig. Aber er war ein gelehriger Schüler. So jung er war, er hatte begriffen, wie sehr die Senatoren auf ihre Ehre hielten. Er durfte sie ihnen nicht nehmen. Nie wieder sollte es geschehen, dass Römer vor einem Römer auf den Knien rutschen mussten. Wenn sein Regime Erfolg haben sollte, dann konnte er es nicht auf den Legionen allein errichten. Er brauchte die Senatoren. Sie sollten seine Partner sein.

Mit Brutus war die Republik begraben worden. Doch das sagte Oktavian nicht. Er legte die Triumviralgewalt nieder und war wieder einfacher Magistrat. Später legte er auch den Konsulat nieder und war Privatmann. Ein Senator unter Senatoren, nur eben der, der die Macht innehatte. Der junge Caesar wurde Augustus. Augustus sagte, er habe die Republik wiederhergestellt. Was Brutus und Cassius nicht vermocht hatten, das vollbrachte Caesars Adoptivsohn.

Sieger schreiben Geschichte.

ANHANG

Dank

«Niemand schreibt ein Buch allein.» Dieser Satz einer deutschen Politikerin ist nicht ganz falsch und nicht ganz richtig. Wer Bücher schreibt, zieht sich oft monatelang in eine Parallelwelt zurück, die von seinen Helden und Antihelden bevölkert ist. Sehr zum Leidwesen seines Partners, seiner Familie. Meiner Frau Diana schulde ich Dank dafür, dass sie mich mit Caesar und Cicero, mit Brutus und Cassius geteilt und meine mentalen Zeitreisen in die untergehende römische Republik geduldig ertragen hat. Ihr sowie meinen Mitarbeitern, Freunden und Studenten in Oldenburg danke ich für anregende Gespräche über die Mordsache Caesar. Meine Mitarbeiterin Caroline Thongsan hat die Korrekturen und das Register für diesen Band besorgt. Auch an sie ergeht herzlicher Dank.

Martin Sabrow hat 2022 in Helmstedt die Sommeruniversität zum Thema «Attentat und Gesellschaft» organisiert. Ich habe von diesem Treffen viel mitgenommen. Genauso ergiebig war für mich die Tagung «Die Figur des Tyrannen» an der Akademie für Politische Bildung Tutzing, für die Laura Martena die Verantwortung getragen hat. Der fachliche Austausch mit der Kollegin Charlotte Schubert war mir auch in der Mordsache Caesar sehr wichtig. Dank verdient schließlich Luciano Canfora, der Verfasser der für meine Begriffe besten Caesar-Biographie. Manches bewerte ich anders als er, aber nie bin ich an seinen Argumenten vorbeigekommen.

Außerdem hatte dieses Buch das Glück, im Lektorat des Verlags C.H.Beck gleich von zwei Meistern ihrer Profession betreut zu werden: Stefan von der Lahr gab die Anregung zu dem Buch, setzte es auf die richtige Spur und las die ersten fertigen Kapitel, wodurch er mich vor manchen Irrungen bewahrt hat. Martin Hallmannsecker hat das Manuskript mit großer Gründlichkeit und Sachkenntnis lektoriert.

Ohne den letzten Schliff, den er ihm gegeben hat, wäre es kein richtiges Buch geworden. Andrea Morgan schließlich betreute die gesamte Mordsache, von den ersten Anfängen bis zum finalen Akt, mit bewährter Effizienz und Liebenswürdigkeit.

Niemand schreibt ein Buch allein: Allen, die zu seinem Zustandekommen beigetragen haben, bin ich sehr dankbar.

Anmerkungen

Vorbemerkung des Historikers

1 Shakespeare, *Julius Caesar* (Übersetzung: Friedrich Schlegel), 3. Aufzug, 2. Szene.
2 Ebd.

Erster Teil | Republik

1 Szene nach Liv. I 58,1–5.
2 Ebd. I 57,10.
3 Ebd. I 59,1 (Übersetzung nach Hans-Jürgen Hillen).
4 Ebd. II 1,9.
5 Uwe Walter, *Politische Ordnung in der römischen Republik*, Berlin 2017, 19.
6 Vgl. Matthias Gelzer, *Die Nobilität der römischen Republik, Kleine Schriften*, Wiesbaden 1962, 17–135, hier: 40–42.
7 Zitat Gracchus: Plut. *Tib. Gracch.* 9,5.
8 Szene nach Suet. *Iul.* 31 f.; App. *civ.* II 35; Plut. *Caes.* 32,5–9.
9 Suet. *Iul.* 19.
10 Max Weber, *Soziologische Grundbegriffe*, 5. Auflage, Tübingen 1981, 88.
11 Suet. *Iul.* 2,1.
12 Ebd. 6,1.
13 Theodor Mommsen, *Römische Geschichte*, 9./5. Auflage, Berlin 1902–04, Bd. 3, 466.
14 *Ne quid ageretur* […]: Suet. *Iul.* 19. «Dreiköpfiges Ungeheuer» (*trikáranos*): Varro zitiert bei App. *civ.* II 33.
15 Martin Jehne, *Der große Trend, der kleine Sachzwang und das handelnde Individuum. Caesars Entscheidungen*, München 2009, 96. Zitat: Athen. *deipn.* XIII 8 (Menander: ἀνερρίφθω κύβος); App. *civ.* II 35 (Caesar: ὁ κύβος ἀνερρίφθω); Plut. *Caes.* 32,8 (Caesar: ἀνερρίφθω κύβος); Suet. *Iul.* 32 (*iacta alea est*).

Zweiter Teil | Diktatur

1 Szene nach Plut. *Cat. min.* 62–70.
2 Cic. *fam.* V 6,5.
3 Caes. *civ.* I 1–3.
4 Ebd. I 3 f.
5 Cass. Dio XLI 1–3.
6 *Barbatuli iuvenes*: Cic. *Att.* I 14,5; 16,11.
7 Plut. *Caes.* 50,3 (ἦλθον, εἶδον, ἐνίκησα, lateinisch: *veni, vidi, vici*).
8 Suet. *Iul.* 70.
9 Ebd. 59.
10 Epileptischer Anfall: Plut. *Caes.* 53,5.
11 Zitat: Sen. *epist.* 24,9.
12 Plut. *Cat. min.* 66,2.
13 Cic. *Marcell.* 4; 33; 21.
14 Cic. *fam.* I 9,21.
15 Ebd. IV 4,3.
16 Cic. *Marcell.* 1–9.
17 Sen. *clem.* 3,2.
18 Cic. *Marcell.* 10.
19 Cic. *Marcell.* 11–20.
20 Ebd. 23–32. Das, was von Caesar jetzt zu tun ist, breitet Cicero detailliert in Kapitel 23 aus.
21 Zitat *nunc est bibendum* («Jetzt lasst uns trinken»): Hor. *carm.* I 37.
22 Plut. *Caes.* 34,2; Cic. *Att.* VII 11,1.
23 Theodor Mommsen, *Römisches Staatsrecht*, Leipzig 1871–1888, Bd. 2, 715.
24 Suet. *Iul.* 77: *Sullam nescisse litteras, qui dictaturam deposuerit.* Zu Sulla und der Diktatur siehe S. 52.
25 Cic. *orat.* 35.
26 Cic. *Att.* XIII 46,2 (*multa de meo Catone, quo saepissime legendo se dicit copiosiorem factum. Bruti Catone lecto se sibi visum disertum*).
27 Spott der Soldaten: Cass. Dio XLIII 20,3 f.
28 Szene nach Plut. *Ant.* 13.
29 *Splendidus eques Romanus*: Cic. *Phil.* XIII 23; Dankbarkeit Ciceros: Cic. *fam.* XV 20,2.
30 Ebd. XV 21,3.
31 Plut. *Ant.* 13,1.
32 Cic. *Phil.* II 34.

33 *Mancipatio*: Gai. II 102 (Übersetzung Ulrich Manthe).
34 Cic. *Att.* XIII 3 (25. Mai); 8 (28. Mai 45).
35 Plut. *Caes.* 58,6 f.
36 Christian Meier, *Caesar*, 2. Auflage, München 1982, 556 f.
37 Suet. *Iul.* 83,2.
38 Plut. *Caes.* 56,7–9.
39 Cass. Dio XLIII 41 f.
40 Suet. *Iul.* 78,2.
41 Cic. *Att.* XIII 4 (26. Mai 45).
42 Plut. *Caes.* 57,2 f.
43 Ebd. 57,5–7.
44 Cic. *fam.* VII 30,1.
45 Ebd.
46 Cic. *Phil.* II 81.
47 Ebd. II 80. Denunziation: Plut. *Anton.* 11,3.
48 Suet. *Iul.* 50,1.
49 Ebd. 50,2; Plut. *Brut.* 5,3; *Cat. min.* 24.
50 Suet. *Iul.* 51,1.
51 Ebd. 52,1; Cass. Dio. XLII 34,3 f.
52 Cic. *Att.* XV 17,2; XIV 8,1.
53 Die ausführlichste Darstellung bei Nic. 20,69. Auch Cass. Dio XLIV 9; Suet. *Iul.* 79,1 f.; Plut. *Caes.* 60,1–3.
54 Nic. 20,70.

Dritter Teil | Verschwörung

1 So oder ähnlich könnte sich diese Szene auf Cassius' Landgut zugetragen haben. Antike Quellen stehen uns hierfür leider keine zur Verfügung.
2 Plut. *Brut.* 10,6; App. *civ.* II 113. Zur Gewinnung von Brutus durch Cassius siehe S. 197 f.
3 Plut. *Brut.* 7,7 (ἑταιρία, φίλοι).
4 App. *civ.* II 116, 121 f., 142 (οἱ αμφὶ τὸν Κάσσιον).
5 Plut. *Brut.* 10,1.
6 Zum römischen Bindungswesen und zu den durch *amicitia* begründeten Netzwerken siehe S. 32 f.
7 Cic. *Att.* XV 10.
8 Cic. *fam.* X 27,3.
9 Plut. *Brut.* 8,7.

10 Ebd. 9,1 f.
11 Cic. *fam.* XV 14,3.
12 Caes. *civ.* III 101.
13 Cic. *Phil.* II 26.
14 Cic. *fam.* XV 19,4 (Übersetzung nach Helmut Kasten).
15 Cic. *fam.* XV 16,1 (σπουδάζειν).
16 Plut. *Caes.* 62,9.
17 Vell. II 56,3; App. *civ.* IV 91 f.
18 Nic. 19,60.
19 Cic. *fam.* XV 18,3; 19,2 f. (φιλήδονοι, φιλόκαλοι, φιλοδίκαιοι).
20 Ebd. XV 19,3.
21 Graffiti: Cass. Dio XLIV 12,3; Plut. *Brut.* 9,7; App. *civ.* II 112.
22 Siehe Abb. S. 27.
23 Zitat Brutus: Quint. *inst.* IX 3,95. Cicero: Cic. *Att.* V 20,6.
24 Zu den Enkomia auf Cato siehe S. 122.
25 Cic. *Att.* XIII 21,2.
26 Plut. *Brut.* 7,4. Vgl. App. *civ.* II 112.
27 Plut. *Brut.* 7,7.
28 Ebd. 10,4–6. Vgl. App. *civ.* II 113.
29 Plut. *Brut.* 10,1.
30 Zu den Luperkalien siehe S. 211 ff.
31 App. *civ.* II 113.
32 Suet. *Iul.* 80,4; Cass. Dio XLIV 13 f.; Nic. 19,59.
33 Konsulat: Vell. II 56,3.
34 Cic. *Att.* XIII 49 (εὐαγγέλια).
35 Szene nach Nic. 21,71–75.
36 Plut. *Caes.* 61,2 f.
37 Nic. 21,71–75.
38 Liv. *per.* CXVI 1; Vell. II 56,4; Cass. Dio XLIV 11,2 f.; Suet. *Iul.* 79,2; Plut. *Ant.* 12,2–4; *Caes.* 61,5 f.
39 Cic. *Phil.* II 86; XIII 41.
40 Nic. 21,73.
41 Cic. *Phil.* II 86.
42 Plut. *Brut.* 11,3.
43 Cic. *fam.* VI 13,4.
44 Ebd. VI 14,2.
45 Cic. *Lig.* 1.
46 Plut. *Cic.* 39,6 f.; *Brut.* 11,3.

47 Plut. *Brut.* 12,3 f.
48 Suet. *Iul.* 86,2.
49 Cic. *fam.* IV 9,3; *Att.* VIII 11D,6 f.
50 Testament: Cass. Dio XLIV 35.2; Plut. *Caes.* 64,1.
51 Plut. *Brut.* 12,5.
52 Plut. *Brut.* 13,7–10.
53 Suet. *Iul.* 81,3; Cass. Dio XLIV 17,2.
54 Plut. *Caes.* 64,7; App. *civ.* II 115,1.
55 Suet. *Iul.* 81,1–3; Cass. Dio XLIV 17,2.

Vierter Teil | Attentat

1 Plut. *Brut.* 14,7.
2 Plut. *Brut.* 15,2 f.; App. *civ.* II 115.
3 Cic. *div.* I 119; Plut. *Caes.* 63,5 f.; Suet. *Iul.* 81,4.
4 Plut. *Brut.* 15,2f; App. *civ.* II 115.
5 Suet. *Iul.* 82.
6 Ebd.; Cass. Dio XLIV 19.
7 Cass. Dio XLIV 20,2.
8 Cic. *Att.* XIV 21,3 (11. Mai 44 v. Chr.).
9 Cass. Dio XLIV 49,3 f.
10 Mommsen, *Römische Geschichte*, Bd. 3, 463.
11 Nic. 19,60.

Post scriptum des Historikers

1 Cic. *Phil.* XI 5.
2 Cic. *fam.* XI 20 (*laudandum, ornandum, tollendum*).

Zeittafel

(alle Jahreszahlen v. Chr.)

510/509	(der Sage nach:) Sturz des Königs Tarquinius Superbus und Begründung der römischen Republik
494	(der Sage nach:) Erster Auszug der Plebs auf den Aventin
ca. 485	Anklage und Hinrichtung des Konsulars Spurius Cassius Vecellinus
439	Anklage und Tod des Spurius Maelius
384	Anklage und Hinrichtung des Marcus Manlius Capitolinus
287	*lex Hortensia*: Ende der Ständekämpfe
133	Volkstribunat des Tiberius Sempronius Gracchus
123	Volkstribunat des Gaius Sempronius Gracchus
100	(13. Juli) Geburt Caesars
	zweiter Volkstribunat und Ermordung des Lucius Appuleius Saturninus
88	Überfall Mithradates' VI. auf die Provinz Asia: Vesper von Ephesos
	erster Marsch Sullas auf Rom
82	zweiter Marsch Sullas auf Rom: Diktatur Sullas
79	Rücktritt Sullas von der Diktatur
69	Quästur Caesars
65	Ädilität Caesars
63	Konsulat Ciceros: Niederschlagung der Catilinarischen Verschwörung
	Wahl Caesars zum Pontifex Maximus
62	Prätur Caesars
61	Prokonsulat Caesars in Hispania ulterior
60	Bündnis Caesar – Crassus – Pompeius: sogenanntes «Erstes Triumvirat»
	Caesar heiratet Calpurnia
59	Konsulat Caesars
58	Volkstribunat des Publius Clodius Pulcher: Exil Ciceros
	Prokonsulat Caesars in Gallien: Gallischer Krieg (bis 50)

52 Ermordung des Clodius
49 (10. Januar) Caesar überschreitet den Rubikon: Beginn des Bürgerkrieges
(Sommer) 1. Diktatur Caesars
48 2. Konsulat Caesars
(4. Januar) Caesar setzt von Brundisium nach Epeiros über
(9. August) Schlacht von Pharsalos: Sieg Caesars über Pompeius
(Ende Oktober) 2. Diktatur Caesars
47 (2. August) Schlacht bei Zela: Sieg Caesars über Pharnakes von Pontos
(Sommer) Geburt Kaisarions als Sohn der Kleopatra und Caesars
(28. Dezember) Caesar landet bei Hadrumetum
46 3. Konsulat Caesars
(6. April) Schlacht bei Thapsus: Sieg Caesars über Scipio
(12. April) Selbstmord Catos
(Ende April) 3. Diktatur Caesars (bis April 45)
(Mai) Cicero schreibt *Laus Catonis*
(Sommer) Triumphzüge Caesars über Gallien, Ägypten, Pontos und Africa
(September) Rede Ciceros *Pro M. Marcello*
45 4. Konsulat Caesars (*sine collega*, bis 1. Oktober)
(17. März) Schlacht bei Munda: Sieg Caesars über die Pompejaner
(April) 4. Diktatur Caesars (bis 44); Caesar, Antonius und Trebonius in Narbo
(21. April) Ehrungen für Caesar
(Frühjahr) Meuterei in Syrien: Tod des Sextus Julius Caesar
(17. September) Caesar in Labici: Testament
(31. Dezember) Tod des Quintus Fabius Maximus: Gaius Caninius Rebilus Konsul für einen Tag
44 5. Konsulat Caesars
(1. Januar) Streit zwischen Antonius und Dolabella im Senat
(26. Januar) Latinerfest: *rex*-Rufe in Rom
(spätestens 15. Februar) Caesar *dictator perpetuo*
(15. Februar) Luperkalien: Caesar lehnt das Diadem ab
(14. März) Caesar zu Gast bei Lepidus
(15. März) Ermordung Caesars; Zug der Caesarmörder zum Kapitol

(17. März) Senatssitzung ohne Caesarmörder: *acta* Caesars bleiben in Kraft

(18. März) Senatssitzung mit Caesarmördern: Beschluss, dass Caesar ein ehrenvolles Begräbnis erhält und sein Testament eröffnet wird

(20. März) Leichenbegängnis für Caesar

Bibliographie

Quellen (empfohlene Textausgaben mit Übersetzung)

App. *civ.* (*Bellum civile*): Appian, *Römische Geschichte*, übers. von Otto Veh, hg. von Kai Brodersen / Wolfgang Will, Bde. 1–2, Stuttgart 1987–89.

Caes. *civ.*: Caesar, *Der Bürgerkrieg – De bello civili*, hg. und übers. von Otto Schönberger, 5. Auflage, Berlin 2012.

Cass. Dio: Cassius Dio, *Römische Geschichte*, übers. von Otto Veh, Bde. 1–5, München 1985–1987.

Cic. *Att.*: Cicero, *Atticus-Briefe*, übers. von Helmut Kasten, 3. Auflage, München 1980.

Cic. *div.* (*De divinatione*): Cicero, *Über die Wahrsagung*, hg., übers. und erläutert von Christoph Schäublin, München / Zürich 1991.

Cic. *fam.* (*Epistulae ad familiares*): Cicero, *An seine Freunde*, übers. von Helmut Kasten, 2. Auflage, München 1976.

Cic. *Lig.* (*Pro Ligario*): Cicero, *Prozessreden*, Bd. 2, übers. und hg. von Manfred Fuhrmann, Zürich 1997.

Cic. *Marcell.* (*Pro M. Marcello*): Cicero, *Prozessreden*, Bd. 2, übers. und hg. von Manfred Fuhrmann, Zürich 1997.

Cic. *Phil.*: Cicero, *Philippische Reden*, übers. von Manfred Fuhrmann, hg., überarbeitet und eingeleitet von Rainer Nickel, München 2013.

Gai.: Gaius, *Institutiones – Die Institutionen des Gaius*, hg., übers. und kommentiert von Ulrich Manthe, Darmstadt 2004.

Liv.: Livius, *Römische Geschichte*, Buch I–III, übers. und hg. von Hans Jürgen Hillen, 4. Auflage, Düsseldorf / Zürich 2007.

Nic. (Nikolaos von Damaskus): Nicolaus of Damascus, *The life of Augustus and the autobiography*, hg., übers. und kommentiert von Mark Toher, Cambridge 2017.

Plut. *Ant.* (*Antonius*): Plutarch, *Lives*, übers. von Bernadotte Perrin, Bd. 9, Cambridge, Mass. 1920.

Plut. *Brut.* (*Brutus*): Plutarch, *Lives*, übers. von Bernadotte Perrin, Bd. 6, Cambridge, Mass. 1918.

Plut. *Caes.* (*Caesar*): Plutarch, *Lives*, übers. von Bernadotte Perrin, Bd. 7, Cambridge, Mass. 1919.

Plut. *Cat.* (*Cato minor*): Plutarch, *Lives,* übers. von Bernadotte Perrin, Bd. 7, Cambridge, Mass. 1919.

Plut. *Cic.* (*Cicero*): Plutarch, *Lives,* übers. von Bernadotte Perrin, Bd. 7, Cambridge, Mass. 1919.

Plut. *Tib. Gracch.* (*Tiberius Gracchus*): Plutarch, *Lives,* übers. von Bernadotte Perrin, Bd. 10, Cambridge, Mass. 1921.

Quint. *inst.* (*Institutio oratoria*): Quintilian, *Ausbildung des Redners. Zwölf Bücher,* übers. und hg. von Helmut Rahn, Darmstadt 2011.

Sen. *clem.* (*De clementia*): Seneca, *Philosophische Schriften,* Bd. 5, übers., eingeleitet und mit Anmerkungen versehen von Manfred Rosenbach, Darmstadt 1989.

Sen. *epist.* (*Epistulae morales ad Lucilium*): Seneca, *Philosophische Schriften,* 3. Bd. *Briefe an Lucilius.* 1. Teil (Brief 1–81), übers., eingeleitet und mit Anmerkungen versehen von Otto Apelt, Hamburg 1993.

Suet. *Iul.* (*Divus Iulius*): Sueton, *Kaiserbiographien,* übers. von Otto Wittstock, Berlin 1993.

Vell.: Velleius Paterculus: *Historia Romana – Römische Geschichte,* hg. und übers. von Marion Giebel, Stuttgart 1989.

Geschichte der römischen Republik allgemein

Bleicken, Jochen, *Die Verfassung der römischen Republik. Grundlagen und Entwicklung,* Paderborn 1975.

Bringmann, Klaus, *Geschichte der römischen Republik. Von den Anfängen bis Augustus,* München 2002.

Christ, Karl, *Krise und Untergang der römischen Republik,* 9. Auflage, Darmstadt 2019.

Crawford, Michael H., *Die römische Republik,* 2. Auflage, München 1985.

Flower, Harriet I. (Hg.), *The Cambridge companion to the Roman Republic,* Cambridge 2004.

Heuß, Alfred, *Römische Geschichte. Neu herausgegeben von Hans-Joachim Gehrke,* Paderborn 2016.

Jehne, Martin, *Die römische Republik. Von der Gründung bis Caesar,* München 2006.

Mommsen, Theodor, *Römische Geschichte,* 9/5. Auflage, Berlin 1902–04.

Rosenstein, Nathan/Robert Morstein-Marx (Hg.), *A companion to the Roman Republic,* Oxford 2006.

Sommer, Michael, *Römische Geschichte I. Rom und die antike Welt bis zum Ende der Republik,* Stuttgart 2013.

Staat, Gesellschaft und Elite

Broughton, T. Robert S., *The magistrates of the Roman Republic. Volume II*, New York 1952.

Flaig, Egon, *Ritualisierte Politik. Zeichen, Gesten und Herrschaft im Alten Rom*, Göttingen 2003.

Gelzer, Matthias, «Die Nobilität der römischen Republik», in: Ders., *Kleine Schriften*, Wiesbaden 1962, 17–135.

Gruen, Erich S., *The last generation of the Roman Republic*, Berkeley 1995.

Hölkeskamp, Karl-Joachim, *Reconstructing the Roman republic. An ancient political culture and modern research*, Princeton 2010.

Jehne, Martin, *Der Staat des Dictators Caesar*, Köln 1987.

Jehne, Martin, «Jovialität und Freiheit. Zur Institutionalisierung der Beziehungen zwischen Ober- und Unterschichten in der römischen Republik», in: Bernhard Linke/Michael Stemmler (Hg.), *Mos maiorum. Untersuchungen zu den Formen der Identitätsstiftung und Stabilisierung in der römischen Republik*, Stuttgart 2000, 207–235.

Lepore, Ettore, «Il pensiero politico romano del I secolo», in: Guido Clemente/Filippo Coarelli/Emilio Gabba (Hg.), *L'impero mediterraneo. 1: La repubblica imperiale*, Torino 1990, 857–883.

Lintott, Andrew W., *The constitution of the Roman Republic*, 3. Auflage, Oxford 2004.

Meier, Christian, *Res Publica amissa. Eine Studie zu Verfassung und Geschichte der späten römischen Republik*, Frankfurt am Main 1980.

Millar, Fergus, «Popular politics at Rome in the late Republic», in: Irad Malkin/Wolfgang Zeev Rubinsohn (Hg.), *Leaders and masses in the Roman world. Studies in honour of Zvi Yavetz*, Leiden 1995, 91–113.

Mommsen, Theodor, *Römisches Staatsrecht*, Leipzig 1871–88.

Nippel, Wilfried, *Public order in ancient Rome*, Cambridge 1995.

Raaflaub, Kurt A., *Dignitatis contentio. Studien zur Motivation und politischen Taktik im Bürgerkrieg zwischen Caesar und Pompeius*, München 1974.

Sommer, Michael, *Volkstribun. Die Verführung der Massen und der Untergang der römischen Republik*, Stuttgart 2023.

Walter, Uwe, «Struktur, Zufall, Kontingenz? Überlegungen zum Ende der römischen Republik», in: Karl-Joachim Hölkeskamp/Elisabeth Müller-Luckner (Hg.), *Eine politische Kultur (in) der Krise? Die letzte Generation der römischen Republik*, München 2009, 27–51.

Caesar

Baltrusch, Ernst, *Caesar und Pompeius*, Darmstadt 2004.

Bruhns, Hinnerk, «Caesar, ‹der wahre Gebieter›», in: Wilfried Nippel (Hg.), *Virtuosen der Macht. Herrschaft und Charisma von Perikles bis Mao*, München 2000, 55–71.

Canfora, Luciano, *Caesar. Der demokratische Diktator. Eine Biographie*, München 2001.

Christ, Karl, *Caesar. Annäherungen an einen Diktator*, München 1994.

Dahlheim, Werner, *Julius Caesar. Die Ehre des Kriegers und die Not des Staates*, 2. Auflage, Paderborn 2005.

Gelzer, Matthias, *Caesar. Der Politiker und Staatsmann*, 6. Auflage, Wiesbaden 1983.

Gilliver, Kate, *Caesar's Gallic wars, 58–50 B. C*, New York 2003.

Griffin, Miriam T. (Hg.), *A companion to Julius Caesar*, Malden, MA 2009.

Gros, Pierre, «La nouvelle Rome de César. Réalité et utopie», in: Gianpaolo Urso (Hg.), *Cesare. Precursore o visionario?*, Pisa 2010, 265–284.

Jehne, Martin, *Caesar*, 4. Auflage, München 2008.

Jehne, Martin, *Der große Trend, der kleine Sachzwang und das handelnde Individuum. Caesars Entscheidungen*, München 2009.

Jehne, Martin, «Der Dictator und die Republik. Wurzeln, Formen und Perspektiven von Caesars Monarchie», in: Bernhard Linke/Mischa Meier/Meret Strothmann (Hg.), *Zwischen Monarchie und Republik. Gesellschaftliche Stabilisierungsleistungen und politische Transformationspotentiale in den antiken Stadtstaaten*, Stuttgart 2010, 187–211.

Malitz, Jürgen, «Caesars Partherkrieg», in: *Historia* 33 (1984), 21–59.

Meier, Christian, *Caesar*, 2. Auflage, München 1982.

Meier, Christian, *Die Ohnmacht des allmächtigen Dictators Caesar. Drei biographische Skizzen*, Frankfurt am Main 1980.

Raaflaub, Kurt, «Caesar und Augustus als Retter römischer Freiheit», in: Ernst Baltrusch (Hg.), *Caesar*, Darmstadt 2007, 229–261.

Raaflaub, Kurt, «Poker um die Macht und Freiheit. Caesars Bürgerkrieg als Wendepunkt im Übergang von der Republik zur Monarchie», in: Bernhard Linke/Mischa Meier/Meret Strothmann (Hg.), *Zwischen Monarchie und Republik. Gesellschaftliche Stabilisierungsleistungen und politische Transformationspotentiale in den antiken Stadtstaaten*, Stuttgart 2010, 163–186.

Sommer, Michael, «Le ragioni della guerra. Roma, i Parti e l'ultimo imperativo di Cesare», in: Gianpaolo Urso (Hg.), *Cesare. Precursore o visionario?*, Pisa 2010, 107–124.

Timpe, Dieter, «Caesars gallischer Krieg und das Problem des römischen Imperialismus», in: *Historia* 14 (1965), 189–214.

Will, Wolfgang, *Caesar*, Darmstadt 2009.

Zecchini, Giuseppe, *Cesare e il «mos maiorum»*, Stuttgart 2001.

Weitere Protagonisten

Bringmann, Klaus, *Cicero*, Darmstadt 2010.

Dettenhofer, Maria H., «Cicero und C. Cassius Longinus. Politische Korrespondenz ein Jahr vor Caesars Ermordung (Cic. fam. 15, 16–19)», in: *Historia* 39 (1990), 249–256.

Dettenhofer, Maria H., *Perdita Iuventus. Zwischen den Generationen von Caesar und Augustus*, München 1992.

Drumann, Wilhelm, *Geschichte Roms in seinem Uebergange von der republikanischen zur monarchischen Verfassung*, Bde. 1–6, Königsberg 1834–1844.

Gelzer, Matthias, «Cato Uticensis», in: Ders., *Kleine Schriften*, Wiesbaden 1963, 257–285.

Habicht, Christian, *Cicero der Politiker*, München 1990.

Halfmann, Helmut, *Marcus Antonius*, Darmstadt 2011.

Jehne, Martin, «Cato und die Bewahrung der traditionellen *res publica*», in: Gregor Vogt-Spira/Bettina Rommel (Hg.), *Rezeption und Identität*, Stuttgart 1999, 115–134.

Jehne, Martin, «Marcus Tullius Cicero. Der Neuling, der zu spät kam», in: Karl-Joachim Hölkeskamp/Elke Stein-Hölkeskamp (Hg.), *Von Romulus zu Augustus. Große Gestalten der römischen Republik*, München 2000, 250–267.

Kennedy, Geoff, «Cicero, Roman republicanism and the contested meaning of *libertas*», in: *Political Studies* 62 (2014), 488–501.

Marshall, Bruce A., *Crassus. A political biography*, Amsterdam 1976.

Pina Polo, Francisco, *Rom, das bin ich. Marcus Tullius Cicero. Ein Leben*, Stuttgart 2011.

Schäfer, Christoph, *Kleopatra*, Darmstadt 2006.

Schauer, Markus, *Triumvirat. Der Kampf um das Imperium Romanum*, München 2023.

Schmitthenner, Walter, *Oktavian und das Testament Cäsars. Eine Untersuchung zu den politischen Anfängen des Augustus*, 2. Auflage, München 1973.

Seager, Robin, *Pompey the Great. A political biography*, 2. Auflage, Oxford 2002.

Tempest, Kathryn, *Brutus. The noble conspirator*, New Haven 2017.

Die Iden des März

Balsdon, John P. V. D., «The Ides of March», in: *Historia* 7 (1958), 80–94.

Christ, Karl, *Pompeius, der Feldherr Roms. Eine Biographie*, München 2004.

Dahlheim, Werner, «Die Iden des März 44 v. Chr.», in: Alexander Demandt (Hg.), *Das Attentat in der Geschichte*, Köln 1996, 39–59.

Epstein, David F., «Caesar's personal enemies on the Ides of March», in: *Latomus* 46 (1987), 566–570.

Etienne, Robert, *Les Ides de Mars. L'assassinat de César ou de la dictature?*, Paris 1973.

Gelzer, Matthias, *Pompeius. Lebensbild eines Römers*, 2. Auflage, Stuttgart 2005.

Gotter, Ulrich, «Marcus Iunius Brutus – oder: Die Nemesis des Namens», in: Karl-Joachim Hölkeskamp/Elke Stein-Hölkeskamp (Hg.), *Von Romulus zu Augustus. Große Gestalten der römischen Republik*, München 2000, 328–339.

Strauss, Barry, *Die Iden des März. Protokoll eines Mordes*, Darmstadt 2016.

Zecchini, Giuseppe, «C.Iulius Caesar. Rom, 15. März 44 v. Chr.», in: Michael Sommer (Hg.), *Politische Morde. Vom Altertum bis zur Gegenwart*, Darmstadt 2005, 55–63.

Der Weg in den Prinzipat

Gabba, Emilio, «L'età triumvirale», in: Guido Clemente/Filippo Coarelli/Emilio Gabba (Hg.), *L'impero mediterraneo. 1: La repubblica imperiale*, Torino 1990, 795–807.

Gotter, Ulrich, *Der Diktator ist tot! Politik in Rom zwischen den Iden des März und der Begründung des Zweiten Triumvirats*, Stuttgart 1996.

Halfmann, Helmut, «Octavian in den Machtkämpfen nach Caesars Ermordung bis zur Schlacht von Actium», in: Marietta Horster/Florian Schuller (Hg.), *Augustus. Herrscher an der Zeitenwende*, Regensburg 2014, 40–55.

Jehne, Martin, «Die Krise der Republik und die Wiederentstehung der Monarchie in Rom», in: Marietta Horster/Florian Schuller (Hg.), *Augustus. Herrscher an der Zeitenwende*, Regensburg 2014, 10–25.

Millar, Fergus, «Triumvirate and principate», in: *Journal of Roman Studies* 63 (1973), 50–67.

Bildnachweis

S. 27: Staatliche Museen zu Berlin, Münzkabinett/Reinhard Saczewski | CC BY-SA 4.0 | https://id.smb.museum/object/2364858/r%C3%B6m-republik-m-iunius-brutus

S. 28: Staatliche Museen zu Berlin, Münzkabinett/Reinhard Saczewski | CC BY-SA 4.0 | https://id.smb.museum/object/2354905/r%C3%B6m-republik-m-iunius-brutus-und-l-plaetorius-cestianusS.

S. 46: File:Gaius Iulius Caesar (Vatican Museum).jpg – Wikimedia Commons

S. 154: Münzkabinett der Staatlichen Museen, 18217219. Aufnahme durch Dirk Sonnenwald | https://ikmk.smb.museum/object?id=18217219

S. 155: File:05 02 IN 0733 Pompejus Magnus front 0.png – Wikimedia Commons/Ole Haupt | CC BY-SA 4.0

S. 191: Staatliche Museen zu Berlin, Münzkabinett/Reinhard Saczewski | CC BY-SA 4.0 | https://id.smb.museum/object/2364843/r%C3%B6m-republik-m-iunius-brutus

S. 205: File:Marcus Antonius marble bust in the Vatican Museums, side view. jpg – Wikimedia Commons

S. 218: Staatliche Museen zu Berlin, Münzkabinett/Dirk Sonnenwald | CC BY-SA 4.0 | https://id.smb.museum/object/2364637/r%C3%B6m-republik-c-iulius-caesar-und-p-sepullius-macer

S. 235: Institut für Klassische Archäologie der Eberhard Karls Universität Tübingen, ID513. Aufnahme durch Stefan Krmnicek | https://www.ikmk.uni-tuebingen.de/object?id=ID513

S. 236: https://commons.wikimedia.org/wiki/File:Albinus_Brutus.jpg, Otto Nickl | CC BY-SA 4.0

S. 237: Staatliche Museen zu Berlin, Münzkabinett/Dr. Karsten Dahmen | CC BY-SA 4.0 | https:/id.smb.museum/object/2384908/r%C3%B6m-republik-d-iunius-brutus-albinus

Karten S. 71 und vorderer Vorsatz: © Peter Palm, Berlin

Hinterer Vorsatz: © digitales forum romanum/Humboldt-Universität zu Berlin; Modell: Susanne Muth, Dirk Mariaschk, 2024

Personenregister

Aelius Tubero, L. (pr. vor 48) 226
Aelius Tubero, Q. 228
Aemilius Lepidus, M. (cos. 46) 91
Aemilius Lepidus, M. (cos. 78) 191
Aeneas 25 f., 48, 167, 249
Afranius, L. (cos. 60) 97
Alexander III. der Große, König von Makedonien (336–323) 64, 72, 93, 146, 162, 171, 213, 255
Alexander, Neffe des Hyrkanos 208
Amatius 272
Ambiorix 68
Ancus Marcius (röm. König 640–616) 20, 57
Annaeus Seneca, L. (cos. suff. 55 n. Chr.) 107
Annius Milo, T. (pr. 54) 72, 193
Antiochos IV. Epiphanes, König des Seleukidenreichs 262
Antiochos von Askalon 192
Antipatros 94, 192
Antistius Vetus, C. (praet. 70) 146
Antistius Vetus, C. (quaest. 45) 146
Antistius, Arzt 270
Antonius Creticus, M. (pr. 74) 207
Antonius Hybrida, C. (cos. 63) 55, 208
Antonius Orator, M. (cos. 99) 53
Antonius, M. (cos. 44) 16, 66, 73, 87, 91, 95, 104, 113, 127 f., 130, 132–139, 143–145, 149, 156, 158, 162–164, 168, 172, 179 f., 205–219, 234 f., 242 f., 250, 258 f., 263 f., 267–273, 277–282
Apollonius Molon 55, 104, 179
Appian 176–178, 183, 199 f., 249
Appuleius Saturninus, L. (tr. pl. 103) 39–41, 115
Ariovist 68
Aristogeiton 23
Arsinoë, Königin von Ägypten (48–47) 114
Artemidoros von Knidos 261f
Asinius Pollio, C. 141
Athenodoros 80
Atia, Nichte Caesars 142f
Atius Balbus, M. (pr. vor 59) 142f
Attius Varus, P. (pr. vor 54) 96, 226
Augustus (röm. Kaiser 27 v. Chr.–14 n. Chr.) 14, 25 f., 103 f., 127, 142 f., 144 f., 148 f., 150, 158 f., 162, 171, 180, 206, 216, 218, 241, 143, 270, 272 f., 282 f.
Aurelia, Mutter Caesars 143
Aurelius Cotta, L. (cos. 119) 48

Bogud, König von Mauretanien (c. 49–31) 166
Butas 78

Caecilius Bassus, Q. 129 f., 146
Caecilius Metellus Celer, Q. (cos. 60) 67

Caecilius Metellus Pius Scipio, Q. (cos. 52) 74
Caecilius Metellus Pius, Q. (cos. 80) 59
Caecilius Metellus, L. (tr. pl. 49) 91
Caecina, A., Freund Ciceros 86
Caelius Rufus, M. (pr. 48) 133
Caesarmörder
– Antistius Labeo, Pacuvius 229, 275
– Caecilius Bucilianus 251
– Caecilius Metellus 251
– Cassius Longinus, C. (pr. 44) 11, 13 f., 118, 127, 136, 164, 167, 176–188, 190, 196–201, 212, 214, 216, 224 f., 229, 231, 234 f., 243, 250–252, 258 f., 262, 269 f., 275 f., 277–281, 283, 286
– Cassius Parmensis, C. 251
– Junius Brutus Albinus, D. (pr. 45) 11 f., 237, 245
– Junius Brutus, M. (pr. 44) 11 f., 27 f., 82, 93, 118, 145, 191, 193, 236, 245, 275
– Ligarius, Q. 223, 225–229, 251, 274 f.
– Minucius Basilus, L. (pr. 45) 251, 275
– Petronius 251
– Pontius Aquila, L. (tr. pl. 45) 151 f., 187, 274 f., 278
– Rubrius Ruga, M. 251
– Servilius Casca, C. 251, 260, 264, 270
– Servilius Casca, P. (tr. pl. 43) 212, 251, 260 f., 275
– Sextius Naso 251
– Spurius, M. 24, 251
– Sulpicius Galba, Ser. (pr. 54) 251, 275
– Tillius Cimber, L. (pr. 45?) 251, 264, 275
– Trebonius, Gaius (cos. suff. 45) 11, 13, 89, 127 f., 131–138, 156, 234 f., 237, 241–244, 252, 263 f., 275, 277 f.
– Turullius, P. (quaest. 44) 251
Caesetius Flavus, L. (tr. pl. 44) 170 f., 176
Calpurnia, Gattin Caesars 66, 143, 167, 247, 250, 256, 260, 267, 293
Calpurnius Bibulus, M. (cos. 59) 67, 92, 245, 270
Calpurnius Piso Caesoninus, L. (cos. 58) 66, 106
Caninius Rebilus, C. (cos. suff. 45) 157 f., 294
Cassius Dio 14, 88, 152, 166, 170, 176, 200, 214, 243, 273
Cassius Longinus, C. (cos. 73) 179
Cassius Longinus, L. (tr. pl. 44) 196
Cassius Longinus, Q. (tr. pl. 49) 73, 87, 89, 118, 167, 209
Cassius Longinus, Sohn des Caesarmörders 179
Cassius Vecellinus, Sp. (cos. 502) 24, 293
Catull 165
Christie, Dame Agatha 11
Claudia, Gattin des M. Brutus 81, 192, 195, 245
Claudius Caudex, Ap. (cos. 264) 31
Claudius Marcellus, C. 106
Claudius Marcellus, C. (cos. 49) 74, 87
Claudius Marcellus, C. (cos. 50) 74, 87

Claudius Marcellus, M. (cos. 196) 107
Claudius Marcellus, M. (cos. 196) 107 f.
Claudius Marcellus, M. (cos. 222) 107
Claudius Marcellus, M. (cos. 51) 106 f., 143, 179
Claudius Pulcher, Ap. (cos. 54) 93, 182, 193
Clausewitz, Carl von 16
Clodius Pulcher, P. (aed. cur. 56) 33, 42, 59, 61 f., 66, 70, 72 f., 84–86, 89, 95, 101, 103–105, 110, 132, 153, 162, 164, 192 f., 208, 210, 235, 242, 293 f.
Coelius Caldus, C. (cos. 94) 35
Conan Doyle, Sir Arthur 11
Considius Longus, C. (pr. vor 54) 226
Cornelia, Gattin Caesars 52–54, 56, 58, 143
Cornelius Balbus, L. (cos. suff. 40) 134
Cornelius Cinna, L. (cos. 87) 51–54, 56 f., 124, 208
Cornelius Cinna, L. (pr. 44) 269
Cornelius Dolabella, Cn. (cos. 81) 55
Cornelius Dolabella, P. (cos. suff. 44) 91, 162
Cornelius Lentulus Crus, L. (cos. 49) 73
Cornelius Lentulus Spinther, P. (cos. 57) 105
Cornelius Scipio Aemilianus Africanus, P. (cos. 147) 37, 147
Cornelius Scipio Africanus, P. (cos. 205) 98, 130
Cornelius Sulla, Faustus (quaest. 54) 97, 181
Cornelius Sulla, L. (cos. 88) 46, 49, 51–56, 64 f., 83 f., 103 f., 111, 114, 119 f., 123 f., 158, 181, 186, 191 f., 201 f., 208, 236, 279
Cossutia, Verlobte Caesars 52 f.
Curius, M'. (quaest. 50) 157 f.
Cytheris, Geliebte des Antonius 209

Dido 25 f.
Diokletian, römischer Kaiser (284–305 n. Chr.) 103
Domitius Ahenobarbus, L. (cos. 54) 72, 90
Domitius Calvinus, Cn. (cos. 53) 94

Empylos von Rhodos 199 f.
Epidius Marullus, C. (tr. pl. 44) 161, 170 f., 176
Euander, König der Latiner 211
Eunoe, Gattin Boguds 166

Fabius Maximus Verrucosus, Q. (cos. 233) 240
Fabius Maximus, Q. (cos. suff. 45) 119, 131, 134, 152, 156 f., 294
Favonius, M. (pr. 49) 229–131
Fufius Calenus, Q. (cos. 47) 95, 180, 235
Fulvia, Gattin des Antonius 210
Fulvius Flaccus (cos. 264) 31

Gabinius, A. (cos. 58) 164, 208
Gottheiten
– Bona Dea 62, 164
– Castor und Pollux 240
– Clementia 155
– Jupiter 36, 153, 214, 218, 247, 251, 256

– Jupiter Latiaris 169
– Jupiter Optimus Maximus 53, 61, 113, 211, 215
– Libertas 27, 42, 153, 192, 197
– Mars 237, 250
– Pietas 238 f.
– Venus 26, 48, 57, 167, 182, 220, 240, 271 f.
– Victoria 57, 220

Hannibal 119, 131, 147
Harmodios 23
Herodes der Große, König der Juden (40–4) 94, 129
Hipparchos 23
Hippias 23
Hirtius, A. (cos. 43) 122, 138, 144, 235
Hortensius Hortalus, Q. (cos. 69) 245

Iunius Brutus, L. (cos. 509) 22

Jehne, Martin 74
Johannes Hyrkanos II., Hohepriester (76–40) 94, 129, 208
Juba I., König von Numidien (ca. 60–46) 96 f., 228, 251
Jugurtha, König von Numidien (118/116–105) 57
Julia, Schwester Caesars 50, 56 f., 142 f.
Julia, Tante Caesars 150
Julius Caesar, C. (cos. 59) 11, 15, 48, 52 f., 103, 143, 150, 272, 294
Julius Caesar, C. (pr. 92) 52, 143
Julius Caesar, L. (cos. 90) 53
Julius Caesar, L. (quaest. vor 49?) 98
Julius Caesar, Sex. (cos. 91) 48, 143
Julius Caesar, Sex. (quaest. vor 47) 129
Junia Tertia, Frau des Cassius 178
Junius Brutus Pera, D. (cos. 266) 191
Junius Brutus, D. (cos. 77) 89
Junius Brutus, M. (cos. 178) 191
Junius Brutus, M. (pr. 140) 236
Junius Brutus, M. (tr. pl. 83) 191
Junius Callaicus, D. (cos. 138) 236
Junius Pera, M. 191
Junius Silanus, D. (cos. 62) 81, 164

Kaisarion siehe Ptolemaios Caesar
Kapys 149
Kleopatra VII. Philopator, Königin von Ägypten (51–30) 93 f., 114, 162, 166–169, 171, 206, 282, 294

Labienus, T. (pr. vor 58) 89, 96, 115–117, 128 f., 132 f.
Licinius Crassus, M. (cos. 70) 56
Licinius Lucullus, L. (cos. 74) 37
Licinius Murena, L. (cos. 62) 84
Licinius, Lupercus 213
Ligarius, Ser. (quaest. 54?) 226
Livia, Mutter Catos 80–82, 143
Livius Drusus, M. (tr. pl. 91) 80–83
Livius, T. 21 f., 200, 214
Lollia 164
Lucretia 19, 21, 23, 25 f.
Lucretius Tricipitinus, Sp. 21
Lutatius Catulus, Q. (cos 78) 60, 191

Maecenas, C. 159
Maelius, Sp. 24, 192 f.
Mamurra 165
Manlius Capitolinus, M. (cos. 392) 24, 293

Marius, C. (cos. 107) 35, 37–41, 46, 50–53, 57 f., 79, 143, 206, 208, 272, 277
Mazzini, Giuseppe 26
Meier, Christian 149
Menander 74
Minucius Thermus, M. (pr. 81) 54, 251
Mithradates VI. (König von Pontos 120–63) 50 f., 55 f., 64, 84, 94, 114, 181, 194, 293
Mommsen, Theodor 87, 120, 273
Mucia 164

Nikolaos von Damaskus 14, 171, 183 f., 200, 213–217, 273 f.
Nikomedes IV. Philopator, König von Bithynien (94–75/74) 54
Numa Pompilius (röm. König 715–672) 20

Octavia 143
Octavius, C. siehe Augustus
Octavius, C. 143
Oktavian siehe Augustus
Oppius, C. 134

Panaitios von Rhodos 80
Paulla Valeria, Gattin des D. Brutus 236
Pedius, Q. (cos. suff. 43) 150, 152
Peisistratos 195
Perikles 195
Petreius, M. (pr. vor 63) 97, 114
Pharnakes II., König des Bosporanischen Reiches (63–47) 94, 114, 182, 195, 209, 294
Pinarius, L. 150
Platon 77, 99, 107, 192
Plutarch 14, 16, 51, 83, 116, 135 f., 138, 146 f., 151, 154 f., 164, 176–181, 183, 196, 198–200, 212, 215, 217, 229 f., 234, 243, 249
Polybios 194
Pompeia, Gattin Caesars 58, 62, 143, 164
Pompeius Magnus, Cn. (cos. 70) 56
Pompeius Rufus, Q. (cos. 88) 51
Pompeius Rufus, Q., Vater Pompeias 58
Pompeius, Cn. 128 f.
Pompeius, Sex. 128, 281
Pomponius Atticus, T. 116, 146, 154, 168, 179, 194 f., 201, 270
Pomponius, M. 181
Popillius Laenas 262 f.
Porcia, Tochter Catos 81, 195, 200, 245 f., 262, 280
Porcius Cato Salonianus, M. (tr. pl. vor 92) 81 f.
Porcius Cato, M. (cos. 195) 64, 79
Porcius Cato, M. (pr. 54) 64, 79
Poseidonios von Apameia 80
Postumia 164
Postumius Albinus, A. (cos. 99) 236
Postumius Albus Regillensis, A. (cos. 496) 239 f.
Ptolemaios Caesar 166, 168 f., 294
Ptolemaios XIII. Theos Philopator, König von Ägypten (51–47) 93 f., 114

Rabirius, C. 115
Remus 25, 211
Romulus (röm. König 753–715) 20, 25, 153, 211

Scribonius Curio, C. (tr. pl. 50) 73
Sempronia, Mutter des D. Brutus 236
Sempronius Gracchus, C. (tr. pl. 123) 39, 293
Sempronius Gracchus, Ti. (tr. pl. 133) 39, 293
Sepullius Macer, P. (monetal. 45) 155 f., 220
Sergius Catilina, L. (pr. 67) 59, 64, 84, 89, 104 f., 111, 122, 164, 208, 236
Sertorius, Q. (pr. 83) 56
Servilia, Geliebte Caesars 81 f., 93, 164 f., 192 f., 202
Servilius Ahala, C. (mag. eq. 439) 192
Servilius Caepio, Q. (pr. vor 90) 81 f.
Servilius Caepio, Q. (tr. mil. 71) 81 f.
Servilius Glaucia, C. (pr. 100) 41
Shakespeare, William 15 f., 26
Sittius, P. 97
Sokrates 77, 99
Solon 195
Spartacus 56, 58, 82
Spurinna, Haruspex 262
Statilius 229 f.
Sueton 48, 54–56, 66, 150, 164–166, 170, 180, 199 f., 215, 231, 249
Sulpicia 179
Sulpicius Rufus, P. (pr. 48) 181
Sulpicius Rufus, P. (tr. pl. 88) 51
Sulpicius Rufus, Ser. 180
Sulpicius Rufus, Ser. (cos. 51) 106, 164, 179 f.

Tarquinius Collatinus, L. 21
Tarquinius Priscus, L. (röm. König 616–578) 20
Tarquinius, L. (Superbus, röm. König 534–509) 19, 22 f., 293
Tarquinius, Sex. 19, 21
Terentius Varro, M. (pr. 68?) 20, 66
Tiro, Sekretär Ciceros 101, 104
Tullia, Tochter Ciceros 112, 154, 162
Tullius Cicero, M. (cos. 63) 13 f., 34 f., 40, 42, 53, 59, 66, 70, 79, 85 f., 89, 91, 101 f., 104–113, 115 f., 118, 121–125, 128, 131–134, 137–139, 145 f., 153–155, 157 f., 162 f., 165, 168, 179–182, 184–187, 193–195, 201 f., 208, 215 f., 219, 224–228, 231, 235, 242, 251, 264, 268, 270, 276, 277–280, 285, 293
Tullius, Ser. (röm. König 578–534) 20
Tullus Hostilius (röm. König 672–640) 20

Valeria 180
Valerius Maximus 51
Valerius Messalla Corvinus, M. (cos. suff. 31) 180
Valerius Orca, Q. (pr. 57) 91
Valerius Publicola, P. 21
Valerius Triarius, C. (pr. 78) 236
Vatinius, P. (cos. 47) 67, 70, 95, 133
Velleius Paterculus 183, 214, 243
Vercingetorix 68, 113, 236
Vergil 25 f.
Verres, C. (pr. 74) 104
Vibius Pansa, C. (cos. 43) 185, 237
Vipsanius Agrippa, M. (cos. 37) 159, 282

Walter, Uwe 25
Weber, Max 49

Zenon von Kition 80, 107

Ortsregister

Actium 282
Adria 45, 71, 90, 92
Aduatuca 68
Afrika 77, 79, 92 f., 95 f., 99, 113, 118, 128, 130, 142, 152, 209, 223, 226, 280 f.
Ägäis 55
Ägypten 64, 93 f., 114, 152, 166–169, 206, 282, 294
Alba Longa 25
Albanerberg 161, 169, 175
Alesia 68, 132, 145, 236
Alexandria 94, 166, 206, 282
Allia 46
Alpen 47, 67 f., 116, 278 f.
Amerika 26
Ancona 71, 90
Apollonia 93, 159, 272
Apulien 182
Ardea 22
Armenien 37
Arpinum 35, 104, 137, 187
Arretium 71, 90, 209
Athen 23, 80, 176, 277, 280
Atlantik 46

Bagradas 92
Balkan 67, 90–92, 94, 159, 209, 279
Bithynien 54, 94, 200, 251
Britannien 68, 132
Brundisium 90–93, 182, 209, 294

Campagna Romana 19
Capua 71, 73, 249
Castel Gandolfo 169
Collatia 19, 21 f.
Corduba 129
Corfinium 71, 90 f.

Delphi 20 f.
Dyrrhachion 93

England 16, 148
Epeiros 92, 148, 159, 272, 294
Ephesos 50, 278, 293
Etrurien 20, 191

Gallien 46–48, 67–70, 72–74, 85 f., 90–92, 94 f., 101, 106 f., 110, 113, 117, 128, 132 f., 135 f., 138, 144 f., 147, 152, 166, 193, 195, 201, 205, 209, 237, 243, 293 f.
Gergovia 68, 114
Germanien 68 f., 147
Golf von Neapel 195
Griechenland 39, 59, 92, 101, 105, 176, 208, 280

Hadrumetum 96, 294
Hyrkanien 147

Iran 148
Italien 25, 29, 35, 39, 41, 45–48, 50–52, 62, 71, 74, 87, 90–92, 94 f., 97,

105, 107, 113, 124, 142, 144 f., 147 f., 194 f., 206, 209, 226, 229, 236, 241, 249, 278, 280 f.

Judäa 94, 129, 208

Kalabrien 181
Kampanien 51, 95, 277
Karthago 25 f., 64, 79, 97
Kaspisches Meer 147
Kaukasus 147
Kilikien 86, 105, 182, 193 f.
Knidos 261
Korfu 92 f.
Kreta 207
Krim 94
Kydnos 182

Labici 148, 294
Laodikeia 280
Larissa 194
Lesbos 54, 106, 195
Libyen 95
Loire 132, 236
Luca 71 f.
Lutetia 89

Massilia 92, 133, 145, 241, 243, 248
Mauretanien 97 f., 166
Megara 180
Mesopotamien 148, 181
Mittelmeer 58, 64, 69, 90, 92, 207 f.
Mitylene 54, 195
Munda 129, 131, 134, 144, 146 f., 153, 158, 202, 210, 241, 294
Mutina 71, 179, 278 f.

Narbo Martius 128
Nikopolis 94
Nil 93, 166 f., 169, 206
Normandie 241
Numantia 62
Numidien 97

Obulco 129
Orient 37, 50, 52, 63 f., 67, 85, 90, 93, 130, 146, 148, 169, 181, 206, 208, 213, 221, 231, 256, 280 f.

Pergamon 80
Pharsalos 93, 95 f., 101, 105, 116, 118, 120, 129 f., 133, 179, 182 f., 194, 200, 209, 228 f., 239, 261, 294
Philippi 180, 183, 281
Picenum 115
Poebene 47
Pontos 37, 50, 55, 94, 114, 182, 294

Regillus 240
Rhein 46, 67–69
Rhodos 55, 80, 92, 104, 179, 199
Rhone 68
Rom 20–23, 25 f., 28–31, 35, 37, 41, 46, 52, 56 f., 62–65, 69–73, 79 f., 82, 93, 95, 103, 105, 113, 117, 123, 147, 153 f., 158, 163, 165 f., 168 f., 171, 175, 189, 191, 205 f., 210 f., 219 f., 223, 228, 235, 240, 270, 272 f., 282, 293 f.
Rom
– Aventin 30, 293
– Caesarforum 167
– Circus Maximus 154

– Curia Cornelia 103
– Curia Hostilia 103
– Curia Iulia 103
– Curia Pompeia 11, 43, 255, 258, 261, 263
– Dioskuren-Tempel 240
– Esquilin 54
– Forum Romanum 103
– Kapitol 24, 36, 61, 113, 153, 177, 178 f., 215, 268–270, 294
– Lupercal 211
– Marsfeld 11, 156–158, 271
– Palatin 42, 101, 113, 189, 205, 211–213
– Pompeius-Theater 60
– Regia 60
– Rostra 170, 212 f., 219, 271, 279
– Saturntempel 91
– Subura 49, 54, 60
– Tempel der Libertas (45) 153
– Tempel der Libertas (58) 42
– Tempel der Venus Genetrix 26, 167, 182, 271
– Tempel des Jupiter Optimus Maximus 61, 113, 211, 215
– *trans Tiberim* 62, 167, 169
– Velabrum 113, 258
– Vestatempel 151
– Via Appia 71 f.
– Viminal 54
römische Provinzen
– Achaia 179
– Asia 49 f., 54, 85, 263, 277, 280, 293
– Bithynia et Pontus 251
– Creta et Cyrene 280, 282
– Gallia cisalpina 47, 67, 72, 74, 89, 116, 118, 133, 138, 145, 148, 185, 195 f., 235, 242 f., 278
– Gallia Narbonensis 248
– Gallia transalpina 47, 67, 138, 144 f., 235, 241
– Hispania Baetica 129
– Hispania citerior 128, 248
– Hispania ulterior 56, 58, 293
– Macedonia 55, 133, 194, 208, 278–280
– Syria 72, 129 f., 146, 181, 183 f., 213, 277, 280
Rubikon 13, 45, 70 f., 74, 89 f., 116, 121, 231, 249, 294

Samnium 229
Samos 179
Sardinien 91, 113
Schwarzes Meer 64, 147
Schweiz 67
Sizilien 39, 91 f., 104, 129, 281
Spanien 56, 62, 72, 79, 86, 90, 92, 94, 97 f., 115, 118, 122, 128 f., 131–133, 136, 142, 144, 146, 151 f., 162, 166–168, 182, 184, 195, 209 f., 236, 248, 272
Syrakus 107

Thapsus 77, 79, 111, 113 f., 117 f., 120 f., 226, 294
Thessalien 93
Tiber 29, 46, 69–71, 113, 150, 167, 205, 268 f.
Trasimenischer See 119
Troja 25, 48, 167, 249
Tunesien 96
Tusculum 79, 195
Tyros 129

Utica 77, 79, 92, 96, 98 f., 226, 228 f., 245

Velitrae 142
Vellaunodunum 132
Via Labicana 148 f.
Vibo 181

Zela 94, 114, 185, 294
Zypern 86, 192